KB122813

설악산 무위자연 휴선 인문학

조명상 지음

머리말

휴선 인문학은 인문학의 색다른 미래인가?

이제 우리는 자연과학을 통해서 휴선 인문학(huesun humanities)의 의미를 찾는 걸음을 시작하려 한다. 휴선 7요소의 자연 물질에 투영된 인문학의 빛과 그림자를 함께 보려는 것이다. 휴선 인문학은 지식의 적체에서 벗어나 그 활용 방안에만 몰두하는 게 특징이다. 이를 위해서 먼저 휴선 인문학의 현주소를 살피고, 휴선 인문학의 미래를 전망하여, 휴선 인문학이란 우리에게 어떤 의미를 지니고 있는지 밝히고 생활에 접목하는 것이 이 책의 목표이다.

🌳 나의 스승은 자연이다.

아사자연(我師自然), 나의 스승은 자연이라는 의미이다. 인간은 사람의 탈을 쓰고 사람다움의 행세를 하며 하루를 살아간다. 살아 있는 사람은 누구나 지금 이 순간을 산다. 인간은 똑같이 오늘 하루만을 손에 쥐고 살아갈 따름이다. 다른 건 몰라도 시간만큼은 모두에게 공평하다. 주어진 시간을 살아가는 것. 딱 그만큼의 삶이다.

인문학은 사람을 다루는 학문이자 인생에 대한 학문이다. 어떻게 살아야 올바른 삶일까에 대해 논한다. 그러므로 인문학은 가치 담론이다. 인간이란 무엇인가? 인생이란 무엇인가? 어떻게 살아야 하는가? 무엇이 더 나은 삶인가? 행복에 가치는 무엇인가? 등등의 질문에 대한 진지한 성찰이 바로 휴선 인문학의 핵심이다.

무위자연은 질문에 관한 해답을 알고 있으며, 부분적으로 표현을 하고 있을 뿐이다. 그렇다면 인간은 자연 물질을 통해 무엇을 어떤 방법으로, 얼마만큼 배우고 익혀야 질문에 해답을 찾을 수 있을까? 해답을 찾기 위한 학습 방법은 자연 물질 탐구를 통해 지식을 얻고 실험을 통해 지혜를 얻고자 노력할 때 자연은 비로소 그 해답을 당신의 품에 안겨 주게 될 것이다.

휴선 7요소 자연 물질이 주는 해답 속에는 사람이 정도(正道)의 길을 걸어갈 수 있는 지도가 담겨 있다. 그러므로 인간은 자연 세계를 자연물답게 바라보고, 자연이 주는 에너지를 자연스럽게 흡수하며, 자연이 주는 삶과 행복의 과정을 학습하며 익히려고 하는 자세를 갖추어야 한다. 인간은 사람으로서 사람의 도리와 도덕을 지키며 살아가는 데 필요한 자연이 주는 지식을 선택이 아닌 필수적으로 받아들이고 그 지식을 지혜로 승화시켜 삶의 질을 향상해야 한다.

◆ 자연으로 돌아가라

자연인답게 인간의 본성으로 돌아가라. 그리고 인생에서 엉켜 있는 실타래를 자연을 통해 자연스럽게 풀어가라. 숲이 그대에게 들려주는 주옥같은 소리를 귀(貴)하게 귀[耳]를 기울여 들어 보라. 인간의 숲 세계는 자연의 숲 세계로부터 지식과 지혜를 배우고 익혀야 할 것이다. 지식은 입과 머리가 아닌, 몸으로 생각하고, 지혜는 생활 현장에서 땀으로 실천하며 깨달음을 얻어야 한다.

설악산 한계령 응골 계곡은 응답하라!

응골 계곡은 휴선 7요소 자연 물질이 담고 있는 다양한 문양에 관하여 예지의 능력을 지니고 있으니, 풍요로운 삶의 길을 걷고자 하는 사람들에게 순리를 거스르지 않고 조화로운 문양을 찾을 수 있도록 지혜로운 길을 인도해야 할 것이다.

자연으로 돌아가라. 자연에서 나를 새롭게 맞이할 방법을 찾고 실용 생활을 위해 매진해야 한다.

◆ 신개념의 휴선 인문학 창작

필자는 백두대간 설악산 한계령 골짜기 생활 33년의 세월 속에서 자연스럽게 휴선이라는 화두를 창작하였고, 꾸준히 힐링(치유) 문화의 발전을 위해 활동했으며, 휴선의 화두를 인류학적으로 접근시키고자 노력했으나 자연의 세계와 조화를 이루지 못한 채 허공에서 나의 주위를 맴돌고 있었다.

그동안 휴선 인문학 공부에 전념해 온 필자는 노자의 무위자연 개념 속에 《도덕경》을 접하게 되었고, 휴(休)를 덕(德)으로, 선(仙)을 도(道)로 이해하기 시작했으며, 노자 무위자연의 사상과 명상(瞑想)의 생명에 유익한 7요소 자연 물질 작용을 휴선 문화로 접합하여 휴선 인문학으로 접근시키는 데 도움이 되었다.

휴선 인문학은 삶의 질 향상과 행복한 빛을 창조하기 위한 휴선 7요소(사람, 마음, 나무, 산, 계곡, 물, 불)의 법칙과 3체험 시스템으로 구성이 되었다. 또한, 휴선의 자연 물질 기능에 관한 개념과 이치와 가치를 누구나 쉽게 이해하도록 단순한 논리로 정립했으며, 삶의 질을 향상하고자 하는 행동 양식에 기반이 되었으면 한다.

미래 2030~2050년의 시간은 자연이 주는 행복(Natural Happiness)을 통한 휴선 인문학이라는 화두가 대세를 이룰 것이며, 인간의 생활 문화로 접근함과 동시에 녹색 기능 활성화를 통한 4차 산업으로 자리 매김을 하게 될 것이다.

◆ 휴선 인문학의 특색

휴선 인문학을 학습하고 실천해야 하는 이유는 인생이라는 배가 항해할 때 나침판이 되어 주기 때문이다. 스티브 잡스는 자연과학을 이용하고 상품에 순리와 조화로움을 접목시켰다. 스티브 잡스의 유명세는 한국에도 널리 알려져 있다. 그가 자신의 애플 제품에 인문학과 예술을 부여하기 전까지, 어느 누구도 섣불리 최첨단의 디지털 기술과 낡고 오래된 인간의 지식을 섞으려고 시도하지 않았다. 자연 속에 인간 삶의 방향과 방식이 담겨 있다는 하나에 증표라고 할 수 있다.

21세기에 들어서 지식도 이제 돈 버는 산업 수단으로 전락하고 말았다. 인문학 역시 예외가 아니다. 사상과 역사와 문화를 다루고,

인간의 본성과 삶의 올바른 방향을 제시하는 학문임에도 말이다. 인문학은 본래 세상과 인간을 바라보는 수준 높은 안목을 키워주고, 인간을 인간답게 살도록 하는 학문이다. 그렇기에 역사와 문학, 철학과 예술을 공부하는 이유이다. 인문학은 세상과 사람들 사이에 일어나는 일들을 통합적으로, 유기적으로 바라보는 안목을 길러준다. 그뿐만 아니라 '어떻게 사는 것이 인간답게 사는 것인가? 인간의 본성이 무엇인가?'에 대한 지식을 준다.

여러 인문학 사이에 놓인 경계는 필연적이라기보다는 역사적인 것이다. 경계가 그어져야 하는 이유 속에는 우연과 계기가 많이 있었고 임의로 그어진 선들도 많아 보인다. 휴선 인문학은 자연 물질 7요소를 기반으로 인간의 가치와 생활 법칙을 탐구하는 신개념의 인문학이다. 휴선 인문학의 특색은 자연 물질 7요소를 선택하고, 그 물질의 생리 과정 관찰을 통해서 자연 물질은 삶과 행복을 어떤 방식으로 누리고 있는지에 관한 질문을 던져 본다.

기존의 인문학과 모순과 대립이 되는 경계에서 앞으로 그 경계를 넘는 노력이 숙제로 남아 있다.

◆ 휴선 인문학은 학술과 예술을 창조한다.

자연과학은 신비성을 담고 학술과 예술을 창조하며 우리에게 깨달음을 선물한다. 그리고 그 학술과 예술품은 인문학 지식을 통해 생활의 활력을 촉진하는 기반 요소가 되어 준다. 인문학에 깊이 몰두하면 창의적인 아이디어가 나오고, 인간과 역사에 대한 이해의 수준이 높아진다. 근래에 들어서면서 인문학 공부 열풍이 불고 있다. 이는 기술에 인문학을 접목한 첨단 제품으로 세계를 변화시킨 스티브 잡스 등의 혁신가들 영향 때문이다.

그러다 보니 급기야 대기업에서 인문학 전공자들을 우대하는 현상이 벌어지고 있다. 책상에서 머리로 연구가 아닌 현장에서 실물과 소통하며 자연 물질 탐구를 통해 법칙과 원리를 발견하여 학술과 이론을 생산하고, 그 학술을 통해 상품 실용화를 위한 아이디어를 많이 습득하게 된다. 또한, 자연의 자연스러움은 예술 문화를 창작하게 하는 훌륭한 무대 그 자체이다.

◆ 삶의 방향을 알려주는 자연 공부

자연이 주는 자연과학 공부를 통해 인문학을 이해하고 자아 가치를 탐구해야 할 것이다. 인문학이 표류하고 있다. 노를 젓는 사람들은 많지만, 대부분 사람이 목표와 방향은 설정했으나 운영 방법에서 방황하며 정체하고 있다.

자연 공부는 자연물의 지식과 지혜를 인식하게 하는 기회를 준다. 자연 공부는 자연 에너지를 이해하고, 마음을 치유하고, 생활 관습을 바꾸고, 자기중심을 바로 세우는 방법을 깨닫게 한다.

자연 공부는 어떻게 해야 훌륭한 학습 방법이라고 할 수 있을까? 휴선 인문학을 공부하고 생활에 접목하려면 3가지 소양 학습 자세를 갖추어야 한다.

첫째: 자연 물질과 소통하며 의미와 재미와 즐기려고 하는 마음을 가져야 한다.

둘째: 대상 물질을 관찰하고 탐구를 통해서 법칙과 원리를 발견하고 인식하며 이해를 한다.

셋째: 자연이 주는 7미덕(美德)과 12성품(性品)에 의미를 몸으로 실행하는 방법을 깨달아야 한다.

- 7미덕: 함덕(含德), 언덕(言德), 애덕(愛德), 상덕(常德), 현덕(玄德), 수덕(水德), 공덕(公德)
- 12성품: 사회성 지능, 자기 통제력, 판단력, 창의성, 공정성, 상상력, 리더십, 용감성, 정직, 겸손, 열정, 사랑

이 책이 발간되기까지 필자와 인간관계를 맺고 있는 많은 분의 관심과 격려가 바탕이 되었다. 특히 물심양면으로 함께해 온 사단법인 휴선아카데미 및 휴선건강촌 가족들과 책 출간의 기쁨을 함께 나누고 싶다. 또한, 책 출간에 끝까지 많은 배려와 노력을 함께해 주신 북스타 박정태 회장님과 임직원 여러분께 깊은 감사를 드린다.

2023년 아카시 향기 날리는 6월
설악산 한계령 응골 계곡에서
조명상

차례

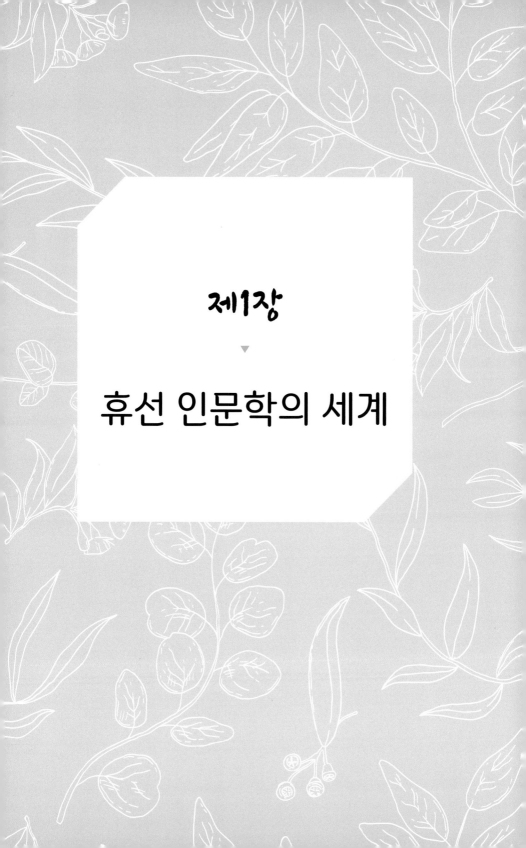

제1장

▼

휴선 인문학의 세계

휴선 인문학이란?

하늘 내린 인제에서 하늘 내린 휴선 인문학을 창작하게 되어 감회가 새롭다. 휴선 인문학의 핵심 요지는 휴선 무소유, 휴선 법칙, 휴선 철학을 기반으로 한다. 휴선 인문학은 신개념에 학문으로 휴선 7요소의 자연 물질에 담겨 있는 지식과 지혜를 통해서 인간의 가치를 탐구하고 표현하는 과정을 말한다. 탐구 실행 과정은 3체험 시스템을 통해 생활 가치를 다면적인 방법으로 변화시켜 삶의 질 향상과 행복이란 의미를 깨닫게 한다.

휴선 인문학의 필요성?

휴선 7요소 자연현상과 인간 사회 현상을 체계적으로 관찰하여, 그 관찰 결과를 바탕으로 보편적인 기능과 규칙을 발견하고 생활에 접목하는 행위로써 생활 습관 변화, 자기 계발의 기회, 위기관리 능력 등을 향상시킬 수 있는 기회를 갖는다.

- 인간의 생활과학과 자연 생태과학의 경계를 관찰하는 기회를 갖는다.
- 인간 생활과 자연생활이 하나 되는 공동체의 개념을 깨닫게 한다.
- 식물의 생태 기능을 통해 생활 습관을 변화시키는 기회를 갖는다.
- 미래 시간을 예측하고, 판단하고, 대처하는 기량을 향상시킨다.
- 휴선 7물질의 기능을 통해 자기 계발 및 창작의 기회를 갖는다.
- 도전할 때 추진력을 주고 실패할 때 시련 해소에 도움을 준다.
- 평등, 평화, 공정과 상식에 관한 자연법칙과 순리를 깨닫게 한다.
- 비움과 채움, 배려와 공감, 공생과 공존을 선행으로 실행한다.
- 뿌리 깊은 나무가 되어 몸과 마음을 건강하게 하고 가정, 사회. 국가를 행복하게 한다.

🌲 휴선 인문학의 구성과 실행

휴선 인문학은 '휴선 7요소 물질 + 7요소 생활 법칙 + 3체험 시스템 + 7미덕 + 12성품' 등을 표현 기법으로 구성되어 있다. 즉 무위자연과 7미덕, 12성품 정신을 기반으로 휴선 7요소(사람, 마음, 나무, 산, 계곡, 물, 불)에 물질 기능을 생활 법칙과 3체험 시스템(기다림, 선울림, 담체)을 통해 일반 생활에서 생활 습관을 탐구하며 삶의 가치를 향상시키는 방법을 찾고자 한다.

가정, 학교, 기업, 사회, 국가 등은 세상을 꿰뚫는 안목을 학습하고 그 방향을 찾고자 노력해야 할 것이다. 휴선 인문학의 학습은 삶의 지혜를 찾는 방향을 제공한다. 휴선 7요소의 물질 속에는 안목을 꿰뚫는 기능이 담겨 있다. 가정은 화목과 건강을, 학교는 인성과 지식 수련을, 기업은 상품의 가치를, 사회는 공동체 의식과 질서를, 국가는 화합과 번영 등의 방향을 찾는 나침판이 되어 줄 것이다.

🌱 휴선 인문학을 특별히 공부해야 하는 사람들

- 자연과학자 또는 생활 과학자의 길을 걷는 사람
- 차원적 사고로 창의적인 발상을 창조하는 사람
- 명품 창작을 위한 장인의 길을 희망하는 사람
- 세계적인 기업 최고경영자의 길을 걷는 사람
- 독창적이고 독보적인 상품 개발을 원하는 사람
- 자연 물질을 통한 분야별 전문 디자이너를 희망하는 사람
- 생활과학과 인문학을 전문으로 강의하는 사람
- 자연 물질 생태계의 미래 비전을 원하는 대학생
- 휴양, 치유, 관광 업무에 근무하는 공무원 및 일반 사람
- 음악, 미술, 음식, 스포츠, 문화 등에 종사하는 사람

[휴선 인문학 구성도]

휴선이란?

🌲 휴선의 의미

- 恘(행복할 휴)와 仙(신선 선)을 결합한 신개념의 조어로서 인간이 자연과 하나 되어 몸과 마음의 건강을 도모하고, 삶의 질을 향상하고자 하는 행동 양식을 휴선이라 한다.
- 신개념의 행복 문화이며 몸과 마음을 수련하여 자아의 가치를 높이고 자연과 하나 되는 행위이다.

🌲 휴선이 추구하는 가치

- Natural Happiness는 자연 속에서 행복의 욕구를 몸으로 체험하고 담아 보는 행위이며, 삶의 질을 향상하고자 하는 목표를 담은 상징적인 용어이다.
- Tree Happy는 나무라는 생명체를 통해서 생명에 소중함을 깨닫고, 나뭇잎이 번성하듯 행복의 열매가 풍성하기를 기원하는 마음이 담겨 있다.
- Tree는 생명체의 생리 과정을 의미하고, Happy는 밝고 맑은 마음을 의미한다.

🌱 휴선이 추구하는 행복

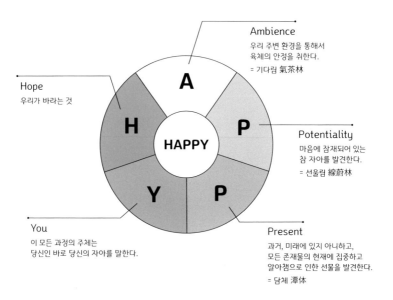

Ambience
우리 주변 환경을 통해서
육체의 안정을 취한다.
= 기다림 氣茶林

Hope
우리가 바라는 것

Potentiality
마음에 잠재되어 있는
참 자아를 발견한다.
= 선울림 線蔚林

You
이 모든 과정의 주체는
당신인 바로 당신의 자아를 말한다.

Present
과거, 미래에 있지 아니하고,
모든 존재물의 현재에 집중하고
알아챔으로 인한 선물을 발견한다.
= 담체 潭体

🌱 행복나무의 욕구 6단계

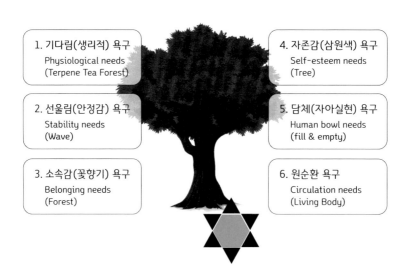

1. 기다림(생리적) 욕구
Physiological needs
(Terpene Tea Forest)

2. 선울림(안정감) 욕구
Stability needs
(Wave)

3. 소속감(꽃향기) 욕구
Belonging needs
(Forest)

4. 자존감(삼원색) 욕구
Self-esteem needs
(Tree)

5. 담체(자아실현) 욕구
Human bowl needs
(fill & empty)

6. 원순환 욕구
Circulation needs
(Living Body)

① 기다림(생리적) 욕구 Physiological needs (Terpene Tea Forest)	인간의 첫 번째 욕구의 단계로서, 가장 원시적으로 기본적인 욕구를 이루고자 하는 마음의 작용
② 선울림(안정감) 욕구 Stability needs (wave)	원하는 바를 얻음으로 인해서 정신적으로 안정을 이루고자 하는 단계
③ 소속감(꽃향기) 욕구 Belonging needs (Forest)	관계에 대한 욕구로, 여러 관계 속에서 우위를 지니고자 하는 욕구
④ 자존감(삼원색) 욕구 Self-esteem needs (Tree)	인간의 실존적인 질문을 하게 되는 단계로, 욕구가 채워졌음에도 허전함과 외로움으로 방황하는 단계
⑤ 담체(자아실현) 욕구 Human bowl needs (fill & empty)	공허한 부분의 마음과 상처받은 마음을 채우고 비워 가고자 하는 욕구
⑥ 원 순환 욕구 Circulation needs (Living Body)	무한한 행복과 자유를 얻고자 하는 인간의 욕구로, 완전한 비움과 완전한 채움을 이루는 단계

🌳 휴선 인문학의 목표

- 올바른 생활 목표를 대안으로 제시하여 건강한 삶, 행복한 가정과 건강한 사회 창조 기여
- 농·산·어·촌의 다양한 녹색 자원을 이용한 휴선 학술 개발과 보급을 통하여 신개념의 휴선 인문학 창작

- 인간의 가치 탐구를 녹색 생태 문화와 함께 표현 활동 전개
- 휴선 7요소 학습을 통해 물질 기능과 소통 기법 지도
- 휴선 인문학 힐링(치유) 관광 산업 정착 및 국민복지 증대 기여

🌳 휴선 인문학의 기대 효과

◈ 개인적인 효과

- 자연과학의 지식을 익히고 자기 계발의 과정으로 접목
- 자연 물질을 응용할 수 있는 기술과 안목을 넓혀 준다.
- 휴선 7요소 기능을 통한 신개념의 아이디어 창작 기회 제공
- 청정에너지를 통한 심신의 원기 재충전의 기회
- 청소년 및 청장년의 감성 및 행복지수 향상
- 배려하고 행복하며 화목한 가정 지속

◈ 사회 공헌 효과

- 건전한 녹색 사회를 위한 평생학습 환경 조성
- 휴선 7요소 에너지 자원을 생활 경제 활동으로 연계
- 신개념 힐링(치유) 관광 산업의 방향 제시
- 휴선 인문학의 기능을 신개념 관광 상품으로 창출
- 녹색 기능을 활용한 건강 생활과 국민복지 증진

휴선의 7요소란?

🌲 휴선의 7요소

휴선 (사람, 마음, 나무, 산, 계곡, 물, 불) 7요소에 자연 물질의 기능들이 함축되어 있다. 인간이 사람다움으로 살아가는 과정에서 생활을 엮어갈 때 7요소의 자연 물질들은 생활에 꼭 필요한 지혜의 기능을 준다. 그 때문에 자연에 놓인 7요소는 사람들에게 꼭 필요한 생활필수품이라고 해도 과언이 아닐 것이다. 물론 사람에 따라서 또는 생활 방식에 따라서 필요할 수도, 필요하지 않을 수도 있다. 그러나 사람이 일상생활을 하는 과정에서 90% 정도는 필수적으로 7요소의 물질과 접촉하면서 살아가는 것이 현실의 생활 문화이다.

또한, 생활 속에서 종종 마주치게 되는 문제(고민)를 해결할 때 휴선 7요소는 대상 물질을 구분과 분별을 통해 그 기능을 바르게 인식하고 이해할 수 있는 지식을 준다. 그리고 생활에 접목할 수 있는 지혜의 방향을 제공해 준다.

❀ 7요소의 기능과 역할

◆ **사람**: 인간의 본질과 본성 그리고 그 문화적 실천 과정은 자연 물질의 생태 환경에서 방법을 찾고, 사람의 인격 형성에 기반이 되는 정신의 특성, 감정 발생, 괴로움의 작동 등은 식물의 정신세계를 통해서 방법을 찾아야 할 일이다.

◆ **마음**: 마음은 유기체 기능으로 작용하며 바람 소리, 물소리, 아름다운 색 등은 마음을 움직이게 하는 매개체가 되어 준다. 그러므로 숲에서 새소리, 폭포 소리, 단풍색 등의 기능을 통해서 마음의 평화를 찾는 기법을 익혀야 한다.

◆ **산**: 산은 신령스러운 씨앗을 낳고 사람들에게 도전과 탐험 정신을 갖도록 하며 삶에서 힘들고 지친 사람들을 오라고 손짓한다. 그리고 산은 녹색 향기와 단풍과 신선한 공기를 내어 주며 반갑게 맞이한다.

◆ **계곡**: 계곡은 곡신의 기운을 담은 현빈(玄牝), 위대한 어머니라 하며 생명을 탄생시키는 기능과 엄마의 품 그 자체이다.

◆ **물**: 물은 긍정적인 생각과 낮은 자세로 행동한다. 한곳에 오래 머무르지 않으며, 자리에 다툼이 없고, 타인이 싫어하는 곳을 찾아서 머문다.

◆ **불**: 불은 빛의 기능으로 사람의 생활 속으로 다가온다. 그리고 생명에 유익한 원적외선은 사람들에게 건강 생활 문화를 제공한다.

위의 7요소 물질과 함께하는 휴선 인문학은 각각의 물질 속에 담겨 있는 기능과 지혜를 자연스럽게 학습하게 한다. 이어서 학습을 통해 얻은 기능과 지혜를 생활에 접목할 수 있도록 방법과 방향을 제공하는 기회를 갖는다.

휴선 7요소 생활 지혜와 법칙이란?

　자연물과 함께 자연의 법칙에 따라, 자연이 주는 만큼, 자연스럽게 취하며 살아가는 모습이 휴선 인문학의 삶이다. 나무라는 한 생명체를 통해서 성장 과정과 생명의 소중함을 이해하고, 나무뿌리, 나무 기둥, 나뭇가지, 나뭇잎을 통해서 고요함과 그러함과 너그러움과 보편성 등의 논리를 깨닫게 한다. 즉 순환, 반복, 변화의 과정과 유약(柔弱)의 방법을 자연의 법칙에 따라서 몸으로 체험하며 자연에 놓인 자연 물질을 자연스럽게 내 안으로 맞이하는 방법을 익혀야 한다는 의미이다.

◆ **사람의 생활 지혜**
- 사람에 몸은 마음을 소유하지 않는다.
  그러므로 마음은 생각의 존중과 품성을 존경한다.
- 사람의 생활 법칙
  파도 물결이 빚은 조약돌 연마 법칙을 수련한다.

◆ **마음의 생활 지혜**
- 마음은 몸을 소유하지 않는다.

그러므로 몸은 마음을 품어 공정과 포용의 의미를 알게 한다.

- 마음의 생활 법칙

설악산 정기 담은 초로 구슬 법칙을 수련한다.

◈ 나무의 생활 지혜

- 나무는 땅을 소유하지 않는다.

그러므로 땅은 공유와 공존의 의미를 알게 한다.

- 나무의 생활 법칙

설악산 1,000년 소나무 나이테 기어 법칙을 수련한다.

◈ 산의 생활 지혜

- 산은 나무를 소유하지 않는다.

그러므로 나무는 공동체의 상식과 정도의 길을 알려 준다.

- 산의 생활 법칙

설악산의 정기 산삼 가시 법칙을 수련한다.

◈ 계곡의 생활 지혜

- 계곡은 곡신을 소유하지 않는다.

그러므로 곡신은 탄생의 기쁨과 소통의 길을 선물한다.

- 계곡의 생활 법칙

설악산 맑은 담(潭) 샘물 이끼 법칙을 수련한다.

◈ 물의 생활 지혜

- 물은 물길을 소유하지 않는다.

그러므로 물길은 갈증과 갈등을 해소시키는 길을 안내한다.

- 물의 생활 법칙

  동해바다 영금정 아가미 연동 법칙을 수련한다.

◈ 불의 생활 지혜

- 불은 온기를 소유하지 않는다.

  그러므로 온기는 배려와 나눔으로 실천한다.

- 불의 생활 법칙

  동해바다 수평선의 꽃무지개 굴절 법칙을 수련한다.

휴선의 7미덕 12성품이란?

　인간의 삶 속에는 음(陰)과 양(陽)이라는 우주의 기운이 존재하며, 우리의 사회 속에도 음과 양이 존재하며 하루 24시간의 생활을 엮어 간다. 우리가 하루를 살아가는 방식에 따라서 휴선의 7미덕과 12성품을 접촉하거나 접속하는 일들이 많이 발생하게 될 것이다.

　인생의 굴레를 굴려 갈 때 스스로에게 찾아오는 휴선의 요소들을 통해서 때로는 고요함, 때로는 그러함, 때로는 너그러움, 때로는 보편성 등을 깨닫게 하며 생활의 활력을 위한 윤활유 같은 기능이 되어 줄 것이다. 또한, 삶의 무게에 짓눌린 채 하루하루 고단하게 살아가는 사람들의 마음을 위로하며 과연 어떻게 살아가는 것이 참된 삶인가 하는 질문에 답을 하는 지혜의 길잡이가 되고자 한다.

- 7미덕: 함덕, 언덕, 애덕, 상덕, 현덕, 수덕, 공덕
- 12성품: 자기 통제력, 사회성 지능, 판단력, 창의성, 공정성, 상상력 리더십, 용감성, 징직, 겸손, 열정, 사랑

휴선 3체험 시스템이란?

🌳 기다림, 선울림, 담체

자연과 하나 되는 프로그램으로 휴선 7요소 자연 물질의 기능을 인체 건강에 유익하도록 활용 기법을 제시한 콘텐츠로 27종류가 있다. (지면상 27종류를 일일이 나열하지 못한 점 죄송하옵고, 필자의 저서《휴선 1 기다림》,《휴선 2 선울림》,《휴선 3 담체》를 통해서 전문 내용을 참고하세요.)

◆ 기다림(氣茶砅) [상표서비스표등록 제 45-0024023]

자연 물질의 본성과 기능을 이해하고 생태 환경과 생리 과정을 깨달아 가는 과정으로 맑은 공기, 맑은 물, 맑은 숲, 광물질 등을 이용한 프로그램 (테르펜 흡기법, 산약초 휴선 꽃차, 게르마늄 목욕 등 3*3=9종류로 구성되었다.)

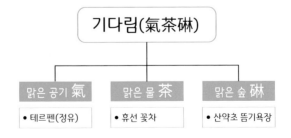

◆ **선울림**(線蔚琳) [상표서비스표등록 제45-0024024]

파동, 진동, 감동 등의 기능성을 통하여 마음에 문을 열고, 정신세계를 열고, 개성을 창조하게 된다. 자연의 빛, 소리, 색체 등을 이용한 프로그램 (원적외선, 음이온, 폭포, 새소리, 단풍의 색 등 3*3=9종류로 구성되어 있다.)

◆ **담체**(潭体) [서비스표등록 제41-0165308]

인간은 자연의 일부라는 이치를 자신의 몸으로 체험하고 담아 보는 일, 순리를 거스르지 않고 조화와 균형이라는 자연법칙을 따르는 체험 프로그램 (나무, 산, 계곡, 물 등 자연 물질의 생리현상을 통한 사람의 그릇 만들기 3*3=9종류로 구성되어 있다.)

무위자연이란?

　무위자연이란, 대립을 해소하고 번쩍거리는 빛을 가라앉혀 조화롭게 하면서 늘 비움을 실행하는 것.

　말의 뜻은 인위적인 손길이 가해지지 않은 자연을 가리키는데, 자연에 거스르지 않고 순응하는 태도를 가리키기도 한다. 또한, 속세의 삶보다는 자연 그대로의 삶을 가리킬 때도 사용한다. 따라서 안빈낙도(安貧樂道), 안분지족(安分知足)과 같은 표현들과 비슷하다고 말할 수 있으며 삶과 행복의 가치를 깨닫게 한다.

사람

月氣 조 명 상

지구에서 점 하나 찍으며
인간의 탈을 쓰고 태어났다
빈손으로 태어난 한 점의 존재는
여명의 빛과 함께
사람으로 생을 엮어 간다.

나는 누구이며,
무엇을 담고,
무엇을 비우며,
무엇을 남기려고 하는가?
하늘이 나를 잉태시킬 때
나에게 할 일을 주어졌거늘
나는 지금 그 길을 걷고 있는가?

그리고
저 하늘에 이글거리는 태양을 바라보며
한 점 부끄러움이 없다고 말할 수 있는가?

무엇을 얼마나 쌓았을까?
결과물을 생각하며 빈손을 씻어 본다.
인생 몽환 부질없는 깨달음뿐
꿈나라 여행을 위해 잠자리에 든다.

제2장

▼

사람[人: human]
〈보석을 닮은 조약돌 가치 탐구〉

이 과정은 일심동체와 언행일치의
의미를 깨닫는 기회를 가진다.

이 단원은, 사람은 지혜에 비교될 수 있다. 지혜가 부족한 자(者)는 삶을 살아갈 때 육체적, 정신적 고통을 얻게 된다. 사람을 사람 되게 하는 '사람다움'은 '서로 존중'과 '서로 사랑'이 기반이 된다. 사람의 가치 기준으로 7미덕: 함덕(合德), 12성품: 사회성 지능, 용감성에 정신을 담고, 사람다운 행동을 통해 품격에 맞는 그릇을 창작해야 한다. 진아(眞我)의 삶을 주인으로 살아가는 방법을 탐구하는 과정으로 무위자연의 기다림(氣茶琳), 선울림(線蔚琳), 담체(潭体)의 체험 기법을 활용하고자 한다.

🖋 사람의 몸체는 마음을 소유하지 않는다.

　그러므로 마음은 몸체를 존중하고 말(言)의 품위를 존경한다.

도법자연이 주는 사람의 길

도(道)

도는 쉬엄쉬엄 갈 착(辶)과 머리 수(首)가 결합하여 도(道)라는 글자로 표현되며, 머리를 앞세우고 재촉하지 않고 천천히 발걸음을 내딛는 게 바로 '도'의 의미이다. 또한, 모든 개체가 본능적으로 가야 할 운명적인 길이라고 할 수 있다. 그러므로 각자(各自)가 가야 할 운명적인 길을 말할 때 '도'라고 표현한다.

◆ 진아(眞我)의 길

본성(고요함), 밝음(그리함), 관대(너그러움), 보편성(普遍性)

① 인간이 태어날 때 본래 정해진 길과 그릇을 부여받는다.
② 그 본래 정해진 길에서 벗어나지 않고 밝게 걸어가야 한다.
③ 정해진 길을 걷되 올바르고 적성에 맞는지 확인이 필요하다.
④ 올바른 길이라고 판단이 되면 자신의 그릇을 살펴야 한다.
⑤ 그릇의 크기와 색깔과 담고자 하는 물질을 신별하고 관리한다.
⑥ 밝은 길을 걸어갈 때 주변 사람들과 동행하는 배려를 한다.

⑦ 동행할 때 관대하게 포용하는 자세를 갖추어야 한다.

⑧ 안정된 길을 걸어갈 때 보편성으로 사회 공헌을 염두에 둔다.

◆ 법(法)

'물이 흘러간다. 물 분자가 이탈해서 흘러간다. 또는 서로 어긋나다. 사람의 생각이 서로 어긋나다.'라고 표현할 수 있을 것이다.

• 삶의 길을 걸어가는 방법

① 길을 걸어갈 때는 사회 구성체의 법규와 규칙을 익혀야 한다.

② 공동체의 법규와 규칙은 물이 흐르듯 순리를 따라야 한다.

③ 그릇에 무엇을, 어떻게, 얼마만큼 담을 것인가를 판단한다.

④ 소유와 무소유의 경계선을 구분하는 학습을 반복한다.

⑤ 소유의 집착에서 자유롭고 업무에 집중하는 자세를 갖는다.

⑥ 양심과 욕심의 경계에서 보편적인 지혜를 활용한다.

⑦ 정도(正道)가 아니라고 판단이 되면 그 자리에서 멈춘다.

⑧ 잘못된 길은 즉시 수정하면서 걸어가는 자세를 갖춘다.

🌿 자연(自然)

◆ 밝음(그러함)

① 자연을 관찰하는 자는 사물을 바라볼 때 밝고 투명하게 볼 수 있는 지혜와 마음 자세를 갖추어야 한다.

② 세상을 넓고, 높게 바라볼 수 있는 안목을 키우는 학습을 한다.

③ 식물의 세계를 통해서 생태적인 밝음의 이치를 깨달아야 한다.

④ 식물의 생리 과정을 통해서 사람의 생활 습관을 변화시켜 간다.

⑤ 물은 맑고 투명하다. 항상 맑고 밝은 미소의 기법을 익혀야 한다.

◈ 도법자연(道法自然)

인간은 땅을 본받고, 땅은 하늘을 본받고, 하늘은 도를 본받고, 도는 자연을 본받는다. 행복의 길은 자연의 법칙에 따르고 본받는 데 있음을 의미하는 것, 자연은 인간을 품는다. 그리고 속이지 않는다. 우리를 속이는 것은 항상 우리 자신이다. 자연을 보고 자연을 통해 지혜를 배워야 하며, 자연은 끊임없이 자신을 단련하도록 선도한다. 인간은 자연의 한 조각이므로 자연의 법칙을 알고 따르는 것은 행복을 위한 필수조건이라 볼 수 있다.

• 사회생활에서 정도(正道)란 무엇이라고 생각하는가?

① 도(道)란 도의적인 의미가 담겨 있다. 혼자 살아갈 때는 필요 없는 것이며 공동체를 위한 건강한 거래의 질서이다.

② 도(道)란 삶의 맛을 깨닫게 하고 미래를 향한 등불이며 건강한 가정을 이루기 위한 징검다리 기능을 한다.

③ 도(道)란 풀잎 새싹의 기능으로 사회 화합을 위한 유연성을 제공한다.

④ 도(道)란 자아 존재를 이루는 뿌리이며 공동체 형성을 위한 울타리이다.

⑤ 도(道)란 사람다움을 위한 길을 안내하는 나침판이 되어 준다.

⑥ 도(道)란 정도의 기능으로 생활 활력을 위한 에너지를 제공한다.

자연 속에 있는 정도의 법칙을 들여다본다. 정도의 길을 걷고자 하는 자는 항상 초심을 잊지 말아야 하며, 어린 시절 순수하고 생기가 넘치는 새싹 같은 존재로 살아가야 한다.

　숲속에서 자라는 새싹은 공동체 순리 과정을 익히면서 자연을 표현한다. 그것은 자연스럽게 정해진 자연 세계의 운명이라는 과정이다. 인간이 인생을 사노라면 이 세상에서 얻은 돈과 명예, 지식 등은 떠날 때 모두 내려놓고 가야 하며, 낙엽처럼 쓸쓸한 겨울을 맞이해야 한다.

　낙엽이 되는 과정은 누구도 피해 갈 수 없는 운명이라는 길이다. 낙엽은 풍요로운 거름이 될 뿐 단풍잎의 아름다움으로 돌아갈 수 없다. 그렇다면 우리가 세상을 떠날 때 가져갈 수 있는 것은 바로 자신 안에 담겨 있는 순수한 새싹[心]이라는 물질이며, 즉 '처음처럼'이라는 화두를 생각하게 된다.

　인간은 죽음을 눈앞에 두고서야 비로소 마음을 정리하게 되며, 그동안 자신이 살아온 지난날의 길[道]과 정도적인 삶에 관하여 후회하게 된다. 그리고 뒤늦게 정도적인 초심을 발견하게 되는 것이다.

큰 그릇에 담아야 할 지혜

자지자명(自知者明)

자신을 알아야 밝은 사람이며 지혜를 담아야 강한 사람이다. 노자는 남을 아는 것과 자신을 아는 것, 남을 이기는 것과 자신을 이기는 것을 견주어 후자가 전자보다 훨씬 어렵다고 했다.

노자의 지혜로움이란 자기 자신을 아는 것이고, 자신의 마음속으로부터 확실하게 깨닫는 것이었다. 남을 알고 자신을 모르는 사람은 헛똑똑이일 뿐이다. 진정으로 현명한 사람은 남과 자기 자신을 모두 명확하게 이해하고 인식하는 사람이다.

인간은 언제나 자신이 옳다고 생각한다. 그리고 자기가 다른 사람을 잘 이해한다고 생각한다. 하지만 실제로 남을 잘 알고 이해하는 사람은 많지 않다. 우리는 자기 자신을 알아야 한다. 사람이 귀한 것은 자신을 아는 현명함 때문이다. 자신을 명확하게 인식하고 대함으로써 총명하고 지혜로울 수 있으며, 그때 비로소 귀한 존재의 의미를 깨닫게 된다.

자신이 이미 모든 것을 잘 알고 있으며 모든 것이 명확하고 정확하다고 착각하는 것은 우매하고 어리석은 생각이다. 다른 사람을 잘 이해하고 관리하고 이끄는 사람도 정작 자신에 관해서는 전혀 알기가 어렵고, 또 안다고 해도 컨트롤하기란 쉽지 않다. 나의 장단점을 똑바로 보아야 장점을 극대화하고 단점을 극복할 수 있기 때문이다.

◆ 참나무처럼 스스로 대단하다 여기지 말라.

삶에서 자만 행위는 조심해야 할 사항 중의 한 요소다. 그 때문에 위선에서 벗어나려는 노력이 필요하다. 산에는 참나무가 자라고 있다. 목질이 단단하고 생활에서 쓰임새가 많다고 해서 진짜 나무 또는 참나무라고 이름이 붙여졌다고 한다.

숲속에서 자라는 참나무가 왜 대단할까? 참나무만 목질이 단단하고 쓰임새가 많을까? 참나무와 성질과 기능이 유사한 박달나무, 그리고 자작나무가 있다. 즉 참나무의 기능이 나무 중에서 으뜸이라고 할 수 없다. 그러므로 자기 자신이 대단하다고 여겨서는 안 된다. 우리는 때때로 스스로 강하고 멋지다고 생각할 때가 있는데, 사실 이런 자신감은 우리 삶에 없어서는 안 될 감정이다.

하지만 자신감이 너무 충만하여 자만하거나 안하무인처럼 행동해서는 안 된다. 작은 먼지가 바라볼 때 하늘에 떠 있는 별이 거대한 행성으로 보일지는 몰라도, 거대한 우주 입장에서는 그 별도 결국은 작은 먼지나 다름없을 뿐이다. 그러므로 우리도 자만하지 않고 자신의 분수를 잘 아는 것이 중요하다.

🌳 오색 단풍잎의 열정과 처세술

설악산 한계령의 가을 풍경은 산 전체가 오색으로 아름답게 물들어 많은 사람의 마음을 풍요롭게 해준다. 아름다운 단풍잎처럼 사람의 모습도 항상 그대로 있으면 얼마나 좋을까?

사람들은 열정적으로 살아가며 탑을 쌓으려고 노력한다. 성공을 위한 탑을 쌓는데 몰두하고, 자신을 아름답게 관리하는 기법은 지혜가 부족한 듯하다. 단풍의 아름다운 가치는 짧은 시간과 함께 소멸한다. 사람으로서 아름다움이 존재할 때 처세술이 필요하며, 현명한 처세술을 통해서 자신의 가치를 잘 관리해야 할 것이다.

◆ 참된 그릇의 처세술

① 재물이 많고 작음에 관하여 빈손으로 돌아가는 깨달음의 처세술
② 직위 고하의 관계에서 상호 간 인격 존중의 처세술
③ 지식의 유무는 백지 한 장의 차이임을 아는 처세술
④ 남녀의 관계에서 수평적인 인격 존중의 처세술
⑤ 갑과 을의 관계는 상생과 공존에 관한 처세술
⑥ 사랑으로 나눔을 실천하는 처세술
⑦ 사회 공동체 속에서 사회 공헌을 위한 처세술

위의 7가지 처세술로부터 자유로워야 할 것이며, 만약 스스로 부족하다고 생각이 되면 성찰의 기회를 통해서 본심으로 돌아가야 할 것이다. 사람의 생각은 마음을 저울질하며, 마음을 변하게 하는 바람 같은 매개 물질에 불과하다. 그러므로 사람들은 감정에 따라서 초심을 잃어서는 안 되며, 본심에서 이탈하지 않도록 각고의 노력이 필요하다.

사람이 살아가면서 직위와 위치가 바뀌면 생활의 리듬도 순간적으로 바뀌게 되며, 자기 본래의 자리를 잃어가는 경우를 많이 보았다. 또한, 직위와 위치가 바뀌어도 초심을 지키며 본래의 모습대로 살아가는 사람이 과연 몇 명이나 될까?

위와 같은 현상들은 자연의 순리와 이치를 망각하고 현 위치의 자리가 영원한 자리인 듯 환상의 늪에서 헤어나지 못하는 자기 착각에서 오는 현상이라고 볼 수 있다. 이런 형상들은 자기모순을 불러오며 사회 교류 과정에서 대립의 각(角)으로 발돋움하는 초기화가 되기도 한다.

오색단풍잎 처세술이란, 사람을 대면할 때 사람의 표면을 보고 평가하지 말 것이며, 외면의 화려함보다는 내면의 세계를 평가해야 하고, 득과 실의 계산 이전에 인간적으로 관계성을 살펴야 한다.

단풍나무의 성질이란 엽록소(카로티노이드) 때문에 봄부터 적색의 단풍잎으로 표현하지 않는다. 드물게 봄부터 적색 잎을 표현하는 나무도 있다. 그러나 보편적으로 단풍은 봄에는 녹색 잎을 시작으로 여름이 지나 가을철에 접어들어 서서히 탈색하여 늦가을 서리꽃과 함께 단풍잎의 색으로 최고의 절정을 맞이한다. (단풍잎의 색: 적색 계열은 카로틴 성분, 노란색 계열은 크산토필 성분)

우리 조직 사회에서도 그러하다. 처음부터 색깔을 뽐내며 생활을 하는 사람이 있는가 하면, 처음에는 자기 모습을 감추면서 생활하다 어느 순간 자기 모습을 보여 주는 형(形)이 있다. 후자가 기능 면에서 능력 발휘를 지속적으로 잘한다는 것이다. 필자가 생각건대 모든 일에는 시기와 순서와 순리가 있으며, 기회가 주어졌을 때 자기 안에 담겨 있는 기능을 최대로 발산할 호기로 삼아야 할 것이다.

어른답게 존중하고,
어른답게 말하라

🌳 **말의 한계가 그 사람의 한계다.**

말 많은 세상, 말 같은 말이 없다.

누구나 말을 한다. 그러나 제 나이에 맞는 말을 배우고 연습하는 사람은 드물다. 학교에서도 가정에서도 직장에서도 말을 가르치지 않는다. 그런데 의문이다. 어른이 된다고 어른답게 말하는 법을 알게 될까? 말도 자라야 한다. 어른은 어른답게 말해야 한다.

① 오락가락하지 않아야 한다. 머릿속에 생각과 내뱉는 말이 따로 따로이면 안 된다. 그러기 위해서는 진심을 말해야 한다.

② 배울 점이 있어야 한다. 어른의 말은 적게 하면서 많은 것을 들려준다. 천방지축 끼어들고, 참견하고, 가르치려 들지 않는다. 본보기가 되어 남들에게 선한 영향력을 끼친다.

③ 감정을 절제해 의젓하게 말한다.

④ 나답게 말한다. 내 말이 소중하다고 믿고, 말이 거칠어지거나 투박해지지 않도록 끊임없이 주의를 기울인다.

◆ 내 말은 여전히 자라고 있다.

"나이 마흔이 넘으면 자기 얼굴에 책임을 져야 한다."

에이브러햄 링컨이 한 말이다. 표정에 그 사람의 성격과 세상을 대하는 태도가 드러난다고 본 것이다. 그런데 나는 얼굴보다 말이 더 그 사람의 인격에 가깝다고 믿는다. 그 사람이 누구인지 알려면 얼굴을 볼 게 아니라 말을 들어봐야 한다. 필자는 60세가 넘어서야 비로소 내 말에 책임을 지겠다고 마음을 먹었고, 이후 꾸준히 지키고자 하는 나만의 규칙이 생겼다.

첫째, 내가 하는 말을 곱씹어 보며 말한다. 말버릇에 주의를 기울이며 말하는 것이다. 말뿐 아니라 말할 때 내가 어떤 몸동작을 취하는지도 눈여겨본다. 필자는 사자성어를 많이 사용하는 나쁜 말버릇이 있다. 그래서 많은 사람은 말이 어렵다고 한다. 반면에 좋은 말버릇도 있다. 글로 치면 내 말은 문장이 짧다. 딱딱 끊어서 단문으로 말하면 쉽고 명료해진다.

둘째, 남의 말을 유심히 들으면서 '나는 저렇게 말하지 말아야지'라고 생각하며 바르게 말하는 방법을 찾는다.

셋째, 얼버무리지 않는다. 한마디 한마디를 또박또박 말하고, 하고자 하는 얘기를 분명하게 전하려고 애쓴다. 그러려면 생각나는 대로 말하지 않고 생각하면서 말해야 한다.

넷째, 같은 말이면 긍정적으로 표현한다. 긍정적으로 말하면 긍정적인 일이 생기고, 부정적으로 말하면 부정적인 사람으로 비친다.

다섯째, 목적에 맞게 말한다. 말하는 목적과 동떨어진 얘기는 가급적 하지 않으려고 한다. 목적은 친교일 수도 있고, 설득일 수도 있다. 내가 지금 왜 이 말을 하는지 생각해 보면 목적에 맞는 말을 할 수 있다.

여섯째, 후회할 말은 하지 않는다. '그런 말은 하지 않았어야 해' 하면서 뒤늦게 후회할 말은 애당초 하지 않는 것이다. 무심결에 해 버린 경우에는 곧바로 사과한다. 필자의 말은 이런저런 노력 덕분에, 제자리에 머무르지 않고 하루하루 성장하고 있다.

> *"말은 내장을 통해서 만들어지고,*
> *간과 심장을 통해서 따뜻하게 데워지고,*
> *목을 통해서 나가면서 자유를 찾고,*
> *날아가 승리를 위해 건배를 마신다."*
> *-박문호 박사*

◆ 소통을 위한 말투의 자세 갖추기

말 한마디에 천 냥 빚을 갚는다는 말이 있다. 말은 표현 방법에 따라서 가치가 다르게 정해진다. 말이란? 참으로 쉽고도 어려운 말의 말씀이다. 대화를 할 때 소통을 잘하려면 말투와 자세에 따라서 그날 대화가 잘되었다, 안되었다고 표현한다.

그러면 어떤 방법으로 말투에 자세를 갖추어야 할까? 말의 소리에 억양의 정도, 말의 표준어 사용 정도, 말의 주제 파악 정도 등이 있다. 그리고 소통을 위해서는 자신은 말을 적게 하고 상대가 말을 많이 할 수 있는 분위기를 조성해 준다. 또한, 상대가 잘한다고 호응하는 타이밍을 잘 맞추고, 상대에게 점수를 높여 주는 방식이 소통을 잘한다고 할 것이다.

자연과학이 주는 주파수를 통해서 생활과학의 소리 기법을 익혀 보자. 폭포 소리, 파도 소리, 바람 소리, 새소리, 풀벌레 소리, 낙엽 소리 등 자연이 주는 소리의 주파수는 특수 기능이 내재되어 있다. 각각에 주파수의 기능과 의미를 이해하려면 많은 학습 시간이 필요하다.

산속에서 30년 동안 생활하게 되면 자연이 주는 주파수 소리의 의미를 조금 알게 된다. 이것은 고도의 수련을 통해서 익히게 된다. 자연이 들려주는 소리 중에 사람들의 귀에 익숙한 소리는 새소리, 풀벌레 소리, 낙엽 소리 등일 것이다. 그중에서도 새소리는 인간이 도저히 흉내를 낼 수 없을 만큼 정교하면서도 감미롭다.

그래서 성우들이 '시 한 줄을 읽어도' 많은 사람은 감명을 받는다. 그렇다! 우리도 새처럼 감미로운 소리를 내기 위해 노력과 훈련을 해보자. 그리고 대화할 때 아름다운 말투로 표현해야 할 것이다.

✤ 자신을 신뢰하라, 그러면 말을 잘할 것이다.

말 잘하는 사람의 공통점은 무엇일까? 공부를 많이 했을까? 사회적 지위가 높을까? 아니면 머리가 좋을까? 이모저모 예측을 해보다가, 예측 밖의 일을 알아냈다. 그것은 바로 자신을 신뢰한다는 것이다. 자신을 신뢰하는 사람의 마음가짐과 태도는 대체로 이렇다.

① 자신을 신뢰하는 사람은 말하는 걸 두려워하지 않는다. 눈치 보지 않고, 자기검열이 심하지 않다. 실패를 두려워하지 않고 위험을 감수한다. 자신을 신뢰하지 못하는 사람은 적당한 때를 찾지 못하고 나설까 말까 망설인다. 그리고 자신을 솔직하게 드러내지도 못한다.

② 자신을 신뢰하는 사람은 남의 말에 과도하게 휘둘리지 않는다. 받아들일 건 흔쾌히 받아들이고 무시할 것에 대해서는 그건 당신 생각이고, 내 생각은 다르다고 시원하게 답한다. 자신을 신뢰하는 사람의 특징은 과욕을 부리지 않는다. 말을 잘하고 싶은 욕심은 있지만, 가진 것보다 더 많이 가진 것처럼 보이려고 무리하지 않는다.

슬기로운 인간관계

🌳 사람과 함께하는 세상

한 사람을 이해한다는 것은, 그 사람이 어떤 삶을 살아왔으며, 누구를 만나 어떤 인격적 자극을 받고 살아왔는지, 어떤 체험과 각성을 통해 자신을 부단히 재탄생시키며 살아왔는지를 편견 없이 알아내는 일이다. 그리고 한 사람을 이해한다는 것은 그 사람의 아픔을 가슴으로 공감하는 일이다. 사람이 사람을 이해하는 일은 말처럼 쉽지 않다. 이해했다고 생각하지만 그것이 가장 큰 오해일 수도 있다. 내 입장에서는 이해했다고 생각했지만 상대는 오해했다고 생각하기도 한다. 그런 오해가 깊어질 때 관계는 끊어지고 사람 사이에 경계가 생기기 시작한다.

우리가 사람을 만나서 얻은 즐거움은 더불어 행복한 삶을 만들어가는 데 있다. 잠시 나의 울타리를 걷어내고 다른 사람의 세계로 넘어가야 나 아닌 다른 사람의 세계와 접목할 수 있다.

사람의 성장은 나와 다른 생각을 하는 사람과의 부단한 접촉에서 이루어진다. 꽃은 생각의 씨앗을 다양한 사람을 매개로 피워 내면서 인간적인 아름다움을 만들어 간다.

◆ 뭔가 다른 사람은 땀을 흘린다.

현대인은 몸을 직접 움직여 땀을 흘릴 시간이 이전에 비해 크게 줄어들었다. 책상에 앉아서 오랫동안 컴퓨터나 스마트폰으로 하는 정신노동은 늘어나고 있는 반면에 몸을 움직여 육체노동을 하는 시간은 줄어들고 있다. 근육은 퇴화하고 머리는 더욱 복잡해진 상황이다.

땀을 흘리는 사람이 건강한 이유는 적당한 운동과 노동으로 힘든 시간을 보내면서 근육에 힘이 생기기 때문이다. 열정적인 사람은 에너지원을 운동을 통해 만들어 간다. 땀을 흘리는 일이 고되기는 하지만, 그로부터 건강을 얻고 결정적인 상황이 닥쳐도 이겨낼 수 있게 해준다.

뭔가 다른 사람은 자기 일에 열정적으로 몰입하면서 땀을 흘린다. 그런데 남의 일에 열광이면서 침을 흘리는 사람도 있다. 땀과 침의 차이는 결국 열정과 열광의 차이이다. 열정은 내 일에 몰입하는 것이고, 열광은 남의 일에 집중하는 것이다. 땀은 수고와 정성에서 나오고, 침은 시기와 질투로 인해 흐른다. 땀은 노력의 결과로 나오는 긍정적인 산물이지만, 침은 남의 성취를 보면서 자신도 모르게 흘리는 부정적 산물이다. 마트에서 채소를 구매해서 먹는 사람보다 텃밭에서 직접 농사를 지어서 먹는 사람이 더 건강한 이유는 땀을 흘리기 때문이다. 땀을 흘리기 전까지는 수고스럽지만 흘리고 나면 땀의 가치를 깨닫게 된다.

◆ 뭔가 다른 사람은 겸손하다.

"뭔가 다른 사람은 왼손과 오른손 위에 겸손을 갖고 다닌다."

사람은 저마다 왼손과 오른손을 부지런히 움직여 업적과 성취를 만들어 간다. 각각의 분야에는 고수 또는 장인이 있는데, 그 장인의 손에 있는 흉터는 누구도 쉽게 흉내 낼 수 없는 전문성과 실력을 나타낸다.

실력은 무수한 시행착오와 우여곡절 끝에 몸으로 축적한 흔적이다. 실력으로 가는 지름길은 없다. 숱한 도전 과제를 넘으며 그 사람 특유의 전문성으로 축적된다.

성공하는 사람은 왼손과 오른손 외에도 항상 한 가지 손을 더 갖고 다닌다. 바로 '겸손'이다. 겸손은 자세를 낮추고 상대를 높이려는 인간관계의 미덕이다. 역설적으로 자신을 낮췄음에도 불구하고 결과적으로는 더 올라가는 신비한 덕목이기도 하다.

실력을 갖춘 사람이 겸손하면 더욱 빛나 보인다. 겸손은 실력 있는 사람만이 보여줄 수 있는 인간적인 가치이다. 진짜 실력은 겸손한 미덕이다. 논에 있는 벼도 익으면 고개를 숙인다는 속설이 있다. 역시 고개 숙인 벼의 쌀은 밥에 기름기가 흐르고 밥맛도 좋게 느껴진다.

사람이 겸손하지 않은 이유는 자신의 실력이 자기의 힘과 노력으로 축적한 결과라고 믿기 때문이다. 또 하나는 자신이 가진 실력에는 한계나 문제점이 없다고 믿는 지나친 자신감 때문이다. 실력은 있어 보이지만 왠지 모르게 인간적 매력이 끌리지 않는 이유는 실력을 감싸 안아 주는 따뜻한 가슴이 없어서이다. 실력은 본인 입으로 말해서 드러나는 것이 아니라, 다른 사람이 인정해 줄 때 비로소 드러난다.

◈ 이런 사람은 피하라.

우리 사회는 반성보다 문책을 즐기는 사람들이 많은 듯하다. 반성 없는 안이한 생각이 결국 위기를 불러온다. 삶이 꼬이기 시작하면 문제의 원인을 안에서 찾기보다 밖에서 찾는 경우가 많다. 자신은 열심히 한다고 생각하는데 다른 사람이 도와주지 않아서 매사가 안 풀린다고 생각한다. 예를 들면 자신이 기획한 일이 기대보다 성과가 나지 않을 경우에 문제 원인을 밖에서 찾는다. 경기가 좋지 않아서 사업이 망했고, 기후가 좋지 않아서 농사를 망쳤고, 직원들이 열심히 하지 않아서 목표를 달성하지 못했다고 생각한다. 문제가 발생했을 때 원인이 나에게서 비롯되었다고 생각하기보다 다른 변수 때문이라고 생각한다. 잘못을 안에서 찾으며 반성하기보다 다른 사람 때문에 발생했다고 여기고 문책하거나 질책하는데 시간을 더 많이 투자한다.

이런 사람들은 문제의 원인이 밖에 있다고 믿기 때문에 어제의 나보다 잘하려고 노력하기보다 남들보다 잘하려고 노력한다. 남과 비교하다 보니 나다움으로 빛나는 아름다움이 사라진다. 열심히 노력하지만 나만의 색깔은 점차 사라지고 남과 비슷해지기 시작한다.

반성 없는 안이한 생각이 결국 위기를 불러온다는 것을 자각하지 못한다. 문제가 발생할 때 반성하지 않고 환경이나 남 탓만을 한다면 결국 위기를 만날 수밖에 없다.

파도 물결이 빚은 조약돌 연마 법칙

이 과정은 조약돌 연마 기법을 통해 사람다움의 가치를 창작하는 기회를 가진다.

탐구 현장: 양양군 강현면 정암해수욕장 조약돌 해변 일원

속초시 설악산 쌍천계곡 조약돌밭 일원

조약돌은 자신의 문양을 담고,
연마는 자신의 능력을 닦는다.
- 명상

사람다움의 그릇 창작 과정에는 조약돌 연마 법칙이 존재한다.

◈ 연마(研磨)

1. 돌, 쇠붙이, 보석 따위의 고체를 갈고닦아서 표면을 반질반질하게 함.

2. 학문이나 기술 따위를 힘써 배우고 닦음.

조약돌 연마 법칙(Pebble-Polishing Law) 탐구

동해 몽돌해변에서 조약돌 연마 과정을 관찰한다. 바닷물은 파도

를 만들고 파도는 파장을 만들어 돌이 굴러가게 하는 매질 작용을 한다. 조약돌 연마 과정은 파도의 에너지가 돌의 표면을 매질하는 원리로 돌과 돌이 서로 마찰 현상을 발생하면서 연마 기능 작용이 발생하게 된다. 이때 돌과 돌이 마찰 작용을 할 때 연마의 강도는 파도 에너지의 힘과 비례한다.

연마 작용을 할 때 왕복 작용을 하는 매질(파도 힘에 의한 물체가 이동하는 원리) 길이는 0.5~1m 정도이고, 그 왕복 작용을 반복적인 운동으로 실행한다. 그리고 왕복 작용의 길이와 폭(width)은 파도에 파장과 강도에 따라서 연마의 작용 공간이 형성된다. 연마의 수련 과정은 하루 24시간 반복적으로 작용을 실행한다. 돌이 굴러가는 과정은 자연법칙의 순리에 순응하는 이치와 같으며 조약돌이 되기 위한 본성이라고 생각한다.

설악산 쌍천계곡에 있는 조약돌 밭의 길이는 300m 정도이며 형형색색 아름답고 규모가 장관을 이루고 있다. 이곳에 있는 조약돌의 크기는 대체로 큰 것이 많아서 색다른 가치가 있다고 판단이 된다. 이 조약돌들은 산의 계곡에서 빗물에 의해 하류로 이동을 하면서 연마 작용을 실행한 것으로 유추해 본다. 그리고 평상시에 작은 조약돌은 물의 흐름에 따라서 연마 작용을 계속 실행하고 있다.

🌲 조약돌 연마 기능이 인성에 미치는 영향

① 조약돌은 연마할수록 빛을 발산하는 기능을 가진다. 자신을 이

기는 자가 밝은 자(者)이다. 자신을 닦는 연마 기능을 학습해야
할 일이다.

② 조약돌은 보석의 탈을 쓴 한 조각이다. 그러므로 조약돌은 보
석의 가치를 창작할 권리와 의무를 갖는다.

③ 조약돌은 탄생 후에는 언제나 변함없고 신뢰성, 믿음성 등 자
신을 감추고 타인을 빛나게 하는 작용을 한다.

④ 조약돌은 자기 색상과 문양을 뚜렷하게 표현하며 건전한 생활
을 위한 방향을 안내한다.

⑤ 조약돌은 공동체 생활을 할 때 둥근 성격으로 이웃과 소통하고
타인을 배려한다.

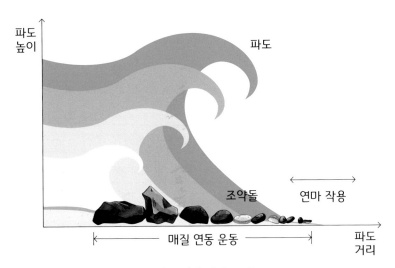

[조약돌 연마 법칙 도표]

① 해안가에서 파도가 왕복운동 하는 거리는 5~8m 정도이며, 그
안에서 조약돌은 매질을 통해 연마 작용을 실행하게 된다.

② 연마의 실행 방향은 좌측과 우측을 가리지 않고 상황에 따라서 변칙적으로 운동하며 활동 거리는 1~2m 정도의 범위이다.

③ 연마를 촉진하는 매질의 작용은 파도의 크기와 힘에 따라서 결정되며 그 매질 거리에 따라서 돌 표면에 연마 작용의 효율성이 결정된다.

④ 조약돌 재질과 성분에 따라서 문양이 다르게 표현되며 동시에 연마 시간이 다르게 결정된다.

◆ **삶에서 연마(교육) 과정이 필요한 이유**

(1) 조약돌 연마 과정이 필요한 이유

참삶이란? 삶을 살아갈 때 정도에 길을 걷는 것이 바른생활이라고 할 것이다. 정도의 길을 걸어갈 때 도덕과 인성이 매우 중요한 역할을 한다. 그러므로 도덕과 인성에 관한 연마 수련 과정이 필요한 이유이다.

(2) 교육은 미래 방향을 제시하는 나침판과 같다.

광범위한 정보 수집을 통해서 진로를 위한 방향을 선택해야 한다. 미래의 시대는 빠른 속도의 변화를 추구하는 시대를 맞이하고 있다. 그 때문에 방향 선택을 위한 시대적 눈높이에 맞는 평생학습이 필요한 이유이다.

(3) 교육은 현재와 미래 시간을 알려주는 나이테와 같다.

지식은 현재의 시간 활동을 하고, 지혜는 미래 시간을 예측하게 한다. 그러므로 나이테의 경험과 경륜 속에서 신개념의 생활 기법이 창출하게 된다.

(4) 습관을 밝게 교정하고 안목을 넓혀 준다.

조약돌 연마 수련은 마음의 세정과 생활에서 밝은 기운을 발산한다. 조약돌은 수백 가지 종류가 존재한다. 그리고 그 안에 담겨 있는 성분 또한 여러 가지의 형태이다. 그 때문에 이런 돌, 저런 돌의 개성과 특성을 익히게 되고 생활할 때 생각과 행동반경을 넓혀 주는 기회를 맞이하게 된다.

(5) 조약돌을 닮은 명장(대가)을 꿈꾸다.

명품은 시간이 지나면 지날수록 가치를 높여 주는 기능을 한다. 보석을 닮은 사람이 참[眞]을 담은 사람이다. 그러므로 자신을 이기고 연마하고자 하는 자세를 확립하여 보석으로 새롭게 탄생해야 한다. 또한, 굽이진 인생길에서 성공을 향한 명장의 길은 '조약돌 굴림의 과정'과 같다.

절차탁마(切磋琢磨)의 수련

'칼로 다듬고, 줄로 쓸며, 망치로 쪼고, 숫돌로 간다'는 뜻으로, 학문을 닦고 덕행을 수양하는 것을 비유하는 말이다.

'절차탁마'는 도약을 위한 점프대에서 어떤 도움이 될까? 도전정신에서 큰 장애가 되는 것은 심리적인 두려움과 나약함이다. 어떤 일이든 고지를 오르기 위해서는 수십 번을 생각하고, 많은 정보를 수집하고, 학문을 익히고, 덕을 쌓고, 수천 보의 발품을 팔고, 인고의 땀을 흘려야 비로소 고지를 점령할 수 있는 자격을 얻게 된다. 현대인들은 도약을 통해서 아름다운 작품을 만들고자 하는 의욕은 매우 높다. 그러나 앞에 놓인 장애물(땜틀)을 어떠한 방법으로 넘어야 효율성이 높은가에 관한 수학적인 산술 부족과 도전 단계에서 추진력과 의지가 부족하며, 단지 도약을 통해서 성과물을 얻고자 하는 조급증만 앞서 있다.

목표를 생각하고, 기획을 끝내고, 고지를 향한 도전을 실행할 때 조약돌 연마 기법의 과정은 진로에 큰 힘이 되어 줄 것이다.

◈ **절차탁마의 수련 효과**

① 절차 기억의 기법을 통해 단계적으로 맞춤형 수련을 실행한다. 천재와 둔재의 차이는 노력 여하의 차이다. 즉 학습 수련을 할 때 빨리 이해하면 천재이고, 늦게 이해하면 둔재라고 할 수 있다. 절차 기억법에 의한 반복 학습의 노력에 따라서 천재와 둔재가 결정될 것이다.

② 비정형 돌의 연마 기능은 습관을 탈바꿈하는 과정과 같다. 기술의 쟁취는 칼처럼 냉정한 면이 있어 입문 과정에서 자신의 마음가짐이 필요하고 게으름을 망치로 쪼고 땀방울을 흘리며 자신과 싸움에서 이겼을 때 기술을 터득하게 되고 성공의 길이 보이게 된다.

③ 도전을 실행할 때 나도 잘할 수 있다는 자신감을 갖게 한다. 절차탁마의 정도 기법을 수련한 사람은 어떤 일이든 도전할 때 두려움을 내지 않는다. 이유인즉, 자신을 신뢰하고 일머리를

빠르게 파악할 수 있는 능력이 배양되어 있기 때문이다. 그러므로 어떤 업무에 임해도 주저함 없이 추진력을 발휘할 수 있게 된다.

🌱 마부작침(磨斧作針)의 수련

'도끼를 갈아서 바늘을 만든다'라는 사자성어인데, 끈기 있게 쉬지 않고 노력하면 어떤 어려운 일도 성취할 수 있다는 뜻이 담겨 있다. 도끼를 갈아서 바늘을 만든다는 말은 참으로 허무맹랑하게 들리며, 옛날 옛적 전설 속에 나오는 이야기 같다. 과연 이런 일이 가능할까? 생각하는 사람에 따라서 가능하고 불가능할 것이다. 필자는 가능하다고 생각한다. 유사한 실험을 통해서 실물을 체험할 수 있다.

그 실물 중의 하나가 계곡의 강에서 볼 수 있는 조약돌과 바닷가에서 볼 수 있는 조약돌이 그 사례이다. 또한, 농촌에서 소가 밭을 갈 때 사용하는 쟁기 날(하트 모양의 철판)이 있는 데 오래 사용하면 칼날처럼 되면서 마모가 된다. 그리고 횟집 주방에서 사용되는 식칼은 숫돌의 연마 과정을 통해서 마모되어 바늘 모양을 한 형태를 볼 수 있다. 이때 사용 횟수와 시간에 따라서 바늘 모양의 형상이 다르게 나타난다.

또한, 필자는 도끼를 갈아서 바늘을 만들어 보지는 못했지만, 밭에서 사용하는 곡괭이를 갈아서 칼의 모양처럼 만들어지기까지 땀을 흘려 보았다. 곡괭이가 칼의 모습으로 되기까지 얼마나 많은 시간을 보냈을까! 그리고 얼마나 많은 땀을 흘렸을까! 시간은 30년 세월과 함께하며 그 땀의 양은 헤아릴 수 없었다.

◈ **마부작침의 수련 효과**

(1) 창의적인 발상으로 차별화된 목표를 설정하게 한다.

어느 날 회사에서 상사가 사원에게 과제를 줄 때 도끼를 갈아서 바늘을 만들어 오라고 하면 당신은 어떻게 대응하겠는가? 할 수 있겠는가, 할 수 없는가? 긍정적인 대답은 "할 수 있다."이다. 당신 내면에는 이 일을 수행할 능력이 존재하고 있다. 다만 한 번도 인출해 보지 않았기 때문에 황당하고 엄두가 나지 않을 것이다. 그러나 창의적인 사고는 어느 특정적인 사람들만의 사유물이 아니며 누구나 할 수 있는 기능이다. 지금 당장 할 수 있다는 자신감으로 시작해 보라. 그러면 길이 열리게 된다.

미래를 위한 설계도는 참으로 엉뚱한 부분이 있어 보인다. 없는 물건을 새롭게 만들어 낸다는 것은 결코 녹록한 일이 아니다. 그러나 천리 길도 한 걸음부터라고 했다. 시작하지 않았기 때문에 할 수 없는 것이지, 시작을 하고 노력하면 이마에서 흐르는 땀은 자신을 결코 실망시키지 않을 것이다.

(2) 목표가 설정되면 흔들리지 않고 꾸준하게 실행한다.

'임전무퇴'라는 사자성어가 있다. 목표와 목적이 설정되면 오직 앞으로 나가야 한다. 삶의 생활전선은 냉정하고 혹독하다. 결코 녹록지 않은 사회생활에 적응하려면 강한 정신력과 노력과 땀을 흘려야 한다는 각오로 무장해야 한다. 업무가 안정될 때까지는 고난과 시련을 극복하겠다는 맹세가 필요하다. 물은 바다를 목표로 설정하고 하천에서 고난과 장애물을 극복하고 넓은 강물을 만나고, 강물은 유유히 흘러서 광활한 바다를 만나게 된다.

목표를 향해 걸어가야 할 길이 '천리'라고 가정한다면 누구나 한번쯤 갖가지 고민에 빠지게 된다.

아아! 천리 길을 어느 세월에 걸어가지. 걸어갈 수나 있을까? 목표에 도착할 수 있을까? …

그러나 사전에 주눅이 들거나 스스로 기를 죽이지 말라. 천리 길도 한 걸음부터라는 속담이 있다. 급하게 서두르지 않고 한 걸음 한 걸음 뚜벅뚜벅 걷다 보면 천리 길 종점에 도착하게 될 것이다.

(3) 자신을 이기는 싸움과 나도 할 수 있다는 신념을 갖게 한다.

업무를 추진할 때 성과와 성공할 수 있는 비결은 자신을 제어하고 자신과의 싸움에서 이기는 길이다. 자신을 신뢰할 때 신념을 유지할 힘이 생기게 된다. 나무는 성장 목표를 스스로 결정하고 흔들림 없이 꾸준하게 생리 활동을 한다. 나무는 자신과의 싸움에서 이기려고 스스로 맷집을 키우고 면역력을 활성화한다. 나무는 그 누구로부터 도움을 받을 수 없을 뿐 아니라 자기에게 발생하는 문제를 스스로 해결하며 삶을 살아간다. 나무의 성장 과정을 관찰 때마다 느끼는 생각이다. 이 작은 나무가 어느 세월에 자라서 큰 나무가 될까? 하루 사이에 성장률을 가름하기 어려우나 아주 미세하게 성장을 하고 있다. 마치 어린아이가 시간과 함께 자라서 어른이 되듯이 말이다. "아아, 내가 벌써 70세가 되었어!" 누구나 한 번쯤 한탄 섞인 쓸쓸함을 표현하게 된다.

🌱 수적천석(水滴穿石)

물방울이 바위를 뚫는다는 뜻으로 적은 노력(努力)이라도 끈기 있게 계속하면 큰일을 이룰 수 있다는 의미를 담고 있다. 물방울이 바위를 뚫는다는 것이 정말로 가능할까? 의문을 가지며 관찰을 해 보았다.

필자는 산속 현장에서 바위에 뚫린 구멍을 많이 보았고, 지금도 바위에 구멍이 뚫리는 과정을 목격하고 있다. 물방울은 세상에서 가장 연약하고 보잘것없어 보인다. 작고 연약한 물방울이라도 끊임없이 떨어지게 되면 결국엔 단단한 돌에 아름다운 구멍을 낼 수 있다는 말이다.

그렇다! 꿈을 꾸고, 생각을 바꾸면 무엇이든 도전이 가능하며, 그 일을 꾸준하게 실행하면 꿈이 이루어진다는 것을 입증하는 대목이기도 하다. 수적천석은 천 시간 또는 몇만 시간의 법칙 적용에 잘 어울리는 단어라고 생각한다. 또한, 사람이 한 분야에서 전문가가 되려면 적어도 10~20년의 세월과 훈련이 필요하다는 이론이다.

◆ 수적천석의 수련 효과

(1) 장인이 되는 길은 오랜 시간의 인고와 땀의 결실이다.

낙숫물의 힘으로 돌에 구멍을 낸다는 일은 가능할까? 이 또한 참으로 허무맹랑한 이야기로 들릴 수 있다. 그러나 필자는 여러 곳에서 목격했고, 또 목격을 하는 중이다. 과학적으로 증명할 수는 없지만 결과물들이 존재한다는 것이다. 그렇다면 이런 현상을 통해서 우리들은 무엇을 배워야 할까?

현대인들의 생활 구조는 '빨리빨리' 구호 속에서 살아간다. 빨리라는 단어에 익숙해 있다. 그래서 자세히 보지 못하고 기회를 놓치는 경향이 있다. 그 때문에 서두르지 않고, 조급함을 없애고, 자신을 신뢰하고 역량을 키워서 자신이 원하는 길을 꾸준하게 걸어갈 때 비로소 인정받을 수 있는 그날이 오게 된다. 즉 땀방울은 낙숫물과 같다는 이치를 깨달아야 한다. 한 분야에서 명장 인증을 받으려면 시간과 노력과 땀을 요구한다.

⑵ 지름길 속에 단점이 보인다. 때로는 돌아가는 길을 선택하라.

고속도로에서 고속버스가 질주할 때, 고속철로에서 기차가 주행할 때 목적지를 빠르게 갈 수 있다는 장점도 있지만, 목적지까지 가는 과정에서 주변 경관을 자세하게 볼 수 없다는 단점이 있다. 그 때문에 거북이를 닮은 완행버스를 타고, 완행열차를 타고 목적지를 향하는 것도 인생의 가치를 새롭게 발견할 기회가 되기도 한다.

⑶ 불가능은 없다. 도전을 통해서 꿈을 실현시켜라.

작은 물방울이 바위에 구멍을 뚫는데 인간의 능력으로 못 할 일은 없다고 생각한다. 수적천석은 할 수 있다, 도전하라, 시작하라 등의 교훈을 준다. 시작해 보지도 않고 안 된다는 부정적인 생각에서 벗어나야 할 일이다. 일반인들은 고정관념의 틀 속에서, 그 틀을 벗어나기란 쉽고도 어려운 과정을 겪게 된다. 나도 할 수 있다는 생각으로 도전하라. 그리고 시작하라. 시작은 작고 느리지만 과정을 통해 결과는 크고 창대하리라. 시작이 곧 반이라는 속담이 있다. 원반을 회전시킬 때 처음 돌리기 시작할 때 에너지가 많이 들어간다. 회전 이후 관성에 의한 원심력으로 속도가 붙게 된다. 거북이는 느리다. 그렇지만 토끼는 결코 거북이를 이길 수 없다.

❀ 영랑호 조약돌 마음 수련

설악산 울산바위가 바라보이는 영랑호 범[虎]바위에서 호연지기의 기운을 마셔 본다. 속초시 영랑호 주변에 있는 범바위는 옛적에 범들이 살았다는 전설을 담고 있으며 크기는 적절하면서도 웅장하다.

범바위에 올라서면 가슴이 뻥 뚫리는 기분이 든다. 그리고 왠지 큰 소리를 지르고 싶어진다. 이 자리에서 범들이 천하를 호령하듯 큰소리를 지르며 다른 동물들로부터 자기 존재를 과시했을 것이라고 유추해 본다.

범바위 상단에서 4면을 바라보면 동쪽으로는 동해바다가 보이고, 서쪽으로는 설악산 대청봉이 보이고, 남쪽으로는 속초시가 보이고, 북쪽으로는 영랑호를 바라볼 수 있다.

범바위 상단에서 영랑호를 바라보고 나에게 맞는 편안한 자세를 취하고 앉는다. 이어서 등뼈를 곧게 세우고 반쯤 미소를 짓는다.

영랑호수를 넓은 마음으로 가슴에 품고 넓은 호수가 내 마음이라고 생각하면서 천천히 깊게 숨을 쉰다. 호흡을 단전으로 따라가면서 호흡과 하나 되는 느낌을 가져 본다. 그러고서 마음속에 쌓였던 혼잡한 생각에 모든 것을 놓아버린다.

그대 자신이 호수에 던져진 조약돌이라고 상상해 보라. 조약돌은 아무런 수고도 하지 않고 물속으로 가라앉는다. 모든 것을 놓아 버린 조약돌이 가장 짧은 거리로 가라앉아 마침내 완전한 휴식처인 호수 바닥에 닿는다.

그대는 모든 것을 놓아버리고 호수 속으로 가라앉는 조약돌이다. 그대 존재의 중심에 그대의 호흡이 있다는 것을 느껴 보라. 호수 바닥 깨끗한 모래로 이루어진 완전한 휴식처에 이르기까지 시간이 얼마나 걸리는지는 계산할 필요는 없다. 천천히 호수 바닥에 내려앉은 조약돌처럼 평온한 느낌이 들 때 그때가 바로 그대 자신의 휴식과 위로를 찾기 시작하는 순간이다.

◆ 영랑호 조약돌 마음 수련 체험

① 넓은 바위 화강암에 방출하는 원적외선 에너지의 기운을 느낀다.
② 호수처럼 마음을 넓게 품고, 고요하고 평온한 마음을 만들어 본다.
③ 호흡을 할 때는 복식호흡을 실행하되 처음부터 잘 안되는 사람은 자신이 편안한 호흡을 실행해도 좋다.
④ 본 수련은 호수와 마음을 일치시키는 과정이 수련에 관건이 된다. 그 때문에 호수를 평안한 마음으로 바라보고 있노라면 자연스럽게 집중력이 발생하게 된다.

배움은 생존의 가치를 높인다

🌸 자아 가치 상승을 위한 자연학습과 표현 활동

어떤 목표를 위해 오늘 하루를 살아가는 사람에게 '최선의 방법이란' 무엇일까? '최소한의 리스크'를 가지고 '최대의 수익'을 얻는 것이 가장 이상적인 방법일 것이다.

인간은 목표를 이루기 위해 학습한다. 그리고 학습을 통한 성취를 반복한다. 이 성취의 연결로 자아를 실현한다고 생각한다. '혼자' 무언가를 배워 이뤄보겠다는 것은 큰 리스크가 동반된다. 우리 개인의 마음은 너무나 빠르게 변하고, 눈에 보이는 것에 따라 즉각 변할 수 있는 정도로 견고하지 못하기 때문이다. 엄청난 의지력을 필요로 한다.

《박문호 박사의 뇌 과학 공부》에서는 학습의 3가지 종류를 제시하고 있다.

1. 감독 학습 2. 강화 학습 3. 비감독 학습

① 감독 학습은 피드백을 받으며 더 나은 결과물을 내도록 반복해서 학습하는 것을 말한다. 피드백을 통해 움직임을 조절하는 소뇌가

관련된다. 외부 자극을 받아 조절하면 되므로 에너지가 덜 소모
된다.

② 강화 학습은 목적을 달성하면 보상을 받아 그 행동을 더 신나
게 잘하는 학습이다. 보상 호르몬인 도파민을 생성하는 뉴런과
운동 순서 기억을 담당하는 대뇌 기저핵이 관련된다. 확실한
보상은 중독되는 강력한 힘을 가지고 있다.

③ 비감독 학습은 자기 경험으로 익숙해진 행동을 내는 학습이다.
책을 보고 혼자 공부하는 경우를 생각하면 된다. 스스로 집중
하기 위해 대뇌 연합 피질이 관련된다. 피드백이 느리며 결과
를 즉시 확인하기가 어려워 큰 의지력이 필요하다.

◈ 공부의 핵심은 익숙해지는 훈련이다.

학습은 새로운 분야에 익숙해지는 과정이며, 훈련은 새로운 습관
을 만드는 반복 운동이다. 식물학을 이해하는 수준과 생물학에 익숙
해진 단계는 다르다. 어려운 내용을 확실히 이해하는 과정이 필요하
긴 하지만, 이해는 공부의 초기 단계일 뿐 학습의 최종 단계는 능숙
한 활용이다.

배운 내용을 기억하여 생각의 재료로 반복해서 사용해야 한다. 이
해는 알았다는 즐거움을 주지만, 이해 단계가 활용을 만들거나 창
의적인 결과물을 내기는 어렵다. 이해하면 더 이상 궁금하지 않아,
이해한 내용은 기억에서 더 쉽게 사라질 수 있다. 이해는 갈증 해소
와 비슷하다. 갈증이 해소되면 물에 대한 욕구가 사라진다. 욕구가
사라지면 더는 학습하지 않는다. 이해가 아니고 능숙해짐이 공부의

목표가 되어야 한다. 공부는 새로 집을 짓고, 새로 만든 집에서 익숙하게 생활하는 과정과 비슷하다. 그리고 공부의 핵심은 이해가 아니고 익숙해지는 훈련 과정이다.

또한, 학습보다 훈련이 더 강하고 효과적이다. 새로운 분야를 학습이 아닌 훈련이란 개념으로 접근하면 습관을 만드는 과정을 기꺼이 반복할 수 있다. 훈련이란 개념은 불편함을 견디고 반복의 지루함을 참을 수 있게 해준다. 훈련은 불편하지만 생산적인 학습 방법이다.

제과 명장과 요리 명장, 음악과 미술 분야는 전적으로 훈련으로 접근해야 숙달될 수 있다. 운동이든 감각이든 훈련한다는 자세로 접근하면 습관화 단계까지 반복할 수 있다. 예를 들어 요리 명장이 메뉴를 개발하면서 새로운 레시피를 기록하지 않는다. 핵심 내용을 노트에 문장으로 옮기는 과정은 작업을 느리게 하여 신속한 이해에 방해가 되기도 한다. 그러나 새롭게 개발한 레시피를 기록으로 남기지 않으면 얼마 지나지 않아 대부분 기억에서 사라진다. 기록한 레시피를 기억한다는 자세로 반복해서 읽으면 그 레시피에 익숙해지고 자기 스스로 개발한 작품에 흥미를 느끼게 된다.

◆ 학습 욕망은 훈련으로 자란다.

욕망은 인간을 행동하게 한다. 걷고 말하고 생각하는 모든 행동은 욕망의 표현에서 생겨나며, 욕망이 사라지면 우울증이 생긴다. 우리의 일생은 어두운 터널 같아서 욕망의 불빛이 없으면 곧장 나아가지 못한다. 인간의 학습에는 운동 기술을 익히는 감독 학습과 보상에 의한 강화 학습 그리고 비감독 학습이 있다.

대뇌피질을 담당하는 비감독 학습은 스스로 욕망을 일으켜야만 하는 고급 과정의 자발적 학습이다. 비감독 학습은 행동에 대한 원인과 결과의 통계적 분석에서 생겨나며, 양질의 기억이 먼저 존재하는 창의적 과정이다. 좋은 결과를 낳는 행동을 지속하려면 욕망의 지속적인 추진력이 필요하다. 욕망은 기억에서 생겨나며 망각에서 사라진다. 공부의 결과는 공부에 대한 욕망의 강도와 지속력에 전적으로 비례한다. 그래서 학습의 비결은 공부에 대한 욕망을 증대시키려는 노력에 달려 있다.

◆ 학습은 용어 단계, 구조 단계, 작용 단계로 구분된다.

새로운 분야의 학습은 3단계로 구분된다. 용어에 익숙해지는 단계와 핵심 구조를 익히는 단계, 그리고 구조와 구조를 연결하여 작용을 이해하는 단계이다.

(1) 용어 단계

자연 식물을 공부하다 보면 우선 식물 구조에 관한 용어를 많이 만난다. 과학이 어려운 원인은 대부분 용어가 생소하기 때문이다. 어떤 학문이든 용어에 익숙해져야 공부가 편해진다. 어렵다는 말은 생소하다는 것, 즉 익숙하지 않다는 것이다. 우리는 용어를 기억하지 않아서 익숙하지 못한 현상을 어렵다고 표현한다. 용어를 모르면 그 분야는 의식에 거의 존재하지 않는다. 과학이 어려운 것이 아니라 익숙하지 않은 것이다. 용어를 기억하기만 하면 익숙해지고, 공부가 편해지고, 편해지면 반복해서 오랫동안 공부할 수 있다. 과학 용어를 반복해서 암송하고 손으로 쓰면서 기억하자.

(2) 구조 단계

구조 공부의 핵심은 그림으로 그리는 것이다. 용어 단계와 구조 단계의 공부 과정은 손 운동을 통한 무의식적 절차 기억 학습이다. 그래서 이 두 단계에서는 익숙해질 뿐 학습 내용을 장악했다는 의식적 느낌은 생기지 않는다. 그러나 무의식적 절차 기억은 일단 습관화되면 언제든 자동으로 인출되어 항상 공부 단계에 진입할 수 있게 한다.

용어 단계와 구조 단계의 훈련은 장악했다는 느낌을 동반하지 않기 때문에 '알았다'라는 쾌감이 생기지 않아서 대부분의 학습자들이 공부에 흥미를 느끼기 어렵다. 그러나 지루한 반복 훈련 단계를 견디면 구조 그리기가 능숙해져 구조와 구조를 연결하는 시도를 할 수 있다. 공부의 지름길은 일단 용어에 익숙해지고 구조를 많이 그려서 절차 기억이 생기도록 하여 습관화하는 것이다. 조건반사처럼 습관이 될 때까지 공부하면 학습에 힘이 들지 않고 즐길 수 있다.

(3) 학습 방법

- 용어→구조→작용 단계의 순서로 공부한다.
- 용어와 구조 단계는 절차 기억으로 이해하기보다 익숙함을 목표로 한다.
- 구조와 관련된 작용 단계에서 이해와 창의성이 가능해진다.

◆ 정보는 한 페이지에 통합되어야 한다.

정보가 통합적 지식이 되려면 한 페이지에 모여 있어야 한다. 유용한 정보는 어딘가 있다. 다만 흩어져 있을 뿐이다. 내가 모르는 책이나 논문 속에 있다. 그 책을 찾아야 하는 불편함 때문에 그 자료를 찾는 과정이 쉽지 않아 포기하게 된다. 그래서 정보가 자신의 지식을 바꾸려면 즉시성과 연결성이 있어야 한다. 정보를 처리해서 의미를 생성시키려면 정확한 정보가 순서에 맞게 연결되어야 한다. 인간의 작업 기억은 용량이 제한되어 오래 유지할 수 없다. 시간과 공간에서 정보 분리가 뇌에서 인지적 통합 과정을 어렵게 한다.

정보가 통합적 지식이 되기 위한 조건은 아래와 같다.
첫째, 정보가 한 페이지에 모여 있어야 한다.
둘째, 한 페이지에 모인 정보가 순서대로 배열되어야 한다.
셋째, 정보를 하나의 모듈로 단위화한다.

🌳 평생학습을 통한 사람의 가치 창출

◆ 평생학습(平生學習, Lifelong Learning)

휴선 7요소와 '박문호 박사의 뇌과학 이론'을 혼합한 학습 방법을 통해서 삶의 질 향상을 위한 생활 법칙을 이해하는 기회를 가져 본다.

우리는 왜 평생학습을 해야 할까? 그리고 미래 적응을 위해 어떤 방법으로 지식과 지혜를 습득해야 할까?

우리는 빠르게 변화하는 시대를 살아가고 있으므로 신문화를 받아들이는 영역으로 학습 자세가 필요하다. 어제 떠오른 태양이 오늘의 태양이 아니듯, 하루하루를 새롭게 맞이해야 한다. 그러므로 오늘을 살고, 내일을 위한 지식과 지혜를 필수적으로 익혀야 자기 발전을 지속적으로 할 수 있다.

평생학습이란? 성인이 남은 삶 동안 형식적/비형식적 교육의 체계적인 습득을 지속하고, 직업적 기술의 향상이나 개인적인 성장을 지속하는 과정을 의미한다. 교육이란, 학교 교육뿐만 아니라 가정교육, 사회교육 등으로 정리할 수 있다.

🌳 휴선 배움의 4가지 영역

자연과학을 기반으로 하는 휴선 배움의 영역은 '대화, 생각, 실험, 경험' 등으로 분류한다.

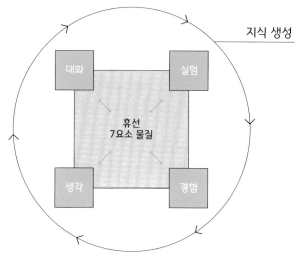

[휴선 배움의 4가지 영역 도표]

① 배움 4가지: 대화, 생각, 실험, 경험을 표현

② 배움 4가지 요소가 이론을 설명할 때 휴선 7요소 물질은 자연의 조화로움과 생태 기능을 통해 문제점의 해결을 위한 방향을 제시해 준다.

③ 원형의 모형은 생활에서 지혜를 얻는 순환 과정을 의미한다.

🌱 대화(對話, conversation)

대화란? 서로 마주하고 이야기를 주고받는 의사소통 방식이다. 양질의 대화 기법은 경청, 호응, 질문하는 과정이 지혜롭고 적절해야 한다.

대화할 때 '경청'하는 자세는 상대의 말을 들어 주는 것을 넘어 상대의 말을 끌어내는 지혜를 발휘해야 한다. 말을 잘한다고 해서 대화를 잘한다고 할 수 없다. 그 둘은 엄연히 별개다. 말을 못해도 대화는 잘할 수 있고, 말 잘하는 사람이 오히려 대화를 못할 수도 있다. 오히려 말을 잘하는 사람은 잘 듣지 않는 경향이 있다. 그러므로 경청만으로는 부족하다. 말을 끌어내는 능력이 곧 대화의 역량이라고 말할 수 있다.

대화할 때는 '호응'(공감)을 하는 추임새의 자세를 갖추어야 한다. 대화에 능한 사람은 상대방 이야기에 습관처럼 감탄사와 물음표를 달아 준다. "정말?", "와우 대단해!"라고 반응하며 호응을 통해서 상대가 이야기를 즐겁게 할 수 있는 분위기를 조성해 준다.

대화할 때는 '질문'을 해야 하는데 이때 질문하는 순간을 잘 포착하고, "그래서 어찌 됐는데?", "그랬더니 뭐래?" 하며 주제에 맞는 적절한 질문을 통해서 상대의 말을 지속적으로 끌어낸다. 즉 대화를 잘하려면 경청, 공감, 질문, 이 세 가지를 잘해야 한다는 뜻이다. 듣고 공감해 주고 묻는 것이다. "그랬구나!", "힘들었겠다.", "그래서 어떻게 됐어?" 이렇게 말하는 자세를 갖추어야 한다.

◆ 대화 기법 훈련을 통한 학습 효과

① 대인관계에서 대화할 때 자신감과 여유와 유연성을 갖게 한다. 대화 기법의 훈련이 부족한 사람은 대인관계를 기피하는 경향이 많다.

② 경청의 능력이란? 오랜 시간 동안 학습과 복습이 필요하다. 경청은 듣기만 하는 것이 아니라 상대의 마음을 헤아리는 과정으로 다면적인 지혜를 담은 예절이 필요하다.

③ 호응의 능력이란? 호응을 위해서는 생활 상식을 다면적으로 알고 있어야 한다. 호응할 때 말 한마디를 잘못하게 되면 상대에게 상처를 주는 경향이 있다. 그러므로 호응할 때는 순간과 찬스를 잡는 훈련이 필수적이다. 그 때문에 반복적인 예습과 복습의 훈련 과정을 통해서 숙련도를 높인다.

④ 질문의 능력이란? 질문이란 참으로 어려운 과정이다. 질문은 두 가지로 분류할 수 있는데, 첫째는 대화 주제에 관해 몰라서 질문을 하는 경우, 둘째는 주제 핵심을 다른 주장으로 확인 차원에서 질문하는 경우가 있다. 이 때문에 주제의 핵심을 알지 못하면 질문을 하지 않는 편이 바람직하다. 그러므로 당일 주제에 관하여 예습과 복습이 필요한 이유이다

🌲 생각(思考, Thinking)

사물을 헤아리고 판단하는 작용, 어떤 일을 하고 싶어 하거나 관심을 가지고 그 일을 수행하기 위한 기억을 찾아내는 일이 생각이다.

◈ 메타 사고(생각)

- 영어: meta '더 높은', '초월한'의 뜻을 표현
- 독어: meta '함께 뒤에 사이에 넘어서 변화한' 표현
- 일어: meta '나중에', '변하여', '더불어', '초(超)', '고차적인' 등으로 표현

"메타 사고(생각)란 무엇인가?"라고 질문하면 일반인의 평범한 해답으로 "효율적인, 보다 합리적인, 보다 창의적인, 앞서 나가는 표현"이라고 말할 것이다. 그리고 메타 사고는 메타적 사고방식, 메타적 반성, 메타적 자기성찰 등으로 표현 방식을 분류한다.

창의적 메타 사고의 방식 12가지(형상화, 추상화, 패턴 인식, 패턴 생성, 유추, 몸으로 생각하기, 감정 이입, 차원적 사고, 모형 만들기, 모형 놀이, 변형 만들기, 통합)

◈ 메타 사고의 동력

- 재미→ 의미→ 창의

◈ 메타 사고 훈련을 통한 학습 효과

① 생각에 생각을 위한 훈련을 지속하면 창의력 향상에 기반이 되어 준다. 즉 창의력은 곧 상품을 개발할 수 있는 아이디어를 제공한다.

② 메타 사고는 도전 정신과 도전 의식을 높이고 성공 확률을 위한 법칙을 깨닫게 한다.

③ 메타 사고에 훈련은 업무 파악 능력을 향상시키고 문제의 본질을 이해하는 데 도움을 준다.

④ 메타 사고는 자기 계발을 할 때 콘텐츠를 찾는 시야가 넓어지고 패턴을 인식하는 감성이 높아진다.

⑤ 메타 사고는 차원적인 생각의 발상으로 다양한 생각의 각도, 다양한 형상의 표현 등을 활성화시켜 준다.

⑥ 메타 사고는 나를 변화시킬 때 잠재된 지각에서 새로운 지각으로 탈출시키는 방향을 제공한다.

⑦ 메타 사고는 새로운 지각을 열고 다른 자아를 창작하는 데 중요한 기능 작용을 한다.

실험(實驗, experiment)

과학에서, 이론이나 현상을 관찰하고 측정하는 기능으로 새로운 방법이나 형식을 이용해 실제로 해보는 일을 말한다. 자신의 능력을 실험할 때는 새로운 점검 방법을 선택하고 엄정하게 테스트를 실행하는 것이 자신의 진로를 결정할 때 좋은 나침판이 되어 준다.

실험이란 모른다는 전제하에 모르는 길을 갈 때 가정(가설)이 필요하다. 이제는 자아를 바꾸는 학습과 함께 자아 능력에 관하여 실험을 해야 한다. 그러므로 몸은 학습에 대상이고 실험에 대상이기도 하다. 물질과 대상을 실험할 때는 대상과 나와의 거리를 만들어서 나를 관찰해야 한다. 그리고 나를 돌아보고 더 나은 방법으로 나가려는 노력이 있을 때 새로운 지각이 열리게 된다. 그리고 우리는 또 하나의 자아로 두 번의 삶을 살 기회를 얻게 된다.

◆ 실험 훈련을 통한 학습 효과

① 관찰 학습을 통해서 창작 능력을 향상해 준다. 창작물 실행에 앞서 모형 실험은 과정이라는 이치를 알게 한다.

② 생활에 재미를 느끼고 할 수 있다는 자신감과 도전 정신을 높여 준다.

③ 어떤 일이든 하면 된다는 확신과 긍정성으로 업무에 임한다.

④ 실패는 성공의 어머니라는 교훈으로 실패를 두려워하지 않는 습관을 기르게 한다.

🌱 경험(經驗, experience)

어떤 일을 실행할 때 자신이 실제로 체험을 통해서 얻은 지식이나 지혜를 말하며 반복 학습을 통해서 전문성을 갖게 한다. 현대 사회는 경험의 시대를 맞이하고 있으며, 앞으로도 경험은 점점 더 중요해질 것이다. 경험이란 '시간을 두고 몸으로 감각한 후 사유의 과정을 거친 것'으로 현대 사회에서 자산이 될 수 있는 황금열쇠와 같은 기능을 한다.

경험의 사전적 의미는 자신이 실제로 해 보거나 겪는 것, 거기서 얻은 지식이나 기능, 객관적 대상에 대한 감각이나 지각 작용에 의

하여 깨닫게 되는 내용이다. 한자로 지날 경(經)에 시험 험(驗)을 써서 '실제로 보고 듣고 겪은 일, 감각 기관을 통하여 얻은 지각, 또는 지각으로 결합된 지식'이라 한다.

◆ **경험의 사유(思惟)**

큰일을 도모하고자 할 때 경험은 우량의 설계도와 입체도가 되어 준다. 그리고 그 경험은 금전과 시간에 소비를 줄여 주고 또한 실패의 확률을 줄여 주는 데 큰 역할을 하게 된다. 그러므로 큰일을 실행할 때 사유의 지식으로 대상을 두루 생각하고, 개념, 구상, 판단, 추리 따위의 지혜를 많이 활용하면 훌륭한 작품이 탄생하게 될 것이다.

◆ **경험 훈련을 통한 학습 효과**

① 경력자는 일을 능숙하게 처리한다. 동일한 일을 처리할 때 기능의 방법과 능률 요령을 숙지하여 습관이 된 상태를 말한다. 그 때문에 일의 성숙도와 생산성을 높여 주게 된다.

② 전문가는 경력자의 함정에서 벗어나야 한다. 즉 경력자는 숙련 정도에 따라서 인정받을 수 있다. 그러나 전문가는 반복 횟수+활동 시간을 합산한 기능을 말한다. 그러므로 전문가의 인정은 한 분야에서 적어도 10년 이상 근무했을 때 붙여지는 호칭이다.

③ 전문가가 되려면 끝없는 반복 학습이 반드시 필요하다. 문제가 되는 과정은 경력자의 반복 횟수를 넘어서야 한다. 그리고 힘든 고난을 극복히고 빈복 횟수의 임세치를 넘어야 비로소 전문가로 기능을 인정받게 된다.

④ '전문가와 대가'의 구분은 반복 횟수+기능+시간 차이라고 할 수 있으며, 주요 분야에 차이점은 반복 횟수를 기준으로 판별한다. 그러므로 전문가에서 대가로 입문하는 과정은 산에서 도인이 도를 닦는 과정과 같으며, 작품에 몰두하고 자신을 연마하면서 고난의 시간을 통과해야 비로소 '대가'라는 칭호를 얻게 된다.

🌱 휴선 배움의 구성 요소

자연과학을 기반으로 하는 휴선 배움의 구성 요소는 '목적, 최소단위, 확률, 가정' 등으로 분류한다.

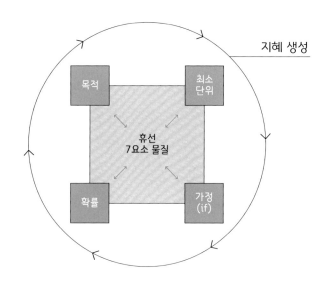

[휴선 배움의 구성 요소 도표]

① 배움의 구성 요소인 목적, 최소 단위, 확률, 가정의 표현

② 배움의 구성 4가지 요소가 이론을 설명할 때 휴선 7요소 물질
   은 상호 교류 작용을 통해 순리와 이치 그리고 정도에 관한 지
   식을 제공하는 기회를 갖는다.

③ 원의 모형은 자연과학에 의한 지식과 지혜의 순환을 의미한다.

✿ 목적(目的, purpose)

목적이란, '이루려는 일이나 나아가는 방향'을 의미한다. 즉 목적
은 이루려는 일을 왜 하는지에 초점을 둔 개념이다. 목적의 개념은
어떤 일을 하려는 '이유' 혹은 '취지'라고 생각하면 된다.

목표란, '이루거나 도달하려는 실제적인 대상'을 의미한다. 즉 목
표를 이루거나 도달하려는 실제적인 대상이 무엇인가에 초점을 둔
개념이다. 목표의 개념은 어떤 일을 해서 되고자 하는 '최종 대상'
또는 '최종 결과물'이라고 생각한다.

인간은 삶을 영위할 때 목적과 목표를 생각하고 행동한다. 그러므
로 마음속으로 예상하는 미래에 대해 행동의 목표가 된다. 따라서
인간의 행동을 끌어내는 것이다. 목적이 세워져도 그 수단이 보이
지 않는다면 그 목적은 폐기되지 않으면 안 된다. 이런 의미에서 목
적은 인간의 행동을 끌어내고 정돈시키는 것이다.

목적과 수단의 상호관계, 이것의 매개가 되는 인식의 움직임을 무
시한 목적의 설정과 행동의 발동을 모험주의라고 부른다. 그렇다!

우리의 삶은 모험의 연속이고 생명이 끝나는 지점까지 모험 여행을 실행한다.

인생이란 길을 걸어갈 때 목적을 설정하고 목표를 이루고자 하는 몸부림의 연속이지만 스스로 만족감은 늘 부족하게 보인다.

◆ 목적(목표) 훈련을 통한 학습 효과

① 소나무는 1,000년을 목표로 설계하고 명품 소나무에 목적을 두고 하루하루 건강한 작품을 만들면서 삶을 살아간다.

② 나무는 녹색 기능을 목적으로 하며, 신선한 산소 공급을 목표로 일생을 헌신하며 살아간다.

③ 꽃이 아름답게 피려고 하는 목적은 향기를 발산하는 목표로 사람들에게 기쁨을 선물하기 위함이다.

④ 물이 낮은 곳을 향하여 흘러가는 목적은 바닷물이 왕이 되는 목표가 있기 때문이다.

✿ 최소 단위(最小單位, Minimum Unit)

최소 단위란 최소 작용을 일으키는 단위를 말한다. 어떤 문제를 만나면 한 발짝 떨어져서 이 문제를 구성하고 있는 최소 단위가 무엇인가를 찾아내야 한다. 최소 단위라 함은 기초적인 문제점, 또는 문제의 본질을 탐구하고 해결점을 찾는 과정이라고 할 수 있다.

문제 해결을 위해 대상이나 사건을 접했을 때 가장 작은 것을 찾는 것이 문제 해결의 관건이 되는데, 최소 단위를 결정하고 찾는 과정 또한 어려운 점이 존재한다.

　대화의 최소 작용은 '말투'이다. 또한, 대화의 승패는 90% 말투가 결정한다. 행동의 최소 단위는 충동이다. 순간 행동의 발생은 80% 충동적인 행동에서 발생한다. 우리는 생활에서 충동과 최소 단위는 삶에서 장소를 가리지 않고 언제든지 작동하게 된다. 그 때문에 충동을 억제하고 조절하기 위한 방법을 찾아서 생활 습관 교정을 정교하게 실행해야 한다.

　인간은 자기 스스로 습관의 43%를 만들어 낸다. 그 때문에 직업, 환경에서 쉽게 바뀌지 않는다. 그러므로 건전한 습관 활성화를 위해 독서, 서예, 다도 등 충동을 억제(제어)하기 위한 문화생활을 찾아서 실행하는 것도 좋은 방법 중의 하나이다.

◆ 최소 단위 훈련을 통한 학습 효과

① 타인을 탓하기 전에 내 안에서 문제점을 찾는 기회를 가진다.
② 도, 레, 미, 파, 솔, 라, 시, 도 낮음과 높음의 단계를 깨닫게 한다.
③ 최소 단위를 찾아서 대화를 실행하면 대화 분위기를 좋게 한다.
④ 충동 억제를 통해서 행동할 때 품격이 존재하게 된다.

✿ 확률(確率, probability)

확률이란 어떤 사건이 실제로 일어날 것인지 혹은 일어날지에 대한 지식 혹은 믿음을 표현하는 방법이며, 같은 원인에서 특정한 결과가 나타나는 비율을 뜻한다. 그래서 많은 사람은 이 확률을 믿고 이에 따르게 된다. 필자는 한국에서 벼락 맞을 확률은 600만분의 1 정도라고 생각한다.

송이 채취하는 사례를 보자. 송이를 처음 채취하는 사람에게 특정 지역을 설정하고 "이 산에서 송이를 채취하시오."라고 한다면 그 사람이 송이를 채취할 수 있는 확률은 얼마나 될까? 산 전체를 온종일 돌아다녀도 송이 한 개를 채취하기 힘들기 때문에 일반인들이 송이 채취를 못 하는 이유이다. 그러므로 엄두조차 내기 어려운 희박한 확률의 제안서가 될 것이다.

필자는 송이가 나는 산 아래서 25년을 살아가면서 송이를 채취할 엄두를 내지 못했다. 왜 그랬을까? 채취할 수 있는 확률이 낮았기 때문이다.

뇌의 단점은 정확성이 없다는 것이다. 그리고 뇌는 불확실하다. 어떤 일을 실행할 때 '확률은 불확실'한데, '예측은 긍정적으로 예측'하기 때문에 '오류'라는 과정을 순환하게 된다. 그리고 뇌는 예측이 깨졌을 때 '아차' 하는 실수를 인지하는 동시에 학습을 시작하게 된다.

◆ 확률 훈련을 통한 학습 효과
① 불확실의 과정을 반복 학습을 통해서 예측의 기법을 익히게 된

다. 자연 물질의 생태 활동 과정에서 식물에 예측 활동을 관찰할 때 꽃이 피는 모양, 나뭇잎의 크기와 모양, 나뭇가지가 자라는 방향 등 필자가 원하는 방향과 예측에서 확률이 낮은 것을 종종 볼 수 있었다.

② 미지의 세계에 도전할 때 성공의 확률은 1%이다. 그러므로 우리는 새로운 일을 도전할 때 리스크(난이도)를 안고 실행한다. 특히 개발품을 창작할 때 성공 확률이 낮다는 의미이다.

③ 정상을 향해 산행할 때 기존의 등산길이 없는 곳을 만날 때가 있다. 이럴 때 길을 찾으려고 미지의 길을 예측하게 된다. 예측을 하고 얼마 동안 등산을 했을 때 전혀 다른 장소를 만나게 된다. 이럴 때 예측이 실패했음을 인지하고 당황하면서 산에서 고난을 겪게 된다. 그 때문에 확률의 예측이란 난이도가 있음을 경험하게 된다.

가정(假定, if)

일련의 현상을 설명하기 위하여 어떤 학설을 논리적으로 구성하는 명제를 '가정(假定)'이라고 하지만, 가정은 보통 가설보다 일반적이고 덜 엄밀한 의미로 사용된다.

혹시 있을지도 모르는 뜻밖의 경우 '만약에 그때 그것을 했다면 지금 어땠을까?' 필자는 하지 못했던 부분에 후회를 한다. 다시 생각해 보자. 내가 그때 그것을 했다면, 지금 어떤 모습이고 무엇이 달라졌을까? 꼭 어떤 모습을 바라기보다는 하지 못한 아쉬움, 후회가 크다고 할 수 있다.

필자의 지도교수 활동 사례를 들어 본다. 학생들과 함께 프랑스, 독일, 스위스로 연수를 갔을 때의 일이다. 현장 실습 과정에서 정법 수업이란 이유로 매우 엄격하게 수업하면서 당일까지 리포트를 제출하라는 지시를 내렸다.

학생들이 지도교수를 얼마나 미워했을지 짐작할 수 있었지만, 냉정하게 일정을 추진했다. 20대의 학생들에게는 어쩌면 평생에 한 번쯤 유럽 여행을 가는 기회일 텐데, 통제를 획일적으로 했었다. 그때 유연한 수업을 했으면 어땠을까? 유연하지 못했던 필자의 교수법에 다소 후회가 된다.

2014년 국가에서 실행하는 농식품부 사업으로 '농촌 휴선 관광사업'의 사례도 많은 아쉬움을 남긴다. 그 당시 농식품부의 사업 제안을 받고 사업 계획서를 준비하는 중에 필자 스스로 사업을 포기했다. 만약 그때 그 사업을 진행했다면 지금 휴선이라는 학문은 어떤 모습으로 변화했을까?

지나가 버린 것에 대한 후회는 부질없다. 과거의 시간을 후회와 함께 휴선 인문학에 새롭게 도전하고 있다.

◆ **가정 훈련을 통한 학습 효과**

① 미래를 예측하고 설계를 구상하는 능력을 배양하게 된다. '만약'이라는 가상공간을 자유롭게 생각하고 반복 학습 훈련을 통해 미지 세계 생물학 운동에 관한 지식을 쌓게 된다.

② 과거 반성을 통한 미래 기회를 놓치지 않게 된다. 과거가 있기

때문에 현재가 존재하고 미래를 향해 전진할 수 있다. 반성은 미래를 향한 나침판이 되어 길을 걸어갈 때 실수를 줄여 주는 기능을 한다.

③ 어제보다는 오늘, 오늘보다는 내일 더 열심히 일을 하게 된다. 인간은 욕심이 존재하기 때문에 후회는 누구에게나 존재한다. 어제는 일을 왜 '그렇게 했지?', '좀 잘할걸…', '잘했어야 했는데…' 등 후회를 하기 때문에 미래 발전에 기회를 맞이하게 된다.

④ 나를 내가 바라고 원했던 모습으로 탈바꿈하고 싶을 때, 뜻이 있는 자는 도전을 실행하라! 가정(만약)이라는 가상의 공간에서는 한 치도 망설임이 없어야 한다. 가정은 꿈의 캠퍼스와 같은 이치다. 자신이 원했던 그림을 자유롭게 그릴 수 있는 자신감을 배양해야 한다. 그리고 그림을 그리는 훈련 속에서 자신의 모습이 새롭게 탄생하게 될 것이다.

인생철학과 생활 습관 치유

이 과정은 사람의 가치와 습관을 치유하는 기회를 가진다.

🌳 인생 몽환(夢幻)의 철학

현대 미국 철학을 대표하는 리처드 로티(Richard McKay Rorty)는 토대론적인 철학이 잘못되었음을 보이고자 한다. 토대론적 철학은 지식의 토대가 있으며 다른 모든 지식은 토대가 되는 지식에 의해 정당화된다는 견해다. 필자도 로티의 의견에 동의하며 고정관념이 아닌 새롭고 현실적이며 인생 고민을 해소하는 관점에서 차원적인 개념으로 접근하는 것이 바른길이라고 생각한다. 그러므로 필자는 경험에서 얻은 인생관을 통해 보편적인 삶의 가치를 찾고자 한다. 누구나 인생 문제에 관하여 고민으로부터 자유로울 수 없다. 다만 고민을 안고 살아가고 있을 뿐이다.

어떻게 살아야 하나? 잘 살아가고 있나? 왜 사나? 어렵고 또 어려운 질문이다. 누구든 생을 두 번 살지는 않는다. 그러니 우리 모두 '인생 초보자'다. '숨넘어갈 때 비로소 철이 든다'라는 말이 있듯이 수많은 시행착오를 겪을 수밖에 없고, 후회와 탄식이 절로 나온다. 그래서 수천

년이 흘러도 철학이 존재하는 이유다. 인생에서 해답을 찾으려면 '결국 아무것도 아니다'라는 깨달음을 얻어야 한다.

《금강경》에 인생을 몽환(夢幻)이라며 여섯 가지 비유를 들고 있다. 인생이란 꿈[夢], 허깨비[幻], 이슬[露], 번개[電], 물거품[泡], 그림자[影] 같다는 것이다. 인생이 이럴진대 아득바득 모으고 움켜쥐는 게 어떤 의미가 있을까. 인생이란 그냥 한바탕 꿈처럼, 허깨비처럼, 물거품처럼 허무하게 끝나 버리는 자연의 4계절에 생리현상을 보는 듯하다.

요즘 세태는 그 어느 때보다 세속적 탐욕으로 가득하다. 사업가든, 직장인이든, 정치인이든, 가정주부든 눈앞에 보이는 한 줌의 이익에 미혹돼 물러섬이 없다. 인류가 이 땅에 발붙인 이후부터 지금까지 허망한 탐욕으로 인해 수많은 사람이 죽었다. 우크라이나 전쟁이 탐욕 현장을 보여 주고 있다. 국가의 비전을 제시하는 정치권은 어떤 모습일까? 가장 허망한 것이 정치권력일 터인데, 이슬 같고, 번개 같고, 그림자 같은 권력을 좇는데 몰두하다 보니 어느 한날 평온할 때가 없다. 비우고 채우는 법, 나누고 배려하는 법, 공생과 공존하는 법 등을 배워야 할 때다.

그렇다. 우리는 몽환(夢幻)에서 탈출하고, 자연이 주는 공생에 조화로움과 자연이 주는 배려의 정신을 담고 비움을 실행해야 할 것이다. 긍정 철학을 담은 인생관이란 하루아침에 만들어지지 않는다. 그렇지만 꾸준하게 노력할 필요가 있다.

◆ **꿈**: 선행이 꽃피는 꿈을 꾸자. 희망을 담고 실현 가능한 지혜의 꿈을 꾸며, 목표를 향할 때 집착에서 벗어나야 한다. 그러면 악행의 악몽은 지워진다.

◈ **허깨비**: 집념이 강하면 집착을 낳고, 집착은 고통을 수반한다. 고통은 신체적으로나 정신적으로 몹시 허약한 사람으로 탈바꿈하게 된다. 심신미약은 현실적인 감각을 잃게 하여 실상을 보지 못하고 허상을 보이게 한다.

◈ **이슬**: 복사열 냉각으로 나뭇가지, 풀잎 등에 맺히는 작은 물방울을 말한다. 자신이 수혜를 받은 만큼 타인에게 나눔과 배려를 실천했는지 한 번쯤 돌아보아야 한다. 비록 작은 물방울에 불과하지만, 그 결정체 성장 과정은 조력자의 힘에 의해서 만들어 간다는 이치를 깨달아야 한다.

◈ **물거품**: 동해바다 수평선에 떠 있는 해운산은 뜬구름 그 자체의 예술을 표현하며 불과 몇 분짜리 신비하고 황홀한 공연을 한다. 바닷가에서 파도 소리와 함께 하얗게 부서지는 물거품을 바라보며 허무함과 동시에 내 안에는 물거품은 없는지 한 번쯤 돌아볼 일이다.

◈ **그림자**: 물체가 빛을 가려서 그 물체의 뒷면에 드리워지는 검은 그늘을 표현한다. 나는 이웃과 상생하고 있는지. 나는 강자에 속하는가 아니면 약자에 속하는가. 나는 이익을 위한 생활을 하는가, 아니면 손해를 보는 척하는 생활을 하는가. 양극화 현상에서 나는 양지의 생활인가, 아니면 음지에 생활인가. 그리고 타인에게 피해를 준 일은 없는지 한 번쯤 돌아보고 생활 관습을 개선해야 할 것이다.

인격 상승을 위한 습관 치유

습관은 그 사람의 인격을 표현하고, 인격은 그 사람의 가치를 표현한다. 그러므로 습관의 변화는 인생의 가치를 변화시키고 삶의 질을 향상시켜 준다. 아리스토텔레스는 이런 말을 했다.

"사람은 반복적으로 행하는 것에 따라 판명된 존재다. 따라서 우수성이란 단일 행동이 아니라 습관에서 나온다."

"세 살 버릇 여든까지 간다."라는 말이 있다. 이런 말은 괜히 나온 말이 아니다. 습관은 매일매일 우리의 삶을 드러내고, 개인의 성공과 실패를 결정하는 데 적잖은 영향을 끼친다. 습관은 반복을 통해 길러지고, 학습을 통해 개선될 수 있다. 우리 몸속 깊이 밴 습관은 그것이 좋은 습관이든 나쁜 습관이든 고치기 어렵다. 따라서 우리는 자연이 주는 에너지를 통해서 좋은 습관을 길들이는 훈련을 할 필요가 있다.

그런데 우리는 무의식적으로 변화를 싫어한다. 그 이유는 그것이 긍정적이든 부정적이든 변화가 스트레스를 자아내기 때문이다. 이는 안정을 지향하는 무의식의 발로다. 변화를 싫어하는 이 무의식의 반응, 이를 우리는 '관성 법칙'이라고 부른다. 과거의 상태로 남고자 하는 경향인 이 관성의 법칙은 우리가 앞으로 나아가야 할 길을 막는 최대 장애 요소다.

많은 사람이 이 관성의 법칙 영향 아래에서 과거에 했던 것을 또다시 반복하면서 자기 능력을 제대로 발휘하지 못한 채 살아간다. 그들은 늘 무언가 부족한 듯 느끼고 불만과 아쉬움을 쌓이게 된다. 여기서 말하는 '관성'은 좀 부정적인 표현을 하는 듯하다. 이에 반하여 습관은 긍정적인 것과 부정적인 것을 총칭한다. 나쁜 습관은 인생의 걸림돌이 되지만, 가치 있는 습관은 삶의 질을 향상하고 풍요롭게 해준다.

🌳 좋은 습관 만들기

심리학에서는 보통 어떠한 것이 습관으로 자리 잡기 위해서는 21일간의 연습이 필요하다고 한다. 그 기간이 21일인 이유는 생물학적으로 뇌에 새로운 습관을 만들려면 어른들은 보통 14일에서 21일 정도가 필요하기 때문이다. 이렇게 21일 동안 자신이 원하는 모습에 대해 크고 명확한 목표를 세우고 매일 그것을 실천하면, 습관이 변화하는 과정을 알아채게 된다.

필자의 경험에 의하면 어떤 행위의 습관을 교정하느냐에 따라서 시간의 차이와 습관 변화의 효과는 다르게 나타날 수 있다.

◈ 좋은 습관 만들기 사례

필자는 좋은 습관 만들기와 나쁜 습관 바꾸기를 열심히 실행하고 있다.

① 잠을 잘 때 코를 심하게 고는 사람이 적지 않다. 코골이 습관을 바꾸는 방법을 찾아보자. 필자의 사례다. 취침할 때 입에 테이프를 붙이고 수면을 취한다. 처음에는 익숙하지 않아서 수면에 적응하기가 어려웠으나 3개월, 6개월, 9개월, 1년이 지나고 2년째 실행을 하고 있다. 현재 효과는 코골이 70%가 줄었고, 수면 무호흡증도 개선되어 수면의 질이 좋아졌다고 생각한다.

② 건강한 식사 방법으로 저작할 때 맛을 의미하는 습관을 기른다. 건강한 식사 시간은 20~30분 정도로 정하고 음식물을 저작할 때 침샘과 희석되는 과정으로 맛을 의미하는 습관을 하면 소화 촉진과 위장 건강에 도움을 준다.

③ 절차 기억법을 통해 학습 훈련을 하는 습관을 기른다. 현대 사회는 학생에서부터 장년층까지 평생학습의 시대이다. 학교를 졸업하고 직장에서 기술을 연마하고 80세까지는 학습을 연속적으로 실행해야 한다. 문제는 나이가 들어갈수록 기억력도 감퇴하고 학습 효과가 낮아서 고민을 많이 하게 된다. 이럴 때 반복 학습을 실행하는 습관을 하면 학습 효과 및 자기 계발에 도움을 준다. 반복 학습 훈련 기법은 적응 시간이 필요하며 꾸준하게 실행하면 학습에 흥미를 느끼게 되고 삶의 질을 향상하는

기반이 되어 준다.

④ 자연 사물을 관찰할 때 차원적 사고로 탐구하는 습관을 기른
다. 자연 속에 생활과학이 담겨 있으며 생활에 필요한 지식과
지혜는 자연에 놓인 자연물 속에서 익히고 배워야 한다. 나무
를 바라볼 때 나무의 표면이 아닌 나무의 생태를 관찰하고, 꽃
을 바라볼 때 꽃의 생리를 관찰해야 한다. 즉 각각의 자연물을
관찰할 때는 1차원적인 관찰이 아닌 2차, 3차, 4차원적인 관찰
을 하는 습관을 길러야 한다.

⑤ 부부는 사랑을 담은 와인 잔과 같다. 상호 간 예절과 경계를 지
키는 습관을 길러야 한다. 또한, 부부는 일심동체로 투명하지
만 유리잔과 같아서 관리를 소홀히 하면 깨지기 쉽다. 그러므
로 예절과 경계를 잘 지켜서 유리잔이 깨지는 일이 없도록 해
야 할 일이다. 생활 속에서 예절과 경계를 지키는 습관은 쉬운
듯하면서도 참으로 어려운 일이다. 자신을 낮추고 상대를 존중
하는 습관과 부부 각자의 업무 영역에 관하여 경계를 지켜 주
는 습관을 길러야 가정에 평화와 행복이 찾아오게 된다.

자연의 사물 모두는 변화의 연속이다. 그러므로 고정관념의 습관
으로부터 탈출해야 한다. 즉 지각의 창을 탈출해서 개념을 익히려
고 하는 습관을 길러야 한다. 자신 스스로 습관 변화를 통해서 과거
의 삶과 현재의 삶을 결정하게 된다.

봄, 여름, 가을, 겨울 사계절이 바뀐다. 아침과 저녁 해가 바뀐다.
하루 24시간 시간이 바뀐다. 공기는 순환하면서 공간을 이동한다.

물은 흘러가면서 자리를 바꾼다. 나무는 계절에 따라서 옷을 바꾸어 입는다. 그러므로 우리는 계절 변화에 따라 옷을 바꾸어 입어야 한다. 예컨대 여름 무더운 날 두꺼운 잠바를 입고, 겨울 추운 날 반소매 티를 입은 사람을 상상해 보라. 정신적으로 이상이 있거나 아니면 바보가 아닌 이상 정상적인 행동이라고 할 수 없다.

그렇다. 우리는 변화를 요구하는 시대를 살아가고 있다. 그러므로 변화에 적응하려는 습관의 자세는 삶의 질 향상에 기반이 될 것이다.

🌱 송이버섯 찾기는 마음과 집중력을 치유한다.

필자는 산속에서 가을철 송이 찾기를 위한 묵언 수행을 실행한다. 송이 찾기 수련은 마음을 치유하고 집중력을 향상해 주는 두 가지의 장점이 있다. 송이 후보지를 향해 집중적으로 관찰을 반복적으로 실행하면 집중력이 향상되는 감을 느끼게 된다. 즉 관찰하고 수색하는 방법을 익히고, 정밀하게 탐색하는 기능이 향상된다는 의미이다.

그리고 탐색하면서 송이를 발견하는 순간 온몸에 느끼는 전율은 최고의 기쁨이다. 마치 축구선수가 골을 넣고 환호를 외치는 그런 감정이라고 할까? 아무튼 온몸에서 엔도르핀이 활성화되는 기분이 든다. 그러므로 마음속에 쌓였던 답답함이 한 번에 뻥 하고 시원하게 뚫리게 된다. 송이 찾기를 반복하게 되면 마음 치유와 집중력 향상에 큰 도움이 된다.

① 송이버섯 찾기 탐방은 정밀 관찰력과 집중력을 향상해 준다.

② 송이버섯과 교감을 통해 생명의 소중함을 깨닫고 간절한 마음을 치유하는 기회를 갖는다.

③ 산의 지형은 불균형적이다. 때로는 난코스를 만났을 때 당황하지 않고 집중력을 통해 새로운 길을 찾는 마음의 여유를 갖는다.

제3장

▼

마음[心: heart]
〈비움과 채움을 조화롭게 실행〉

이 과정은 사랑을 실행하는 방법을
깨닫게 하는 기회를 가진다.

✎ 마음은 몸을 소유하지 않는다.

　그러므로 몸체는 마음을 품어 사랑과 포용의 의미를 알게 한다.

이 단원은, 마음은 공기와 비유될 수 있다.

이 순간 숨을 쉬고 있어 마음이 평안하고 감사하다.

천사 같은 마음으로 하늘을 날 수 있어 자유롭고 행복하다.

　마음이란 정신(精神) 또는 영혼(靈魂)을 뜻하며, 사람이 본래부터 지닌 성격이나 품성을 말한다. 성격은 부드럽고, 품성은 풍성하고 생각과 감정을 청정하게 생산할 수 있는 환경을 조성해야 한다.

　밝은 생각과 감정을 생산하는 기능으로 7미덕: 언덕(言德), 12성품: 자기 통제력의 정신을 담고, 몸으로 생각하는 지혜의 과정으로 무위자연의 기다림(氣茶琳), 선울림(線蔚琳), 담체(潭体)의 체험 기법을 활용하고자 한다.

영랑호수는 고요하게
마음을 품는다

설악산 울산바위와 미시령에서 흐르는 물은 작은 골짜기를 통과해서 영랑호수로 들어와 잠시 이곳에서 머물게 된다.

속초시 영랑호 수면 위에 떠 있는 보행 다리를 걷는다. 호수 중앙 지점 원형으로 만들어진 구조물 위에 서서 설악산 울산바위를 바라보며 호연지기의 기운을 마서 본다. 그리고 넓은 호수를 바라보고 있노라면 호수의 거울 속에 내 얼굴이 아련하게 보인다. 내 얼굴 모습을 바라보는 순간 나도 모르게 마음이 요동치는 기분이 들었다.

호수를 바라보며 자기 모습을 본 적이 있는가? 호수에 비친 자기 얼굴은 어떤 모습으로 보일지 생각해 보라.

호수에 비친 얼굴에는 마음이 담겨 있고, 그 마음에는 자신의 얼[孼]이 담겨 있으며, 그 마음은 얼을 바라볼 수 있는 거울과 같다.

그리고 거울에 비친 얼은 물결을 타고 마음을 파동시킨다. 그러므로 마음에는 허공(虛空)이 존재하며, 그 허공의 메아리는 항상 우리 주위에서 맴돌고 있다. 본래 인간의 마음은 허공 그 자체였다. 그리고 모든 인간에게도 허공[虛空]이 주어졌으니 이를 양심(良心) 또는 마음[心]이라고 한다.

갓 태어난 어린아이의 마음에는 그 어떠한 욕심이나 바람이 없는 빈 마음이었다. 그리고 자라고 성장하는 과정에서 자아가 형성되고 욕구와 욕심이 발현되어 마음의 허공이 사라지게 된 것이다. 허공은 무욕과 무소유의 자리이다.

허공, 즉 빈 마음의 상실은 곧 정신의 고갈이요 영혼의 파멸을 가져오면서 상대적으로 욕심으로 인한 다툼과 분열과 혼란을 초래한 것이다. 그래서 허공을 잃은 것은 참[眞] 나를 잃은 것이요, 참 나를 잃은 것은 인생의 본질과 그 가치를 잃는 것이다. 끊임없는 욕구와 욕심을 부리는 것은 참 만족과 참 행복을 찾고자 하는 방황은 아닐까? 그러나 '참'을 얻는 길은 오직 비움[虛]을 회복하는 길 이외에 다른 길은 없다.

우리의 마음은 언제나 깊고 고요한 연못[深淵]과 같음이 좋다. 부질없는 욕심을 부정하고 욕망을 비운 사람은 언제나 마음이 깊고 고요할 수밖에 없다. 연못의 수면은 항상 잔잔하여 평화롭고 내면으로는 깊어서 고요하다. 바람이 불거나 강풍이 불어도 강물이나 바다처럼 크게 흔들리거나 요동하지 않는다. 그리고 자기 공간이 늘 좁다고 원망하지도 않으며 주어진 환경에 적응하려고 한다. 이처럼 평정심을 잃지 않고 항상 허정(虛靜)한 마음을 유지할 수 있는 것은 근본적으로 욕심이 없음이다.

무욕과 무위가 연못의 본성이다. 그러나 비움과는 달리 채움은 작은 바람에도 흔들리고 요동을 치며 늘 마음이 분주하여 무엇을 쫓아가거나 쫓기는 듯 보인다. 하고 싶은 일도 많고, 얻고 싶은 일도 많으며, 변화와 성장을 기대하는 마음이 쉬지 못하고 마음의 생각이 어제 다르고 오늘 다르다.

그래서 평화로운 마음을 잃은 지 오래되었고 고요함이란 생소하게 들린다. 우리는 삶의 계획과 갈등 등으로 늘 파문이 일고 있다. 마음이 깊고 고요하려면 자연의 쉼이 요구된다. 여유로움을 찾아서 평상심이 회복되고 고요해질 수 있다. 그러므로 도(道)의 세계는 자연다움의 세상이다. 토끼와 거북이의 경주에서 진정한 승리자는 이기고자 하는 의지와 욕심이 없는 거북이며, 심성(心性)이 깊고 고요한 사람이 순백하고 행복한 사람이라고 할 것이다.

자신을 아는 것이 밝음이다

　노자는 남을 아는 것과 자기를 아는 것, 남을 이기는 것과 자기를 이겨 내는 것을 견주어 후자가 전자에 비해 훨씬 어렵다고 했다. 노자에게 진정한 지혜로움이란 바로 자신을 아는 것이고, 진정한 현명함은 자신의 마음속으로부터 확실하게 깨닫는 것이었다.

　인간은 언제나 자신 생각이 옳다고 한다. 그리고 자기가 다른 사람을 잘 이해한다고 생각한다. 하지만 실제로 남을 잘 알고 이해하는 사람은 많지 않다. 우리는 자기 자신을 알아야 한다. 사람이 귀한 것은 스스로를 아는 현명함 때문이다. 자신이 이미 모든 것을 잘 알고 있으며 모든 것이 명확하고 정확하다고 착각하는 것은 우매하고 어리석은 생각이다. 또한, 스스로를 알고 자신 내면을 볼 수 있어야 비로소 정신의 장단점을 알 수 있으며, 개선점의 방향을 볼 수 있게 된다. 이때 장점은 극대화하고 단점은 극복할 수 있는 길이 열리게 된다.

　나무에 묻는다? 나무는 자기 자신을 알고 있다. 나무는 자신에 관한 미래의 설계를 알고 있으며 계절에 따라서 생리 과정을 실행한다. 나무는 그 자리에 서서 있는 모습 자체가 밝음을 표현하는 것이다. 그러므로 사람들은 나무를 스승으로 맞이하여 나무에 인성이 담긴 지혜를 배워야 할 부분이다.

　나무의 뿌리를 통해서 고요함(본성)을 알아차리고, 나무의 본체를 통해서 그러함(밝음)을 알아차리고, 나뭇가지를 통해서 너그러움(관대함)을 알아차리고, 나뭇잎을 통해서 유약(柔弱)의 기능을 알아차려야 한다. 성숙한 사람은 나무와 교감하는 방법을 알아차리고, 나무의 생리를 통해서 순환 기법을 익히고자 노력해야 할 것이다.

　연구원 수련장에는 80여 년 세월의 지혜를 담은 소나무 3그루가 있다. 필자는 소나무들과 스킨십을 하면서 숨소리를 듣는 소통을 종종 실행한다. 나무 표면에 귀를 붙이고 숨소리를 교감하면서 자신을 알아가는 방법을 찾고자 학습을 열심히 하고 있다. 참고로, 나무는 나무의 수종에 따라서 생리 과정과 기능이 다르다. 사람도 각각 성격이 다르니 나의 선생에 관한 수종 선택은 스스로 판단할 부분이다.

　그리고 나는 나 자신을 얼마나 알고 있으며 어떤 부류에 속하는지 하루에 한 번쯤 생각하며, 장단점을 찾을 필요가 있다고 생각한다.

✤ 자신은 어떤 부류에 속할까?

첫째: 자신을 스스로 고결하고 고상한 사람이라고 생각하고, 남이 뭐라 하든지 자기 방식을 고집하는 사람

둘째: 자신 스스로 잘났다고 생각해 자만하다가 제 발에 걸려 넘어지는 사람

셋째: 목표가 뚜렷하고 미래의 설계가 정확하여 출세와 성공만을
　　　고집하는 사람
넷째: 기술을 천직으로 여기고 장인정신으로 살아가는 사람
다섯째: 잘난 척은 하지 않지만, 중용적인 표현으로 기회를 놓치
　　　는 사람

🌳 나는 내 생각이 옳다고 말할 수 있는가?

상상의 생각은 임계점이 존재하므로 생각을 실행하는 과정에서 한계점이 발생한다. 그러므로 내 생각이 생각으로서 옳다고 주장하기보다 내 생각이 의견으로서 옳다고 말할 수 있을 것이다. 일반적으로 상식선에서 생산된 생각은, 생각을 실용화하는 과정에서 생각 가치의 값은 편차가 주어진다. 그러므로 생활에서 대인관계를 할 때 항상 겸손한 자세로 맞이하려는 습관을 가져야 한다. 또한, 낮은 자세의 행동은 자신이 알고 있는 것이 모두 옳지 않다는 것을 깨닫게 해준다.

인간은 종합예술 작품이다. 숲과 바다는 다양성의 생명체가 존재하며, 숲은 숲다움의 생태계와 바다는 바다다움의 생태계를 보전하면서 생존하고 있다. 숲의 나무에 임계점이 존재한다면 바다의 수심은 한계점이 존재한다.

성장의 정점(頂點)과 생각이란? 임계점과 한계점의 경계에서 물리적으로 나타나는 값이 서로 다르게 표출되기 때문에 내 생각이 넓고 깊다고 할 수 없는 이유이다.

설악대교 상단에서
마음의 경계를 깨닫다

설악대교는 속초시 청호동에 있는데, 청호동 남쪽과 북쪽을 연결하고 청초호로 선박이 출입할 때 통행하는 교량 역할을 한다. 설악대교 상단부에 서서 동서남북 4면을 두루 살펴보고 있노라면 가슴이 뻥 뚫리는 기분이 든다. 동쪽에는 바다가 보이고, 서쪽에는 설악산 대청봉이 보이고, 남쪽에는 속초 해수욕장이 보이고, 북쪽에는 아바이 마을과 청초호 수로를 건너는 갯배가 보이고, 중앙시장 입구가 보인다.

설악산에서 흐르는 물은 달마봉을 적시고 또 흘러서 온천장에 잠시 머물러 청초호수로 유입된다. 청초호수의 물은 흘러서 동해바다로 흘러간다. 설악대교의 위치에서 볼 때 민물과 바닷물이 만나고 교차하는 지점이다. 청초호수는 바닷물과 교류하는 특성을 지니고 있으며, 고기잡이배들의 나들목 기능으로 역할을 하는 특징과 수많은 속초에 애환을 담고 있는 호수이다.

설악대교에서 마음의 경계를 '깨닫다'라는 의미는 수면의 안정과 불안정에 관한 이치를 관찰하고 알아차리는 과정의 이야기이다. 호수는 안정된 모습을 볼 수 있고 바다는 불안정한 모습을 볼 수 있다.

필자는 바다와 호수의 경계에 서서 '마음에 이중성이란 무엇이고 어떤 얼굴을 가진 표현일까?'라는 것에 관하여 목격하고 관찰하는 기회가 되었다. 바다를 바라보면서 파도가 성난 모습을 보았고, 반대 방향으로 호수를 바라보면서 평안하고 미소 짓는 모습을 보았다.

설악대교에 서서 바다를 보고 또 호수를 보면서 '마음은 어떻게 작용하는가?'라는 질문을 해본다. 마음이란 항상 동전에 양면성을 담은 기능으로 존재한다. 그 때문에 상황과 감정에 따라서 순간적으로 변하는 것이 마음의 작용이라고 생각한다. 삶을 사노라면 때로는 성난 파도처럼 화(火)를 발생하고, 때로는 잔잔한 호수처럼 마음이 평화롭고 미소를 짓는다. 마치 손바닥 양면의 기능이 다르게 작용하는 것처럼 오락가락할 때가 많이 있다.

인간은 마음을 평안하게 조절하지 못하고 화를 내며 평정심을 잃는 실수를 한다. 생활에서 양면성의 경계에 놓여 있을 때 자신을 통제하는 중심추가 흔들리면 마음의 갈등이 생겨 이성을 잃는 초기화가 된다.

그러므로 우리는 마음의 항상성을 찾기 위한 학습을 통해 마음으로부터 평화를 찾을 수 있는 길을 찾아야 할 것이다. 마음이 혼란스러운 사람은 한 번쯤 설악대교를 찾아서 바다와 호수의 경계가 담고 있는 헤아림을 통해 마음에 평안을 찾는 기회가 되었으면 하는 바람이다.

나는 나무의 뿌리처럼 마음을 고요하게 하며
그 마음은 바람과 함께 느낌으로 다가온다.
- 명상

🌼 설악대교 상단에서 교류와 소통의 본질을 이해하다.

교류와 소통은 이 시대 주요한 현안이라고 말할 수 있다. 사실 우리 삶에서 교류와 소통이 큰 비중을 차지한다. 그런데도 유독 소통을 강조하는 것은 불통의 요인이 우리 사회에 많이 자리하고 있기 때문이다.

필자는 민물과 바닷물이 만나고, 동해의 공기와 설악산의 공기가 만나는 중심에 서서 있다. 서로 다른 물질이 만나는 경계에서 교류와 소통에 관한 본질을 탐구할 기회를 갖게 되어 감회가 새롭다. 교류와 소통이라는 단어는 책을 통해서 보고, 교육을 통해서 익히고, 방송을 통해서 보고 익혔다. 우리는 그동안 이론을 통해 암기하고 이해를 했을 뿐, 정작 어떻게 행동해야 하는지 방법과 대안은 제시해 주지 않아서 아쉬움을 남긴 부분이다. 그런데 오늘 이 자리에서 물질의 교류 과정과 물질의 소통 과정을 관찰하고 체험하면서, 그 원인과 원리를 발견할 수 있다는 것 자체만으로도 행운이며 감사한 마음을 가져 본다.

◈ 물의 교류 과정

바닷물과 민물이 서로 교차하면서 흐른다. 물은 서로 다른 성질을 가진 물성이 하나로 희석되는 과정으로 화학적인 현상이라 할 수 있다.

◈ 공기의 소통 과정

해양의 공기와 내륙의 공기가 서로 교차하면서 희석이 된다. 바다의 갯내음이 풍기는 공기와 설악산 정기 받은 솔 향기를 담은 공기가 서로 만나서 희석이 되는 과정의 체험은 생체의 반응으로 그 원리를 발견하고 이해할 수 있다.

특히 해양성 기운을 담은 공기의 호흡 과정은 사람의 생체 건강과 밀접한 연관이 있다. 그러므로 필자는 생체 건강과 생활 과학적인 입증을 위한 연구를 과제로 남기고자 한다.

지각(知覺)에서 탈출하고 개념의 창(窓)을 열라

마음의 섬은 생활의 장애를 수반한다. 섬이란, 마음의 문이 닫혀 있다는 표현이다. 마음의 문은 우물과 같아서 우물 속에서 세상을 보려고 하는 이치와 같다. 그러므로 평상시에 알고 있던 생각이 최선의 생각이고 내 생각이 옳다는 고정관념에서 벗어나야 한다. 즉 아집으로부터 벗어나라는 의미이다.

우리는 기존 지각의 틀에서 벗어나 신개념을 맞이해야 한다. 지각은 사물의 이치나 도리를 분별하는 능력 또는 스스로 알아서 깨닫는다는 의미가 담겨 있으며, 일명 '고정관념'이다.

🎋 개념의 힘

인간의 행동은 대부분 습관에서 나온다. 습관은 운동 절차의 기억된 순서이다. 순서화된 운동 순서 패턴은 자극 입력에 즉각적 운동 출력으로 반응한다. 직장에서 필요한 업무가 학습으로 익숙해지면 모두 습관적으로 자동 처리된다. 업무에 익숙해진 상태로 직장생활을 수십 년간 하게 되면 경력자가 된다. 경력자가 되면 습관에 안주하고 습관적 자동 반응을 한다. 주어진 업무를 새로운 관점에서 시도하지 않거나 새로운 학습에 대한 관심이 줄어든다.

새로운 분야의 학습은 습관의 자동 반응을 중단해야 가능하다. 경력자는 습관적 자동 반응으로만 업무 처리하는 '경력자의 함정'에서 빠져나오지 못한다. 새로운 분야를 학습하는 힘은 확고한 의식화된 개념에서 나온다. 무의식적으로 자동 출력되는 운동이 '습관의 힘'이라면 의식적으로 자신이 원하는 방향으로 세상을 바라보게 하는 힘은 '개념의 힘'이다.

습관의 관성력에 대응하려면 의식의 원심력이 필요하다. 개념은 의식을 집중하여 지속하게 하는 힘이 있다. 항상 주의 집중하여 의식적으로 사건과 사물을 관찰하려는 힘이 곧 개념의 힘이다.

모든 변화는 행동에서 나온다. 습관은 반복되는 행동이며, 개념은 반복되는 의식이다. 식물학 공부도 개념의 힘으로 즐길 수 있다. 세포에 관한 정보를 모으고, 핵심 분자식을 키워드처럼 항상 기억하고, 식물학 중심 원리와 분자식을 그림으로 표현한다. 공부의 핵심은 기억하고 표현하는 데 있다. 표현된 정보는 다른 정보와 연합하여 새로운 의미를 드러낸다. 그래서 개념의 힘은 항상 의식적으로 집중할 수 있게 해준다. 의식 수준에서 정보를 해석하고 비교하는 과정이 바로 창의적 과정이다. 그리고 정신 작용을 의식 수준에 머물게 하는 힘이 바로 개념의 힘이다.

🌱 깨어 있는 생각과 깨어 있는 자세

(1) 깨어 있는 생각과 자세는 새로운 기회를 맞이한다.

'깨어 있다'라는 말은 항상 준비가 되어 있다는 의미와 같다. 미래 시간을 맞이할 자세와 그 업무에 관하여 준비를 하고 있기 때문에 언제든지 업무적 역할을 받으면 빠르게 수행을 할 수 있게 된다. 그러므로 기회가 왔을 때 준비하는 것이 아니라 준비가 되어 있기 때문에 성공을 위한 기회를 잡을 수 있게 된다.

⑵ 식물들은 항상 깨어 있으며 미래의 시간을 맞이한다.

식물은 24시간 깨어 있다. 식물도 수면을 취하며, 수면하면서도 항상 성장 활동을 한다. 식물은 생활에 필요한 집이 없다. 그래서 비도 맞고, 바람도 맞고, 추위와 싸우는 등 환경 변화를 빠르게 적응하는 관계로 하루 24시간 비상 상태라고 볼 수 있다. 또한, 식물들은 미래 시간을 예측하지 못하면 생존할 수 없는 이치이다.

⑶ 대기업 경영자는 항상 깨어 있는 생각과 자세로 활동한다.

미래의 세계 경제 변화를 주시하면서 사업 준비 완료의 신호를 보내며 일감 수주를 맞이할 기회의 순간을 항상 대기하고 있다.

⑷ 숨을 쉬고 있는 순간은 깨어 있어야 한다.

현대의 삶은 경쟁의 시대이다. "해 보겠습니다."가 아닌 "할 수 있습니다."라고 대답해야 살아남는다. 시내버스는 한 사람을 위한 기다림의 시간을 주지 않는다. 버스를 타려고 할 때는 정류장에서 버스를 기다렸다 승차하는 것이 기본적인 예의이다. 그러므로 생활에서 일을 할 때 순간적으로 판단을 빠르게 하고 솔선수범하는 행동을 해야 한나.

설악산 정기 담은 초로 구슬 법칙

이 과정은 초로의 순수성과 구슬의 긍정성을 깨닫고 생활에 접목하는 기회를 가진다.

🍃 탐구 현장: 인제군 북면 한계응골 일원

　　　　속초시 노학동 달마봉 아래 자생식물원 일원

　　　　고성군 거진읍 화진포 호수 일원

초로는 발상의 지식을 주고,
구슬은 창작의 지혜를 준다.
- 명상

🌳 초로 구슬 탐구

산속 이른 아침 나뭇가지 잎사귀에 구슬 같은 이슬방울이 맺힌다. 사람들은 물 유체학을 통해서 유체술을 익히고 초로학을 통해서 사교술을 익혀야 한다.

마음에는 순수하고 영롱한 초로(草露) 구슬 법칙이 존재한다.

◆ 초로(이슬) 구슬 법칙(Dew- Bead Law) 탐구

초로(이슬) 구슬은 어떻게 만들어지나?

밤에는 해가 비치지 않기 때문에 지표면의 온도와 함께 주위의 공기, 풀과 나무 등 식물의 온도도 내려가며 특히 구름이 없는 밤에는 지표면의 열이 우주로 쉽게 빠져나가기 때문에 온도가 빨리 내려간다. 밤이 깊어 새벽이 가까워지면서 차가워진 공기 속 수증기가 응결하여 풀잎이나 거미줄에 맺히게 되는데, 이것을 이슬이라고 한다.

산속 나뭇잎이나 호수 주변 나뭇잎에서 초로 구슬의 형성체를 목격하고 탐구를 할 수 있다. 나뭇잎에 만들어진 작은 물방울이 햇빛의 발산 작용과 함께 점점 크게 뭉쳐서 굴러가는 현상을 관찰하게 된다. 필자는 이 현상의 모습을 일명 '초로 구슬의 형태'라고 표현한다.

육안으로 관찰할 수 있는 이슬방울은 순수하고, 투명하고, 맑게 빛을 발산한다. 이런 현상의 모습들을 바라볼 때 사람들의 마음도 투명한 구슬과 같다고 할 것이다. 그러므로 사람들은 삶을 살아가면서 항상 투명한 구슬처럼 맑은 마음으로 생활에 임해야 할 것이다.

◆ 초로 구슬 법칙의 의미

① 순수하고, 맑고 밝은 긍정의 마음 자세를 갖는다.
② 사회생활을 할 때 원(圓)의 마음으로 대인관계를 원만하게 한다.
③ 원(圓)의 정신으로 배려하고 상생하는 삶을 살아간다.

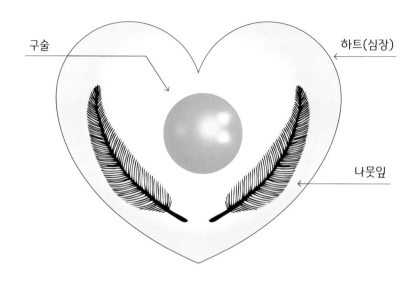

구슬

하트(심장)

나뭇잎

[초로 구슬 법칙 도표]

① 중앙의 원형 형태는 초로 구슬의 형상을 표현한다.

② 생각의 긍정성, 대인관계 원만함, 생활의 활동성 등 표현

③ 양쪽의 날개 모형은 나뭇잎을 세워서 하트(심장) 모습으로 형상
화했다.

④ 맑고 밝은 구슬을 마음에 담고, 심장을 통해 신선하게 선순환
작용을 한다는 의미의 표현

🌳 원(圓) 순환의 구름(rolling) 기능 이해

열린 마음으로 순리와 순수성을 간직하고 이슬처럼 순수하고 영
롱한 구슬이 되어야 할 일이다. 그리고 물방울처럼 투명하고 밝은

마음으로 흐름을 순리적으로 맞이해야 한다. 세월은 유수와 같다는 말이 있다. 세월이라는 시간은 물처럼 자연스럽게 굴러 공간적 흐름에 대세를 이룬다. 또한, 물방울은 원(圓)을 굴려 가면서 유유히 돌고 돌아간다.

자연의 세계를 떠나서 도심 문명의 세계를 들여다보면 오직 사람들만이 허겁지겁 조급함 속에 힘겨운 하루를 보내고 있다. 그 하루의 생활은 자신의 순리가 아닌 인공 속에 담긴 멍에를 짊어진 채 힘들어하면서 원반을 돌리고 있다. 또한, 인간들은 흐름의 간결함 속에 여유로움을 뒤로 한 채 원반의 원심력에서 스스로를 구속하고 있는 듯하다.

현대 사회에서 짊어진 멍에와 원심력에 의한 구속에서 벗어날 방법이 무엇일까? 그것은 바로 방울의 원리와 구름(rolling)의 이치를 깨닫는 일이다. 액체의 물방울은 중력이 담겨 있어 활동에 제약이 있고, 기체의 방울은 무중력이기 때문에 활동 범위가 자유롭다. 나뭇잎에서 맺힌 구름 법칙은 생활 속에서 윤활유 같은 매개체로 인식하면 된다. 어떤 일을 추진하고자 할 때 선순환을 위한 촉매제 역할을 해준다는 것이다.

구름의 원리를 이해하는 사람은 아이디어와 예술적인 기능을 탁월하게 창조시킨다. 또한, 이런 사람들은 주어진 업무에 자신감이 넘쳐나고 즐겁게 일을 한다.

🌱 구슬을 닮은 순수한 마음의 자세

① 마음을 투명한 구슬처럼 순수하게 볼 수 있는 자세
② 마음은 이슬처럼 온기와 냉기를 관리하는 자세
③ 마음에 긍정 온도를 순수하게 조절하는 자세

◆ 눈[眼]은 마음에 거울이다.

구슬 같은 마음을 볼 수 있는 거울은 어떤 모습일까?

마음의 모습을 대변해 주는 기능이 바로 눈[眼]의 작용이다. 어린아이의 눈은 순수하고 해맑다. 어른의 눈은 순수성을 잃은 계산으로 안갯속처럼 복잡하다. 대인관계에서 입으로 자신을 홍보하는 것보다 눈으로 자신을 홍보하는 방법이 진심을 전달하는 최선의 방법이다. 그러므로 우리는 눈의 모습과 눈동자의 기능을 순수하고 맑게 만들어야 한다.

우리는 사람을 처음 만나거나 대화할 때 상대방의 눈을 쳐다보고 대화를 한다. 이럴 때 "당신에 눈이 참 예쁜 것 같아요."라든지 "눈이 맑은 것 같아요."라는 말을 들으면 기분 좋은 칭찬으로 들리게 된다. 대인관계와 비즈니스를 할 때 상대에게 신뢰를 갖게 하는 최상의 수단이 되기도 한다. 그러므로 맑은 눈에 관한 칭찬과 비즈니스를 성공으로 이끌 방법을 찾아보자.

◆ 초로 구슬처럼 맑은 눈동자 만들기

눈동자 피로 회복 및 맑아지는 방법으로 녹색 잎 바라보기, 산 약초차 마시기, 눈 부위 지압 등이 있다.

(1) 녹색 잎의 피로 회복

소나무나 잣나무 숲에서 나뭇잎을 바라본다. 녹색 잎을 향하여 원거리와 근거리를 교차하면서 실행하며, 1회에 5분 정도 실행을 하면 눈의 피로가 회복된다는 것을 느낌으로 다가온다. 하루에 2~3회 정도 실행하면 도움이 된다. 다만, 직업과 생활 환경에 따라서 운동의 횟수를 늘리고 줄이는 판단은 스스로 실행한다. 필자는 직무상 눈의 피로를 많이 느낀다. 그래서 하루에 5~6회 정도를 녹색 피로 회복 기법을 실행하고 있다.

(2) 산 약초 꽃차 마시기

설악산 한계령 청정 지역에서 생산한 산 약초차와 꽃차를 즐거운 마음으로 시음한다. 메리골드 차, 산국 차, 결명자차, 산목련 차 등 민간요법의 기능으로 눈의 백내장 및 황반변성을 예방하고, 비염 및 염증을 배출하여 눈의 피로를 줄여 준다고 생각한다.

(3) 눈동자 지압하는 방법

필자는 눈동자 지압 운동을 조석으로 실행하고 있으며, 눈의 건강이 보편적으로 양호한 편이라고 생각한다. 지압 방법은, 눈썹의 앞머리 부분을 눌러 주면 눈동자가 맑아지는 데 도움을 준다. 그 이유는 눈의 피로가 풀리면서 붓기도 빼주기 때문에 피로로 인해 탁해져 있던 눈 색깔이 원래 상태로 회복하는 데 도움을 준다. 눈썹의 앞머리, 끝부분을 자주 눌러 주거나 눈의 앞부분과 코 사이에 들어간 부분도 돌아가면서 지압해 주면 눈의 피로 회복과 맑은 눈동자가 되는 데 일조를 한다. 하루중 아침과 저녁 또는 직장에서 시간이 있을 때 실행해 보기를 권한다.

(4) 눈동자 커지는 방법

눈동자 커지는 방법은 눈동자를 상하좌우로 운동을 해주면 도움이 되는데 이때 눈을 감았다가 위쪽을 쳐다보면서 5초, 아래쪽도 마찬가지로 5초, 왼쪽과 오른쪽도 똑같은 방법으로 해주면 된다. 이방법은 눈동자 커지는 방법과 동시에 시력도 함께 좋아지는 데 도움을 준다.

창의성 훈련은
자기 계발을 향상시킨다

자기 계발의 발전은 창의적인 생각에서부터 시작된다. 우리의 뇌는 몇 가지 생각의 일차 선형 연결만 가능하다. 사물을 보는 눈의 감각은 세밀할 수 있어도 보이는 이미지를 창의적으로 연결하는 능력은 미약하다. 그래서 창의적 사고 훈련은 보이는 이미지를 그림으로 그려서 항상 볼 수 있게 하는 것이다.

인간 대뇌의 감각피질은 60% 이상이 시각에 할당되어 있다. 여러 시각피질 구역에서 형태와 색깔 그리고 움직임을 연속적으로 처리하는 과정이 세분화되어 사람의 시각적 이미지 구성 능력은 잘 발달되어 있다. 그러나 이미지와 이미지를 논리적으로 연결하는 힘은 아직 충분히 진화하지 않았다.

창의성의 핵심 요소는 이미지를 새롭게 연결하는 능력이다. 이미지들을 새롭고 독특하게 연결하는 일을 습관적인 생각 속에서는 이루어지기 힘들다. 그래서 새로운 생각은 눈에 보이게 그림으로 표현해야 한다.

생각을 그리는 것은 대상 이미지의 시각 기억을 손 운동의 절차 기억으로 전환하는 과정이다. 절차 기억은 소뇌와 대뇌 기저핵이

연계해서 운동 순서를 기억으로 만듦으로써 생성된다. 반면에 대뇌 시각 피질에서 형성하는 시각 이미지 기억은 감각 기억으로, 일시적이며 특징만 저장해 둔다.

인간 뇌의 형상화 능력은 아직 진화 초기 단계에 있다. 그래서 방금 본 대상도 눈을 감고 기억으로 그려 보면 막막해지고 단지 일부 특징적 형태만 뇌리에 남는다. 시각 기억의 일시적이고 단편적인 특징을 보완하는 유일한 방법은 생각을 그림으로 그려서 종이에 옮겨 놓는 것이다. 일단 종이에 옮겨진 생각은 고정되어 있어서 수정이 가능하다. 생각이 계속 바뀌면 고정된 실체가 없어서 생각을 논리적으로 결합하기 어렵다. 그러나 생각이 그림으로 표현된다면 그림과 그림을 특정한 목적을 위해 논리적으로 연결할 수 있게 된다.

🌳 창의성 훈련 방법

첫째 단계: 뇌가 기억하고 있는 시각 이미지를 그림으로 표현하여 고정하는 작업이다. 생각을 반복해서 그리면 그 그림을 기억할 수 있다.

둘째 단계: 이미지 연결 순서를 목적 지향으로 바꾸는 것이다. 이미지의 새로운 연결이 바로 새로운 의미를 생성한다.

셋째 단계: 이미지들을 비선형으로 연결하는 훈련이다. 막연하고 우발적인 비선형 연결이 아니라 정서적 느낌을 바탕으로 끌리는 연결을 유도하는 훈련이다. 다양하게 조합 가능한 생각의 연결에

서 리듬과 운율을 동반한 이미지 연결 조합을 직감적으로 선택하는 과정이다.

창의성 훈련의 다양한 과정이 어디로 흘러가든 출발점은 생각을 그림으로 표현하는 훈련이다. 청각의 뇌 처리 과정은 시각에 비해 단선적이고 신속하다. 그래서 창의성 훈련에서 리듬과 반복의 중요성은 청각적 이미지 처리 과정의 도움을 받게 된다. 청각은 시각에 비해 기억의 속성이 더 절차적이어서 기억하기가 쉽고 자동 반복적이다. 절차 기억은 무의식적으로 인출할 수 있어서 즉시 행동으로 표출된다.

그래서 절차 기억의 운동 출력이 습관이 되고, 습관이 우리의 행동을 지배한다. 창의성의 핵심은 뇌 속의 애매한 시각 기억을 그림으로 표현해서 손 운동의 절차 기억으로 전환하는 훈련에 있다. 그래서 형상화된 시각 기억을 인출하여 그림으로 표현하는 반복 과정이 창의성 훈련의 핵심이다.

생화학 분자식을 기억하고 다양한 분자 변환 과정을 상상으로 훈련하면 공간 지각과 기억력 훈련에 크게 도움이 된다.

◆ 창의성은 머릿속 이미지를 문자와 수식과 도형으로 표현하는 과정

창의성 핵심은 머릿속으로 생각하는 과정이 아니라 운동으로 출력하는 과정이다. 머릿속으로 하는 생각은 두 가지 이상의 내용을 논리로 연결하기 힘들다. 우리의 생각은 원래 분산적이고 순간적이다. 생각과 생각을 의미 있게 연결하려면 일정 기간 한 가지 생각을 유지해야 한다. 그래야 적절한 다음 생각이 논리적으로 결합할 수 있다.

생각은 쉽게 사라지기 때문에 뇌 속에서는 세 단계의 연결조차 무척 어렵다. 인류가 문자로 자신의 생각을 꺼내 기록하기 전까지는 방금 경험한 감각 인상을 몸짓과 짧은 말로 표현했을 뿐이다. 말은 곧 사라진다. 발성된 소리는 수정할 수 없지만 문자로 기록된 생각은 수정할 수 있다. 논리가 약하고 연결이 어설픈 문장이라도 몇 번의 수정을 거치면 의미 있는 문장으로 다시 태어난다.

생각을 문자로 표현할 수 있어서 인간의 기억이 후손에게 영향을 주게 되고, 문화가 시작되었다. 그러므로 뇌 속의 이미지를 손동작으로 종이에 글로 표현해야 한다. 미술의 스케치, 음악의 악보, 기하학의 도형 모두 뇌 속의 시각적 이미지를 꺼내 종이에 기호로 표현한 결과물이다.

인간의 뇌는 생생한 이미지를 형성하는 일에 아직 능숙하지 않다. 우리가 본 아름다운 풍경의 느낌을 기억하고 뇌 속에서 오래 유지할 수 있었으면 인상주의 화가들은 출현하지 않았을 것이다. 인간이 그림 문자를 만들어 낸 이유는 인간의 이미지 형성 능력이 충분히 진화하지 않아서다. 그래서 일단 엉성하게 형성된 이미지를 뇌에서 손 운동으로 표현하여 눈에 보이게 드러낸 후 다시 수정하는 방식을 이용한다. 그래서 창의성 훈련의 첫 단계는 생각의 이미지를 꺼내는 훈련이다.

숲의 계곡은 창조, 창의, 창작 과정을 실행할 때 방향과 방법을 알아차리게 한다. 그 이유는, 시각과 청각의 기능을 맑게 활성화시켜 주기 때문이다.

창의적 생각은 존재하지 않는다. 다만 지속적 표현과 수정이 있을 뿐이다. 음식을 새롭게 창작하는 요리 명장은 육체의 근육 운동과 손 운동으로 최소한 10년 이상 생각을 꺼내는 훈련을 한 사람들이다.

생각을 물건처럼 꺼내는 훈련이 필요하다. 생각이란 물건은 수증기처럼 부정형이고 변화무쌍하고 곧 사라지기에, 변화 없이 원래 모습을 유지한 채 꺼내기가 쉽지 않다. 그래서 생각을 꺼내어 표현하고 다시 수정하는 과정은 오랜 훈련이 필요하다. 인간의 뇌 속의 이미지가 자발적으로 연결되는 단계까지 진화하지 않았다. 그래서 뇌 속의 이미지를 눈에 보이게 그림으로 표현한 후에야 그림을 수정하고 서로 연결하여 자연의 생태와 생리 현상의 과정들을 기술하는 과학이 출현하게 된다. 결국 창의성 훈련은 지속적으로 생각의 이미지를 문자와 수식과 도형으로 표현하는 근육 운동 훈련이다.

필자의 경험에 의하면, 창의성 훈련을 실행할 때는 도심의 밀집된 공간보다는 자연 속에 산과 숲과 계곡을 이용해서 훈련하게 되면 훈련 방법에서 새로운 기법 착상과 수련 효과를 높여 준다는 것을 깨달았다.

◆ 기억 생성, 기억 활용, 기억 편집

기억은 창의성의 재료이며, 기억의 새로운 조합이 창의성 그 자체가 된다. 생각은 기억을 인출하여 결합하는 과정이다. 많은 생각 중에서 창의성으로 이르는 생각은 극히 드물다. 창의성과 기억의 관계는 과일과 씨앗의 관계와 유사하다. 자두 씨앗이 자두가 되려면 나무가 자라고 꽃이 피고 열매를 맺는 긴 과정이 필요하다. 마찬가지로 기억이 창의적 결과물로 이어지려면 기억의 생성, 기억의 활용 그리고 기억의 편집 과정을 거쳐야 한다. 창의성의 출발은 기억의 생성인데, 창의성 관련 기억은 일상생활 기억이 아닌 전문 과학 지식으로 대부분 어렵고 생소한 내용이므로 철저한 반복 훈련으로 생성된다.

◆ **메타 사고방식의 개념 이해**

- 창의적 사고 12가지: 형상화, 추상화, 패턴 인식, 패턴 생성, 유추, 몸으로 생각하기, 감정이입, 차원적 사고, 모형 만들기, 모형 놀이, 변형 만들기, 통합

🌳 패턴 인식과 패턴 생성

과학은 자연 현상을 관찰하는 데서 시작된다. 사물과 사건을 관찰하는 행위는 관심에서 출발하지만 항상 무관심으로 초점이 풀어진다. 관심의 대상이 매 순간 바뀌면서 시선은 주변을 두리번거린다. 시선이 관심 대상에 도달하기도 전에 다른 대상으로 관심을 바꾼다. 탐구하는 시선이 사물과 사건의 핵심부에 도달하기 전에 패턴과 느낌이 개입하여 주의 집중이 중단된다. 그래서 환경에 분명히 드러나는 패턴도 인식하기 어렵다.

사물의 패턴 인식은 관찰 대상들에서 공통점과 차이점을 발견하는 과정으로, 차이점이 공유하는 특징을 구별하는 경계면을 형성하

여 사물 사이의 구별되는 영역인 패턴이 생성된다. 패턴을 인식하는 데 능숙해지면 숨겨진 패턴이 드러나고 애매한 패턴들이 분명해져 식물과 현상들을 명확히 구분할 수 있다.

　다양한 자연 현상을 규명하는 학문이 바로 과학이다. 과학은 사물과 사건의 구성 요소들을 시간과 공간 속에 순서대로 배열한다. 반면에 예술과 문학은 관찰된 패턴들의 관계를 재배열한다. 공간적으로 재구성되어 생성되는 패턴이 쾌감을 일으키면 시각예술이 되고, 문자의 의미 패턴이 재배열되면 문학이 된다. 과학은 인과관계로 패턴을 연결하는 과정이며, 예술은 의미 있는 패턴을 만드는 과정이다.

결정적 지식이
새로운 세계를 열어 준다

지식은 평등하지 않다. 하나만 알면 그 분야가 분명해지는 지식이 있다. 이것이 결정적 지식이다. 과학의 분야마다 결정적 지식이 있다. 해당 분야의 결정적 지식은 많은 세부 지식과 연결되어 그 분야의 구성 원리가 된다. 화학에서 원자 그 자체는 결정적 지식이 될 수 없다. 왜냐하면 모든 화학 작용에 원자가 등장하지만, 원자에 대한 지식만으로 화학 작용의 대부분을 설명할 수 없기 때문이다.

원자보다 원자 사이의 전기적 상호 작용이 화학 반응을 더 자세히 설명해 준다. 그래서 생물학에서는 원자보다 이온이 더 활용성이 높은 지식의 대상이 된다. 결정적인 지식을 찾기는 쉽지 않다. 전문가가 자신의 분야를 관통하는 기본 원리를 고민하는 과정에서 결정적 지식을 발견하게 된다.

결정적 지식은 세 가지 속성이 있다.

첫째, 결정적 지식을 이해하면 많은 세부 내용이 저절로 이해된다.

둘째, 결정적 지식은 새로운 과학적 질문을 촉발한다.

셋째, 결정적 지식은 알 수 있게 드러나 있지 않다.

🌿 사실을 모르기 때문에 의견을 말한다.

  사실은 스스로 많은 말을 한다. 사건과 사실을 시간 순서로 나열하면 인과관계가 드러난다. 그래서 사실은 그 자체로 설명이다. 자연 현상이든 역사적 사건이든 사실(fact)을 잘 모르기 때문에 의견과 느낌으로 사실을 대신하게 된다. 자연 현상에 대해 아는 사실이 많으면 사실만 나열해도 실체가 드러난다. 사실을 조금 알면 약간의 추측을 동원하여 이야기를 지어낸다. 전혀 사실을 모르면 그 현상에 대한 애매한 느낌을 말하는 법이다. 하지만 자연과학은 실험으로 검증된 사실들의 집합이다. 자연과학은 많은 관찰된 사실을 모으고 그 사실에서 공통 패턴을 발견하여 유사한 현상을 이해하는 학문이다. 그래서 공학과 자연과학을 직업으로 하는 사람들은 증명된 사실을 바탕으로 생각한다. 물리, 화학, 생물학에서 밝혀진 많은 사실을 모르면 자연 현상에 대한 과학적 접근은 어렵고, 돌, 나무, 동물에 대한 일상적 경험만으로 현상을 추측하는 데 그친다.

  인간의 경험과 관찰은 자신의 기억을 반영하며, 기억하고 있는 과학적 사실이 충분하지 않으면 느낌과 감정으로 사실을 대신한다. 자연 현상은 인간의 감정이나 느낌으로는 설명할 수 없다. 충분한 사실들이 모이고 그 현상의 원인이 밝혀진다면 그와 유사한 많은 현상에 대하여 과학에 근거한 설명을 할 수 있다.

🏵 생각은 꺼내 보아야 한다.

집중하지 않으면 머릿속 생각들은 생겼다 사라진다. 무언가 해야 한다는 목표 의식이 생각을 불러 줄을 세워보지만, 곧 다른 자극이 생각의 연결을 흩어버린다. 생각의 흐름은 하루살이 떼처럼 몰려왔다 사라진다. 수많은 생각이 다발을 이루어 목적을 향해 강하게 진행될 때 하나의 행동으로 표출된다. 생각이 몸을 움직이게 하고, 반복된 몸의 움직임이 습관을 만들며, 습관이 결과를 낳는다.

생산적인 습관을 형성하기 위한 출발점은 하루살이 떼 같은 생각들을 모아서 한 방향으로 일정한 시간 유지하는 일이다. 생각은 행동으로 출력되기 전에는 구체적으로 보이지 않는다. 생각은 신체적 감각, 정서적 느낌, 짧은 추론의 혼합물이다. 감각과 느낌은 생각의 배경 정서가 되며, 논리적 생각과 추론은 행동 선택의 근거가 된다. 논리적 사고는 연결 사슬이 강하고 일정한 길이가 되어야 힘을 발휘한다.

◆ 멘탈(mental) 이미지 훈련

생각은 뇌 속 이미지의 연결이다. 언어가 촉발하여 인출되는 기억의 연결이 곧 생각이다. 유아기는 강하게 감정을 표출해 몸의 상태를 알려준다. 1년 이상 무수한 발음을 반복하여 말하기 능력에 익숙해지면, 간단한 문장으로 느낌과 의도를 말한다. 감정과 느낌은 소리나 제스처로 주로 표현하지만, 욕구를 충족하려는 의도는 분명한 문장으로 발음해야 한다. 이 말의 참뜻은 논리적 구조를 갖춘 문장을 의미한다.

생각은 다섯 살 이상부터 점차 분명해져 사춘기에는 감정의 힘이 강해져서 감정이 주도하고 생각은 감정에 따라간다. 걷기와 말하기처럼 생각도 집중적 훈련을 통해 서서히 생겨나는 능력이므로, 어른이 된 후에도 생각의 폭과 강도가 사람마다 매우 다르다.

생각은 그냥 생겨나는 현상이 아니다. 훈련해야만 논리적으로 전개된다. 짧은 시간 집중적으로 생각하기는 가능하지만 오랜 시간 한 가지 대상에 생각을 집중하기는 매우 어렵다. 그래서 생각 훈련의 핵심은 한 가지 주제에 대해 오래 생각하는 것이다.

생각은 기억의 연결이다. 기억들은 바람처럼 흩어지므로 붙잡아서 연결하기가 무척 어렵다. 생각의 가닥을 두 개 연결하면 단순 논리가 생겨나고, 세 개 연결하면 사건의 맥락이 보인다. 일상적 상태에서 뇌는 생각의 가닥을 연결하지 않고 희미한 생각 단편들을 간헐적으로 쏟아 낸다. 단편적 생각들을 전달하기 위해 의미에 맞게 단어를 출력하는 과정이 말하기이다. 말과 글에 능숙하기 위해서는 단편적 생각을 두 개 이상 논리적으로 연결하는 훈련이 필요하다. 일상생활에서 두 개의 생각을 연결하는 경우는 드물기 때문에 논리적인 대화는 쉽지 않다. 그래서 한 생각과 또 다른 한 생각을 논리적으로 빨리 연결하는 훈련이 공부의 지름길이다.

사람들은 왜 불안을 생각하는가?

🌱 불안의 실체란?

(1) 언제 발생할지 시기를 모른다.

상황이 언제 발생할지 시기를 모르기 때문에 우리는 '왠지 불안하다'라고 표현한다. 땅이 흔들리다가 진정되면 공포는 사라진다. 하지만 지진이 또 일어나지 않을까 하고 생각할 때 느끼는 감정은 공포가 아닌 불안이다. 특정한 때에 일어나는 지진에 대한 공포가 아니라, 막연하게 언젠가 또 지진이 발생할지도 모른다는 생각에서 불안해지는 것이다.

(2) 언제 끝나는지 모른다.

태풍과 함께 강력한 바람이 시작해서 언제 끝날 줄을 모른다. 폭우에 산사태가 발생하고 있는데 장대 같은 비는 그칠 줄을 모른다. 이곳저곳에서 재난은 발생하고 있는데 비바람은 그칠 줄을 모른다.

(3) 어떻게 행동할 줄 모른다.

산에서 순간적으로 야생동물을 만나게 되면 당황하고 어떻게 대처하고 행동해야 할지 마음은 얼어붙어 속수무책일 때가 많다. 그러므로 산행할 때는 동물을 만날 수 있다는 생각에서 불안감을 느끼게 된다.

◆ 불확실성과 불안

인생은 불확실하다. 앞으로 어떤 일이 일어날지 정확히 알 수 있다면 아마도 불안하지 않을 것이다. 하지만 우리는 당장 이 순간 이후조차도 알 수 없다. 인생은 예측할 수 없기 때문에 '열심히 살아보자!' 하는 의욕도 생길 수 있는 법이다. 일에서도 공부에서도 결과는 반드시 있기 마련이다. 최선을 다해 노력하든 아무 노력도 하지 않든 결과가 정해져 있다면 애써 노력할 의욕도 생기지 않는다.

앞날을 내다볼 수 있어야 안심이 되는 사람들은 변화를 두려워한다. 아무것도 달라지지 않는다면 앞날을 내다볼 수 있어 불안하지 않겠지만, 조금이라도 현재 상황이 바뀔 거라고 예상되면 불안해진다. 오스트리아의 정신과 의사 알프레드 아들러는 다음과 같이 말했다.

"어떤 일을 계획할 때 맨 먼저 불안의 감정이 생기는 사람이 있다. 우리는 어떤 일을 하려고 '계획'할 때 불안한 마음이 든다. 다시 말해 실제로는 아직 아무 일도 시작하지 않았는데 불안에 사로잡히는 것이다. 늘 자신감이 있어서 무슨 일을 해도 잘될 거라고 믿는 사람이나 지금까지 순탄하게만 살아온 사람이라면 불안을 느끼지 않을 수도 있겠지만, 그런 사람은 세상에 그리 많지 않다."

◈ 대인관계와 불안

아들러는 "모든 고민은 대인관계에서 비롯된다."라고 강조했다. 사람들과 어우러져 살다 보면 마찰이 생기는 상황을 피하기 어렵다. 그러니 이토록 골치 아프고 힘든 대인관계를 피하려는 사람이 있는 것도 어찌 보면 당연하다. 사람들과 접촉하는 생각만 해도 불안해지는 사람들은 아들러의 사고에 비춰 말하면, 대인관계를 피하기 위해 불안을 만들어 내는 것이다. 이렇게 만들어진 불안은 '인생의 과제'로부터 도망치는 행위를 정당화한다. 불안하기 때문에 인생의 과제를 수행할 수 없다며 타인을 이해시키고 자신도 이에 수긍한다.

'불안하면 그 과제를 피하는 것밖에 방법이 없다.'라는 생각을 위해 '불안'이 필요한 것이다. 사람은 대인관계에서 괴로운 일을 경험했기 때문에 불안해지는 것이 아니라, 대인관계를 피하기 위해 불안을 만들어 낸다. 대인관계에서 생기는 어려움을 피하고 싶은 사람이 그 구실로써 불안을 내세우며, 대인관계의 어려움은 대인관계를 피하는 계기가 된다.

◈ 성과를 내지 못한다는 불안

여기서 말하는 '일'에는 '공부'도 포함된다. 일과 공부는 모두 결과가 나오고 이 결과에 대해 평가받게 된다. 정말 자신 있는 사람이 아니고서는 아마 대부분 아무리 노력해도 좋은 결과를 내지 못할 수 있다는 불안감을 가지고 있을 것이다. 실제로 애써 노력한다고 해서 반드시 좋은 결과가 나오는 건 아니다. 좋은 결과를 내지 못하면 더 노력하는 수밖에 없겠지만, 이때 우리의 불안은 단지 좋은 결과를 내지 못한 것에 대한 걱정 때문만은 아니다. 대개 좋지 않은 결과로 인해 낮은 평가를 받게 되면 자신의 가치까지 낮아진다고 생각하기 쉽다.

결과가 좋지 않을 때 원인을 확실히 짚어 보고 다음에는 좋은 결과를 낼 수 있도록 노력하는 사람은 불안해하지 않는다.

◆ 소문과 불안

소문은 불안정하고 불확실한 것이다. 더구나 소문의 당사자는 어떻게 할 수 없는 일이다. 우리는 이 불안정한 것, 불확실한 것에 둘러싸여 살아간다. 소문은 항상 우리에게서 멀리 떨어져 있다. 우리는 그 존재조차 알지 못하는 경우가 많다. 이렇게 멀리 있는 것이 우리와 이토록 밀접하게 관련돼 있다. 이 관계는 광범위한 우연의 집합이다. 인류의 존재는 상호 간에 눈으로 볼 수 없지만 선(線)으로 연결이 되어 있다.

소문은 본인이 모르는 곳에서 돌아다닌다. 본인에게 향해 있다면 그건 이미 소문이 아니다. 소문은 그 누구의 것도 아니며 소문 당사자 것도 아니다. 소문은 사회적이라고 하지만 엄밀히 말하면 사회의 것도 아니다. 이 실체 없는 존재를 아무도 믿지 않으면서도 누구나 믿고 있다.

소문은 모든 정념에서 나온다. 질투심, 시기심, 호기심 등에서 생산된다. 그러므로 생활에서 정도를 걸어갈 때는 불안으로부터 자유를 찾게 된다.

초로(草露) 마음의 철학

이 과정은 물방울을 통한 마음 치유 기법을 익히는 기회를 가진다.

초로 마음 철학과 아침 명상

필자는 초로 구슬처럼 살아가는 철학 정신을 간직하고 싶다. 그래서 오랫동안 설악산 한계령 응골 계곡에서 이른 아침을 맞이하고 있다. 설악산 아침 공기는 필자의 내면에서 잠자고 있던 잠재의식들을 잠에서 깨워 주는 기능을 한다. 연구원은 한 폭에 산수화 그림과 같이 아름답게 물들어 있다.

연구원 주변을 살펴본다. 산안개가 피어오르는 나뭇가지 사이로 흰 구슬이 영롱하게 빛을 발산하고 있다. 나는 나뭇잎에 맺힌 작은 물방울처럼 순수하고 청결하고 투명한 마음을 간직하고 싶다. 그러나 필자는 아직도 순수하고 투명한 구슬을 맞이하지 못했다. 왜 그랬을까? 아직 수양이 부족한 탓이라고 자책을 해본다.

마음이 순수하지 못해 물방울의 순수성과 영롱함을 알아채지 못했다. 설악산이 주는 기운의 주파수와 물방울을 담은 공기에 감사함을 잊고 있었다. 이 기회를 빌려 공기의 감사함을 새롭게 느끼고 마음공부를 새롭게 정진할 것을 다짐해 본다.

20세기 후반 미국을 대표하는 철학자 리처드 맥케이 로티는 토대론적인 철학이 잘못되었음을 지적하고, 마음이란 인간에 대해 유리 같은 본질의 이미지라고 표현했다. 필자는 로티의 말에 동의하며 토대론적인 철학은 과거 성인들의 공간 생활을 토대로 한 철학적인 이론으로서 현대 사회에 응용하기에는 모순이 있다고 본다. 또한, 현대 사회에 살고 있는 우리는 과거 시간에 담겨 있는 철학 이론을 유리처럼 투명하게 받아들이고 거울처럼 자신을 밝게 비추게 하는 기능으로 활용해야 할 것이다.

설악산 골(谷) 깊은 곳에서 마음을 헤아리고 헤아려도 헤아릴 수 없는 한계를 경험하게 된다. 마음을 헤아리는 결과물은 나는 지금 들숨 날숨을 실행하면서 공기에 기운을 느끼고 있다는 것을 깨닫게 되었다. 그래서 필자는 마음이라는 물질은 공기와 같은 물질이라고 정의를 내리고자 한다. 즉 마음은 공기와 같으며 마시는 공기의 질에 따라서 생각과 행동이 다른 표현으로 연출하게 된다는 의미이다.

인간에 마음은 바다와 같이 깊고 넓어서 그 수심을 측정할 수도, 그 넓이를 헤아릴 수도 없는 것 같다.

필자는 자연생활 경험에서 얻은 인생관과 신조를 바탕으로 마음 철학의 이론을 엮어 가고자 한다.

마음이라는 물질을 철학의 개념으로 접근시키는 탐구 과정에서 눈으로 볼 수도, 손으로 잡을 수도 없기 때문에 명확하게 정의를 내릴 수 없었으며, 분석에 난도가 매우 높다는 결과에 이르게 되었다.

마음을 형이상학으로 볼 때 대상 물질은 산의 봉우리와 연관성이 있어 보인다. 그 산의 봉우리는 '인간의 욕구란 무엇인가?'라는 질문에 답을 말하고 있으나 인간들은 그 소리를 듣지 못하고 있을 뿐이다.

자연이 알려주는 정답을 듣지 못하는 이유는, 높은 공간과 낮은 공간 사이에 진공이 형성되어 소리의 전달 작용을 못 하기 때문이다. 그 때문에 우리가 산의 봉우리를 바라보고 느끼는 현상들이 진짜인가, 가짜인가? 반대의 질문과 찬성의 질문을 연속으로 하게 된다.

마음을 형이하학으로 볼 때, 마음의 물질은 해저 계곡의 숲과 연관성이 있어 보인다. 평지의 형이상학의 개념과 계곡의 형이하학 개념으로 바라볼 때 해저 계곡에서는 평지의 형이상학이 말하는 정답을 듣지 못한다. 정답을 듣지 못하는 이유는 물속을 볼 수 없고, 음파의 수신 장치가 없기 때문에 볼 수도 들을 수도 없다. 그러므로 형이상학과 형이하학은 생각의 개념과 관점에 따라서 장단점이 존재하므로 각각의 기능과 역할이 다를 뿐이라고 생각한다.

예컨대 바닷속 해조류 세계는 그들만의 특별한 법규와 법칙으로 인문학과 사회학을 구성하며 삶을 영위한다. 그들만의 방식으로 살아가는 방법이 좋다, 나쁘다고 할 것이 없는 이유이다. 그 때문에 우리가 자연과학 속에 담겨 있는 현명한 지식을 구하고자 할 때는 맑은 물안경을 통해서 해저 생태를 분별하고, 음파 수신 장치를 통해서 해조류의 사회학이 들려주는 소리를 경청하며 질문을 던질 수 있는 철학 정신을 가져야 할 것이다.

고대 그리스 철학자 아낙시메네스는 생성의 원인인 '공기'가 실제적 대상으로 변화는 원리를 설명하는 데 있어 공기의 '희박성'과 '농후성'의 대립적 개념을 사용한다. 여기서 대립적 개념이란 생성과 소멸의 과정으로서 지속 가능한 연장선의 개념으로 훗날 후설의 현상학에서 등장하게 된다.

아낙시메네스는 공기의 농후에 따라 질적 차이가 양적 차이를 결정된다는 주장을 내세운다. 공기의 본질적 성질에서 가지고 있는 힘의 에너지는 팽창하면 농도가 희박해지는데, 희박은 뜨거운 온기를 불러들여 불이 되고, 수축하게 되면 바람을 만들어 세상을 흔들고, 수축이 지속되면 물, 땅, 암석의 형태로 변화된다고 주장한다.

만약에 현실에서 모든 욕망을 순조롭게 다 채우고 항상 편안하고 만족스러운 삶을 살았다면, 셰익스피어나 괴테는 시를 쓰지 않았을 것이다. 그리고 플라톤은 철학을 탐구하지 않았을 것이다.

우리가 만족을 얻으려 하는 것은 현실 속에서 절망과 고통을 맛본 뒤의 일이다. 쇼펜하우어는 우리가 고통을 느끼는 이유에 대해서, 의지의 무한함과 충족의 불안전성에서 나오는 괴리 때문이라고 설명한다. 흔히 "인간의 욕심은 끝이 없고, 같은 실수를 반복한다."라는 속담이 있을 정도로 욕망은 줄어들 생각을 하지 않는다. 오히려 더 좋은 것, 더 많은 것에 끌리는 것이 욕망이다. 이런 욕구는 우리가 생존에 유리한 본능에서 나왔다고 생각하면 된다.

인생은 모두 선택의 결과물이다. 어떤 공부를 할지, 어떤 일을 할지, 어떤 운동을 할지 모두 자신의 선택에 달려 있고, 그 결과물은 오로지 자신의 책임이다. 자신의 선택에 따라서 인생의 방향성과 삶의 질이 달라지기에 어떤 선택을 내리느냐는 모든 사람에게 있어 매우 중요한 과정이라고 할 수 있다. 이 과정에서 철학은 나침판 역할을 한다고 생각한다.

질문에 대한 인간의 욕구는 무엇인가? 이러한 질문은 생명체의 원초적 욕구이다. 지구상에 살아 있는 모든 생물은 욕구를 가지고 있다. 이러한 욕구는 다양하다. 대부분의 생명체는 생존에 대한 욕구를 시작으로 행복에 대한 욕구, 사랑에 대한 욕구, 소유에 대한 욕구 등 수많은 본능적 욕구를 가지고 있다.

휴선 아침 명상 12단계

녹색 향기 테르펜의 공기를 마시면서 마음공부의 과정으로 복식호흡 수련을 실행한다. 호흡은 산소가 물로 환원되는 현상이다. 산소 분자 1개가 포도당에서 양성자 2개와 전자 2개를 획득하여 물이 되는 과정이 호흡이며, 모든 생명체는 호흡을 통해 에너지를 얻는다. 산소 분자는 물 분자가 되어 몸집이 커지는 반면 포도당 분자는 분해되는 과정에서 이산화탄소를 방출한다. 또한, 미토콘드리아 호흡의 마지막 단계는 산소 분자가 물 분자로 환원되는 과정이다.

명상의 자세는 보편적으로 편안하고 자연스럽게 앉아서 실행하는 것을 기본으로 한다. 턱은 몸쪽으로 당기고 척추는 바르게 세워서 호흡 소통이 원활해지도록 하며, 양손은 손바닥이 양 무릎 위에서 하늘(위쪽)을 향한 상태로 손가락을 약간 벌려서 놓는다. 들숨은 코로 쉬고 날숨은 입을 통해서 행한다. 그리고 호흡을 실행할 때 단전 운동이 복식호흡의 기본이 된다.

(1) 기다림(호흡)을 관찰하는 명상

① 기(氣): 녹색 숲속에 놓인 테르펜의 향기를 생체의 호흡기(폐포)의 활동 기능을 통해서 내면의 감성 에너지와 교감하고 소통을 체험해 보는 방법이다.

② 다(茶): 식물 속에 담겨 있는 다섯 가지의 맛(味)을 음미하면서 생체 호르몬이 작용하는 다섯 가지의 감정들과 함께 마음으로 교감해 보는 과정이다. 그리고 숲의 공간 속에 놓인 약초 차의 기능들이 몸속으로 흡수되는 느낌에 관하여 감사하며 몸의 건강과 정신의 안정감을 물질 에너지를 통해 느껴 보는 방법이다.

③ 림(林): 지구의 광물질과 녹색 자원을 이용하여 기능성 주거 공간을 만들어서 삶의 질을 향상하기 위한 잠자리, 목욕 등을 쾌적하게 즐길 수 있도록 현대적인 감각으로 공간을 창작하는 시스템이다. 림의 공간에서는 잠자리 명상, 세심(洗心) 명상, 목욕 명상 등을 체험해 보는 방법이다.

(2) 코끝에 의식을 집중하는 명상 (눈, 眼)

의식의 주체는 눈을 감고 초점을 맞추어 바라보는 제3의 눈(의식의 눈)이고, 온몸과 그에 포함된 공간이 의식의 대상이 된다. 코끝에 의식을 집중하는 과정은 꿈과 희망을 한곳에 모아서 소원을 빌어 보는 기회적인 수련이 된다.

(3) 깨달아 살피는 나무 명상 (발아, 發芽)

생각이 일어남을 단지 알아채는 것을 말한다. 산과 들에서 잡초가 발아를 통해 땅속에서 새싹이 치고 올라올 때의 과정이라고 생각하면 이해가 쉽게 될 것이다.

(4) 쉬고 쉬는 명상 (목화솜)

어떠한 선도 악도 생각하지 않으며, 마음이 일어나거든 곧 쉬고, 인연을 만나도 쉬는 것을 말한다. 또 생활 속에서 좋고 나쁜 일을 가리지 않고 자연에 순응하며, 어떤 일을 하면서 욕심이 일어날 때 마음을 비우고자 하는 자세를 취하며, 운명적인 인연을 만나도 자연에 순리를 따르며 서두르지 않고 여유를 가진다. 냇가에서 흐르는 물이 쉬고 쉬며 하염없이 흘러가듯이 인내와 유연성이 담겨 있는 명상 기법이다.

(5) 마음을 없애고 대상을 두는 명상 (야생화)

생각을 쉬어 바깥 경계를 돌아보지 않고, 다만 스스로 마음을 쉬는 것이다. 이것을 일컬어 '사람은 빼앗고 경계는 빼앗지 않는다.'라고 한다. 아직 결혼하지 않은 청춘 남녀 한 쌍이 있었다. 그들은 정신적으로 열렬하게 사랑을 하는 연인 관계인데도 불구하고 육체적인 성관계는 없었다. 그러던 어느 날 여성이 먼저 남성에게 성관계를 요구했다. 그러나 남성은 정중하게 안아 주면서 거절했다.

"그래 나를 향한 너의 마음은 너무도 고맙구나. 네 마음을 빼앗은 것으로 할게. 그러나 아직은 우리 사이에 놓인 경계를 빼앗고 싶지는 않구나. 이 순간 나는 너를 사랑하며 아름다운 추억으로 간직하고 싶다."

(6) 경계를 없애고 마음을 두는 명상 (거울 속의 달빛)

안과 밖의 모든 대상을 모두 비워 고요하게 관찰하되, 다만 관찰하는 한 마음만 두어 외로이 드러나 홀로 서는 것을 말한다. 호수 속에 떠 있는 달을 바라보고 있노라면 마음이 편안하고 고요해지는 것을 느끼게 된다. 물결은 바람과 함께 달빛을 타고 흘러가고 있는데 호수 속에 떠 있는 달은 홀로 외롭게 자리를 지키고 있다.

(7) 마음도 없애고 경계도 없애는 명상 (폭포의 소리)

첫 번째 바깥 경계를 비우고, 두 번째로 안에 있는 마음을 없애는 것이다. 깊은 산속으로 가면 크고 작은 폭포를 만나게 된다. 폭포는 흐르는 물의 양과 낙차의 환경에 따라서 규모가 크거나 작은 관계로 형성되며 다면적인 작용을 발생시키는데, 그중에서도 분자 생성 작용을 통한 소리 작용이 생체 리듬에 도움을 주는 기능을 하고 있다. 폭포의 소리는 바깥 경계를 비우게 해주고 물 분자들은 마음의 경계를 비우게 해준다.

(8) 마음도 두고 경계도 두는 명상 (비, 바람의 관계)

마음은 마음자리에 머물고, 경계는 경계 자리로 머물러, 때로 마음과 경계가 서로서로 맞서더라도 마음이 경계를 취하지 않고 경계는 마음에 이르지 않아 저마다 서로 부딪치지 않으면 저절로 망념이 생기지 않아 장애가 없는 것을 말한다. 생활 속에서 상호 간에 이념 관계 때문에 스스로 감정적인 상처를 받거나 편을 가르는 일은 없어야 한다. 우리가 살고 있는 공간 속에는 비와 바람이 존재하며 각각의 경계에 머물며 기능을 수행하고 있다. 공동체의 삶에서 때로는 비와 바람이 함께 몰아치는 현상을 종종 볼 수 있는데, 이때 비와 바람이 서로 맞서더라도 상호 간에 경계를 취하지 않고 동행을 하는 모습들이 아름다운 삶이라고 말할 수 있을 것이다. 자연인이 바라볼 때 수련자는 비[雨]는 비요, 바람[風]은 바람이라는 관계의 정서를 스스로 깨닫게 된다.

(9) 마음과 경계를 온전히 본체로 삼는 명상 (아침 명상)

안과 밖 모든 것이 하나의 본체로, 고요히 비고 밝아 털끝만큼도 다름이 없이 보는 것을 말한다. 시골에는 이슬과 서리를 자주 접하며 관찰할 수 있는 기회가 많아서 필자는 항상 행복하게 생각하고 있다.

이슬은 지구 표면에 놓여 있는 에너지들이 하나의 작은 본체로 형성된다. 풀잎 또는 나뭇잎에 맺혀 있는 이슬들은 밝고 맑아 영롱한 구슬 같은 모습을 하고 있다. 부부가 상호 간에 공존하고자 할 때는 마음을 영롱한 구슬처럼 만들어야 비로소 하나의 본체라고 할 것이다.

(10) 마음과 경계를 온전히 작용으로 삼는 명상 (공기방울)

안과 밖을 온전히 작용으로 삼는 것, 참이 담겨 있는 마음을 미묘한 작용이라고 보는 것, 인생 65세를 맞이하게 되면 삶이 공허하다는 것을 느끼게 된다. 즉 말해서 삶이란 안과 밖이 온전히 하나로 작용한다는 것을 깨닫게 된다는 의미이다. 인공적으로 만들어진 비누 성분의 공기방울과 비 오는 날 솔잎 끝에서 자연스럽게 만들어진 물방울의 공간을 들여다보면 비움과 채움에 관한 논리를 전개해 준다. 공간적인 구조는 서로 다르다고 볼 수 있으나 물질적인 구조는 하나의 결합체로 작용을 하고 있는 것을 관찰할 수 있다. 그러므로 마음은 곧 공기방울과 같은 작용으로 생체에서 활동한다는 것이다.

(11) 본체가 곧 작용이라는 명상 (벌집)

본체가 가만히 합하여 하나로 비어 고요하나, 그 가운데 안으로는 큰 밝음이 숨어 있으니, 이것이 본체가 곧 작용인 것을 말한다. 인간의 생활은 사회 구성체 합류 속에 개성적인 그릇을 소유하고 있으며, 빈 그릇을 채우려고 하루하루를 열심히 살아가고 있다.

산속에서 축구공 2개 정도 크기의 말벌 집을 발견하게 된다. 그 외관 모습이 꼭 작은 항아리를 닮은 것 같다. 항아리 벌집 구성체는 가만히 합하여 고요하나, 안으로는 벌들이 열심히 활동을 하고 있으니 항아리 벌집의 본체가 곧 작용을 실행하고 있는 것이라고 생각한다.

(12) 본체와 작용을 벗어나는 명상 (공기의 맛)

안과 밖을 나누지 않고 사방팔방을 나누지 않는다. 다만 본체와 작용을 둘로 나누지 않고 하나로 본다. 인간은 공기가 없는 곳에서는 살 수가 없으며 누구나 자유롭게 마실 수 있는 권리가 있다. 공기는 물과 같아서 칼로 자를 수도 손으로 잡을 수도 없다. 그러므로 자신을 중심으로 해서 안과 밖을 나누지 않고 사방팔방을 나누지 않으며 본체와 작용은 하나라고 본다.

(지면상 명상 행법을 상세하게 나열하지 못한 점 사과드리며, 필자의 저서《자연이 주는 행복》에서 행법을 참고하시기 바랍니다.)

제4장

▼

나무[木: tree]
〈균형이 주는 공정과 상식〉

이 과정은 사랑과 배려의 의미를 깨닫고
실천하는 기회를 가진다.

이 단원은, 나무는 사랑에 비유될 수 있다. 나무는 마음의 쓰임과 사랑의 기법을 가르쳐 주는 스승이다. 나무의 마음은 본성에 의한 행위로 조건 없이 내어 준다. 나무는 삶의 방식으로 정도, 균형, 교류를 통해 공정과 상식에 관한 개념을 이해하게 한다.

사랑의 기법으로 7미덕: 애덕(愛德), 12성품: 사랑과 겸손의 정신을 담고, 자기 내면과 외면의 모습을 품격 있게 만들어 가는 과정으로 무위자연의 선울림(線蔚琳), 담체(潭体)에 체험 기법을 활용하고자 한다.

🍃 **나무는 땅을 소유하지 않는다.**
그러므로 땅은 나무의 공유와 배려의 의미를 깨닫게 한다.

나무의 삶

🌱 나무란?

나무는 섬유의 다발이다. 물을 빨아들이는 빨대 같은 섬유의 집합체이다. 나무 한 그루에 담긴 자연의 아름다움, 생명력, 편안함과 휴식을 주는 그러한 자연과 한 몸에 그 모든 것을 품고 있는 나무 기능 그 자체다.

◈ 나무의 형태

① 교목(喬木): 소나무, 상수리나무, 전나무처럼 한 개의 줄기가 높게 자라는 형태

② 관목(灌木): 무궁화, 회양목, 진달래, 개나리처럼 땅 표면 부근으로부터 줄기가 여러 갈래로 갈라지는 형태

③ 만목(蔓木): 등나무, 칡덩굴, 머루, 다래, 담쟁이, 덩굴처럼 줄기가 덩굴로 되어 있는 형태

◈ 나무의 삶

① 나무의 생각

나무는 이 순간 어떤 생각을 하고 있을까?

나무 형태의 모형은 생각하는 로댕의 모습을 연상하게 한다.

나무는 오늘과 미래 설계를 위해 생각을 열심히 하고 있다.

나무도 행복의 가치를 생각하며 나뭇잎 색상으로 표현한다.

② 나무의 삶

사람들은 숨을 쉰다. 그러므로 나무도 숨을 쉰다.

사람들은 밥을 먹는다. 그러므로 나무도 밥을 먹는다.

사람들은 생각을 한다. 그러므로 나무도 생각을 한다.

사람들은 감정을 표현한다. 그러므로 나무도 감정을 표현한다.

사람들은 말을 한다. 그러므로 나무는 잎으로 말을 한다.

사람들은 미래를 예측하지 못한다. 나무는 미래 시간을 예측한다.

우리가 바라볼 때 나무는 늘 그 자리에 그러한 모습으로 서서 있는 듯 보인다. 나무는 그 자리에 맹목적으로 서서 있는 듯 보이나 내부적으로 생존을 위한 생리 활동을 꾸준하게 실행하고 있다. 나무는 언제나 그 자리에서 항상성을 유지하며 4계절 변함없이 자신의 품위를 유지하려고 노력한다. 사람들은 나무를 통해서 배워야 할 부분이 많다. 그렇다면 우리가 나무를 보면서 본받아야 할 부분이 있다면 무엇일까? 아마도 정도, 균형, 교류 등에 담겨 있는 이론과 기능일 것이다.

나무가 사람들처럼 소유욕이 강하다면 열매를 땅에 떨어뜨리지 아니하고 썩을 때까지 꼭꼭 붙들고 있을 것이다. 그렇게 되면 어떤 현상들이 발생될까? 봄이 돌아오면 새로운 새싹이 없을 것이다. 나무는 존재하기 위해서 생리적 순환과 상호 이익(Win-Win)의 관계 속에 살아간다는 것을 잘 알고 있다. 물이 목을 축여 주고, 흙이 밥을 먹여 주고, 따뜻하게 잠도 재워 주고, 공기와 햇볕이 준 따뜻한 사랑의 힘으로 열매를 맺었다는 것을 잊지 않는다. 그래서 나무는 자연이 맺어준 열매를 서슴없이 자연으로 되돌려 준다. 나무는 홀로 살아가는 식물에 불과하지만, 아름다운 삶을 살아가기 위해서 상호 간에 도움을 주고받는 공생의 이치를 잘 깨닫고 있다.

나무는 일과 휴식의 관계를 정확하게 구분하며 생리적으로 조화를 잘 이루는 것 같다. 일할 때는 열심히 일하고 쉴 때는 편안하게 수양하는 모습이 행복하게 보인다. 봄에는 옷을 녹색으로 갈아입고 햇빛을 통해서 나뭇잎과 뿌리가 협동하여 젊음을 싱싱하게 유지하려는 과정은 열정이 샘솟는다. 늦은 가을이 되면 일을 멈추고 외출 복장으로 울긋불긋 단장하며 자유를 만끽하면서 1주년 계절에 거둔 성과를 모두 자연으로 돌려보낼 준비를 한다. 겨울 문턱에 들어서면 입었던 옷들을 모두 벗어 던지고 알몸으로 냉철하게 자신을 반성하는 과정으로 몰입하게 된다.

이어서 과거와 현재를 돌아보고 다가오는 봄을 준비하는 과정에서 자숙과 동시에 풍성한 발전을 위해 설계의 시간을 가진다.

✳ 정도(止道) 벌집(honeycomb) 기법

지족불욕(知足 不辱) 지지불태(知止 不殆): 만족할 줄 알면 욕됨을 면하게 되고, 그칠 줄 알면 위험하지 않게 된다.

왜 사람들은 나무를 좋아할까?

나무는 사람들에게 녹색으로 안정감을 주고, 신선한 산소를 주고, 영양가 많은 과일도 주고, 몸에 좋은 약이 되어 주고, 여름날 그늘을 만들어 주고, 가을철 붉은색으로 기쁨과 감동을 주는 등 유익한 기능을 많이 선물한다.

그러면 나무는 어떤 모습이 좋을까?

나무는 항상 만족을 표현하듯이 풍성하며 여유가 있어 보인다. 나무는 누구에게나 바람(도움)으로 손을 내밀지 않는다. 아기처럼 울거나 배고프다고 칭얼대지도 않는다. 그러므로 나무는 사람에게 도움을 청하거나 귀찮게 하지 않음으로 사람들이 싫어할 이유가 없어 보인다. 또한, 나무는 과식을 하지 않는다. 하루에 물을 많이 주어도 전부 흡수하지 않는다. 계절별 하루에 정량 이상 욕심을 부리지 않아서 배탈이 생기지 않는다. 그리고 이웃과 나누며 배려하는 정신이 담겨 있다.

나무에서 정도(正道)의 기능이란 무엇을 말할까?

나무는 정량을 담고, 정량을 소비하는 지혜를 담고 있다. 태양 에너지와 수분을 정량으로 받아서 성장을 위한 에너지로 정량을 소비한다. 즉 일용할 양식에 욕심을 갖지 않으며 하루 소모할 정도의 양을 준비하고 나무 전체에 영양소를 공급하며 하루하루를 반복하면서 살아간다.

자연 공간에서 무언으로 살아가는 나무와 벌의 생활 기법은 참으로 경이로움을 느끼게 한다. 무언으로 정도의 기능을 계량화한다는 것은 첨단과학 기법이 담겨 있다는 것을 보여 주는 듯하다. 인간으로서 사람의 도리를 찾으려면 나무와 벌을 통해서 그 기능을 학습할 필요가 있다고 생각한다.

🌲 균형(均衡) 나무(Tree cross H) 기법

나무는 그 자리에 그런 모습으로 서서 있다. 나무의 모습은 균형적인 감각으로 매우 안정적인 자세를 취하고 있다. 나무는 성장 기능을 위해 독특한 과학적인 생리 기법을 담고 있는데, 생리 활성 기법으로 트리 크로스 에이치(Tree cross H) 기법은 상하좌우 순환 작용을 시켜 주는 기능으로 나무에서만 볼 수 있는 특성이라고 생각한다.

트리 크로스 에이치 기법은 필자가 30년 동안 산속에서 나무의 성장 과정과 생리 과정을 관찰하면서 창안한 명상의 이론이다.

'뿌리 깊이×뿌리 넓이 & 가지 높이×가지 넓이'와의 관계에서 생리 활성을 위한 중력적인 대칭의 힘을 말한다. 트리 크로스 에이치 기법은 나무의 종류와 크기에 따라서 균형의 기점과 균형의 방향성 그리고 활동성이 달라질 수 있다.

◆ 균형적인 생리 작용

일상에서 우리는 밸런스에 관하여 얼마나 많은 관심을 가지고 있으며 자신의 생활 속에서 밸런스의 기능을 얼마나 활용하고 있는가? 사람과 나무를 놓고 양자를 바라볼 때 균형 감각은 어느 쪽이 정확도가 높다고 평가할 수 있을까? 균형의 지혜를 스승으로 본받아도 될 만한 식물 중의 하나로 나무를 추천하며, 나무가 담고 있는 기능의 특성이라고 말하고 싶다. 우리는 특정한 나무가 잘 자라는 것을 보면서 '잘 자랐네' 또는 '재목감이 좋다'라고 표현한다.

나무의 생리 과정을 통하여 균형이라는 공학을 탐구해 본다. 나무는 온종일 서 있다. 머리 부분이 매우 무거워 보인다. 그러나 잘도 서 있다. 때로는 눈과 비와 바람은 나무에 시련을 안겨 준다. 거친 눈보라 속에서도 나무는 중심을 유지한 채 자기 임무를 수행한다. 나뭇가지를 자세하게 들여다보면 나뭇잎들은 대칭을 이루고 있다. 또한, 나무 몸체는 다이아몬드 6각형의 형태로 교량의 교각 역할과 같다고 생각한다. 여기서 대칭이라는 의미는, 성장을 위한 에너지원을 고르게 안배한다는 기능을 뜻한다. 그리고 교각의 의미는, 교량(다리)에 상판을 받쳐 주듯이 나무 전체의 무게를 받쳐 주는 기능을 뜻한다. 나무는 나뭇가지 속에 가지고 있는 힘 대비 나뭇잎의 개수가 정해지고, 그 가지에서 에너지를 공급받으며 성장하는 듯하다.

◆ 균형적인 유연성

나무는 자연환경으로부터 자유롭고 바람으로부터 유연성이 넘쳐난다. 자연 속에 있는 나무는 생존 환경에 대처하는 방법으로 유연성이라는 공학을 활용한다. 그리하여 자연환경으로부터 다가오는 태양, 바람, 눈, 비, 추위와 더위 등의 환경 변화를 유연성 있게 잘 소화하고 있다.

사람들은 사회 환경 속에서 유연성이라는 부분을 어떤 방법으로 흡수하며 대처하고자 할까? 아마도 대다수 사람은 특별한 대책도 방법도 없어 보인다. 그 때문에 스트레스라는 물질들이 몸속에 차곡차곡 쌓여 가는 듯 보인다.

현대 사회의 물질문명이라는 구조적인 형태에서는 피할 수 없으므로 도시에는 마음속에 담겨 있는 유연성을 빼앗아 가는 하마 같은 기능이 존재하는 듯하다. 이럴 땐 우리는 자연을 통해 유연성을 회복하는 방법을 익혀서 스트레스로부터 자유를 찾는 기회를 얻었으면 하는 바람이다. 또한, 녹색 속에 담겨 있는 세로토닌이라는 물질은 긍정성, 행복감, 차분함 등의 작용으로 스트레스를 흡수하는 데 도움을 준다.

나무라는 생명체가 가르쳐 주는 균형에 관한 단순한 이론은 좌우 대칭을 이루는 무게 중심에 의한 손저울 방식이 아닌 상하좌우 대칭을 이루는 원 순환 중심에 의한 유연성이 담겨 있는 저울 방식으로 숨을 쉬고 있다는 것이다.

교류(交流) 초로(waterdrop rolling) 기법

산속 이른 아침 나뭇가지 잎사귀에 이슬방울이 맺힌다. 그 이슬방울이 모여서 물방울이 되고, 그 물방울은 굴러서 한줄기의 물이 된다. 나무는 애덕(愛德)을 담은 사랑과 겸손한 방법으로 이웃과 교류를 실행한다.

인간들이 존재하는 세계에서는 누구나 자신만의 개성을 간직하고 있으며 특성 있는 삶의 궤도를 걸어가고 있다. 다른 사람들과 비교하지 않고 오로지 스스로 선택한 삶의 궤도를 성실하게 지키면서 살아가는 가운데 교류라는 흐름을 읽을 수 있는 깨달음을 얻게 된다. 교류란 소통이라는 단어와 맥을 같이한다. 인간관계 영역을 넓혀가는 초석이 되기도 하며, 화두를 위한 매개체가 되기도 한다.

삶에서 교류 방식은 폭이 매우 넓다. 그중 일면을 들여다보면, 자연 속에서 나무들이 행(行)하는 생태 교류와 일상에서 사람들이 행(行)하는 생활 교류가 있다. 나무들의 교류 기법의 하나는 공기 중에 있는 탄소를 마시고 산소를 발생시켜 사람들에게 신선한 호흡 기능을 제공한다. 반면 사람들의 교류 기법은 상호 간에 이익을 추구하는 과정에서 물질 교환이라는 상(商)행위가 과반수를 차지한다.

나무들의 세계에는 생명 유지를 위해 선순환 과정을 항상성으로 실행하고 있다. 그 내용을 들여다보면 하늘에 있는 빛과 땅속에 있는 물 사이에서 상하 작용의 교류가 활발하게 이루어지고 있다는 것이다.

나무에 색다른 기능이 있다면 상호 간에는 권익과 아집이 없고, 한 생명체의 집단을 만들기 위해서는 세포 간에 상호 유기체 확립이 필수라는 것을 보여 주는 부분이다. 그리고 사람들이 신선한 숨을 쉬기 위한 교류의 법칙 속에는 순수성이 담겨 있어야 한다는 의미이다.

설악산 600년생 소나무에 길을 묻다

설악산 국립공원 입구 노루목의 길옆 삼각지에 600년생 소나무 한 그루가 있다. 그리고 설악산 한계령 응골 연구원 뒷산 바위벽에는 1,000년이 넘어 보이는 소나무 1그루와 500년이 넘어 보이는 소나무 1그루가 있다. 또한, 연구원 정원에는 80년이 넘어 보이는 소나무가 3그루가 있다.

600년생 소나무는 필자에게 말한다. 늘 푸른 소나무처럼 '주관을 뚜렷하게 가지라'고. 필자는 600년생 소나무를 인생 고문으로 모시고 싶다. 과거에서 현재에 이르기까지 수많은 고난과 역경을 이겨내고 현재 이 자리에 건강하고 씩씩하게 서 있는 모습은 참으로 경이롭다.

지금까지 건강하게 살아왔듯이 앞으로도 몇백 년을 건강하게 살아갈 것이다. 그러므로 필자는 소나무에 미래의 시간을 헤아리는 기법을 배우고자 한다. 앞으로 한 가지 질문을 통해서 한 가지를 깨닫고 행동하는 순서로 삶에 접목하고자 한다.

소나무는 소띠처럼 우람한 모습으로 천년을 슬기롭게 살아간다. 소나무는 그렇게 1,000년을 사는 동안 수많은 풍파와 시련을 겪는 과정에서도 주관을 뚜렷하게 유지하는 듯 보인다.

소나무는 잣나무가 될 수 없다. 즉 나뭇잎이 유사하게 닮았다고 해서 나무의 수종이 구분 안 되는 것이 아니다. 다만 소나무와 잣나무는 각각의 주관을 뚜렷하게 지키며 자라고 있을 뿐이다. 우리는 살아가면서 다른 사람의 말에 이리저리 휘둘리거나 고민에 빠지는 경우가 많다. 그러나 노자의 관점에서 말하자면 전혀 그럴 필요가 없다.

"사람들은 무지하여 나를 이해하지 못하는 것이다. 그리하여 나를 아는 사람이 드물고 나를 따르는 사람이 귀할 뿐이다."

사람들은 저마다 생활 방식이 다르다. 남들이 자신을 이해하지 못한다고 해서 안타까워할 필요는 없다. 훌륭한 사람은 자신의 감정을 아무에게나 드러내지 않고, 자신과 상관없는 타인의 삶에도 훈수를 두지 않는다. 다만 챙겨야 할 주변 사람에게 마음을 터놓고 솔직하게 이야기할 뿐이다. 남들이 떠드는 쓸데없는 험담을 듣게 되더라도 여기저기 옮기지 않고 괜히 안절부절못하지 않는다.

우리의 생활은 스스로 마음가짐과 감정에 따른다. 마음이 편하고 좋으면 생활 역시 아름답고 풍성하게 느껴진다. 소나무처럼 우직하게 일하고, 자기 주관을 바로 세우고 타인을 배려하며 사랑이 넘치는 기질을 배워야 할 것이다.

🌳 거목은 삶의 과정을 지혜롭게 관조한다.

① 거목은 작은 나무에 성장 시간을 재촉하지 않는다.

② 거목은 작은 나무에 말을 경청하고 품어 준다.

③ 거목은 미래 시간과 생활 과학의 지혜를 알려 준다.

④ 거목은 나이는 수평으로 익어 가는 것이라고 말을 한다.

⑤ 거목은 검소하고 절제된 생활 모습을 보여 준다.

⑥ 거목은 나라고 하지 않으며, 남 탓을 하지 않는다.

명상 나무의 인생 공부

하늘 내린 인제 설악산 한계령 자락 웅골 계곡에는 명상 나무 한 그루가 자라고 있다. 명상 자작나무 나이테를 들여다보니 67개 원형의 모습을 하고 있다. 나는 그동안 무엇을 위해 살아왔고, 무엇을 얼마나 쌓았을까? 그리고 앞으로 어떻게 살아가야 할까?

미래의 시간과 방향 설정을 위한 기능을 찾고자 나무를 스승으로 모시고 공간 시간의 지식과 업무 방향의 지혜를 탐구하고자 한다. 자연 속의 나무는 자유롭게 자라며 권리와 의무를 준수하며 조화를 이루기 때문에 행복하게 보인다. 반대로 인간은 자유로운 생활을 하면서 권리를 주장하는 반면에 의무는 소홀하기 때문에 생활에 불균형을 이루는 초기화가 된다. 또한, 욕심은 가득 채우고 양심은 음지에 버리는 이중적인 행위들을 종종 목격하게 되어 아쉬움을 남게 한다. 그러므로 우리는 나무 선생님의 능력을 빌려 욕심과 양심을 조화롭게 활용하는 기법을 학습해야 할 것이다.

◆ **명상(明祥)**

미세한 것으로부터 사물에 도리를 알아차리고, 조화로움과 생명에 유익한 행위를 실행하는 것을 의미한다.

- 명(眀)은 의무로서 양심을 표현하며, 사회생활을 할 때 이웃을 배려하고 대인관계에서 사소한 일을 살펴주며, 그 사람에 인격과 가치를 존중해 주는 습관을 가진다.
- 상(祥)은 권리로서 욕심을 표현하며, 과욕은 건강을 해치고 모든 것을 잃게 된다. 그 때문에 사회생활을 할 때 이웃과 나눔을 실천하고, 밝은 미소를 짓고, 녹색 천사가 되어 생명에 유익한 일을 찾아 헌신하는 자세를 갖추어야 한다.

나무가 담고 있는 기능을 통해 인생 공부를 해보려고 한다.

인생 공부란? 일반인의 보편적인 삶은 내 안에서 잠자고 있는 잠재력을 발굴하여 적성을 찾고 좋아하는 일을 하면서 하루를 살아간다. 반면에 혹자는 자기 일을 찾지 못하고 꼬여 있는 실타래를 풀어가는 데 시간을 소비하게 된다. 적성을 찾는 자(者)와 적성을 못 찾는 자(者) 사이에는 어떤 문제가 있을까?

그 원인을 찾는 과정으로 인생 공부가 필요한 이유이다. 과거 시간의 반성 공부를 통해 미래 시간의 행복한 삶의 방법을 찾는 나무 공부를 하려고 한다. (명상 나무 인생 공부는 '변증법'으로 직유, 은유, 유추의 기법을 활용하여 기술한다.)

자연과학에 의한 명상 나무 인생 공부는,

① 나무의 생활과 인간의 생활이 동일하다는 것을 깨닫게 된다.

② 나무는 생활에 필요한 지식과 지혜를 가르쳐 준다.

③ 나무는 자연과학의 선생이며 학술을 습득하는 기법을 제공한다.

④ 나무의 생존 기능을 통해 생활 활동 기법을 훈련한다.

⑤ 나무의 기능을 통해 욕심의 집착에서 벗어나 양심의 도덕성으로 전환하는 기능을 담는다.

⑥ 나무는 일과 여가를 즐겁게 실행하는 방법을 알려 준다.

✿ 나무의 뿌리: 내 안에 잠재된 능력

뿌리의 기능은 호흡, 흡수, 생장 등이 있으며, 생리 기능은 호흡과 흡수의 가장 중요한 기능이다. 이들 기능이 정상적으로 이루어지기 위해서는 토양의 공기, 수분, 온도가 중요하다. 수목에서 양분이 되는 물과 무기 양분의 흡수는 뿌리 중에서 가느다란 세근의 뿌리털(근모)에서 이루어진다. 뿌리털의 수명은 1주일~1개월이기 때문에, 뿌리가 건강해야 지속해서 뿌리털을 발생시키고, 나무의 건강을 유지할 수 있다.

나무는 뿌리에서 에너지를 발생시키고 공급한다. 인간도 내면에 잠재된 에너지 활동을 통해서 생활 활력소 역할을 한다. 그러므로 자아 내면에 잠재된 재능과 적성을 발굴하는 노력을 해야 한다.

◆ 뿌리가 주는 권리와 욕심

① 나무뿌리는 세근(뿌리털)에서 영양소 흡수가 시작된다. 작은 일에 관심을 두고 즐거운 마음으로 길을 걸어간다.

② 나무뿌리는 공동체 생활을 하며 상호 간 소통을 잘한다. 사람

은 공생, 공존 법칙을 준수하고 소통과 나눔을 실행한다.

③ 나무뿌리는 음지에서 나무를 위해 헌신과 희생을 한다. 음지에서 헌신하는 정신이 참살이 자세라 할 것이다.

④ 나무는 뿌리털이 많이 모여서 에너지를 축적한다. 즉 작은 것이 큰 것이 된다. 작은 일이라도 집중하면 성공의 길이 열리게 된다. 처음부터 전문가 또는 대가는 없다.

⑤ 나무뿌리는 편식과 과식을 하지 않는다. 일과 재물에 욕심을 조절한다.

⑥ 나무뿌리는 오염된 환경을 재생하는 기능을 한다. 스스로 몸과 마음을 정화하는 치유의 습관을 기른다.

🌳 나무의 시간: 미래의 시간을 끌고 간다.

나무는 미래의 시간을 예측하고 대비하며 행동하는 삶을 살아간다. 그러므로 나무는 시간에 끌려가는 것이 아니라 미래 시간을 끌고 간다는 법칙이 존재한다. 인간은 미래 시간을 예측할 수 없다. 그렇다면 우리는 나무처럼 자연 기법에 의한 시간 관리 기법을 배워야 할 것이다.

시간 관리의 정의란? 표준 시간을 기준으로 생산 활동을 조직적으로 관리하기 위한 방법으로 어떤 작업을 하는 데 있어서 어느 정도의 시간이 소요되는가를 측정-분석-기록하여 동작 연구를 실행하는 형식을 말한다.

사람이 미래 시간을 예측하는 사례로, 농촌과 산촌에서 발생하는 일이다.

소나기 또는 비가 오기 전에 바람이 불 때 활엽수 잎의 뒷면이 보이면 비가 내리는 신호로 예측하고 농부는 비[雨]설거지를 준비한다. 가을철 계곡에 아침 안개가 짙게 발생하면 그날 하루도 단풍잎 색깔이 물들어 가는 시간을 예측한다.

나무가 미래 시간을 예측하고 다음 순서, 즉 과정을 준비하듯 인간도 미래 시간을 감성으로 예측하고 현재에서 미래를 향하는 과정을 준비해야 한다. 나이테(연륜)는 예측 기능을 주고, 경력은 과정을 준비하는 기반이 되어 준다.

◈ 나무 시간이 주는 권리와 의무

① 나무는 자기 시간의 권리를 찾고, 시간 활용의 의무를 갖는다. 나무도 생활 속에 24시간의 일정표가 존재한다. 나무는 일정표대로 권리를 찾으며 시간별 주어진 기능 활동에 최선을 다하는 의무감을 갖는다.

② 나무는 일과 시간에 열심히 일하는 의무와 휴식할 권리를 갖는다. 봄철 산과 들에서 나무 생태의 일과 시간을 관찰해 보면 활엽수의 잎과 색이 빠르게 변화하는 시간을 볼 수 있다. 마치 일벌들이 떼를 지어 활동하는 모습을 보는 듯하다. 그리고 밤에는 편안하게 휴식을 취하고 잠을 자기도 한다.

③ 나무는 에너지 생산 시간을 의무와 책임으로 실행한다. 나무의 일과 시간은 세포 조직과 협동하여 각자의 위치에서 열심히 책임을 실행한다.

④ 나무의 시간은 탄소를 마시고 산소를 배출하는 의무와 권리를 갖는다. 산림의 향 피톤치드의 방출은 하루 24시간 시간별 다르게 방출한다. 또한, 탄소동화작용도 시간에 따라서 활동 범위를 달리한다.

⑤ 나무는 다른 나무의 시간을 빼앗거나 시간 활용을 강요하지 않는다. 숲속 나무뿌리는 서로 엉켜 있다. 같은 시간 서로 도움을 주기도 하지만 일방적으로 상대의 시간을 빼앗지 않는다. 그리고 독식을 위해 무조건 도움을 청하지도 않는다.

⑥ 나무는 하루 24시간 시간별 기능 활동을 철저하게 관리한다. 땅에서 개미들이 열심히 일하는 모습, 하늘에서 벌들이 열심히 일하는 모습처럼 나무의 심장도 열심히 작동하고 있다. 또한, 나무도 병이 나고 아프면 아프다고 표현한다. 나무는 상처를 자가 치료한다. 필자는 동물들에 의해 상처를 입은 나무를 종종 목격한다. 필자가 치료해 줄 수 있는 기능의 폭은 좁다. 그러나 시간이 흘러가면서 자연 치유 과정을 보고 있노라면 참으로 대단한 능력이라고 감탄할 때가 많다.

🌲 나무의 양분: 채움과 비움과 나눔

나무는 양분 생산을 위해 스스로 환경을 조성하고 에너지를 발산시키며, 산소를 이용한 호흡을 해야 생존이 가능하다. 이때 토양 내 공기, 수분, 온도의 영향을 받게 된다. 토양은 대기에 비해 산소 농도가 낮다. 따라서 토양 공기가 지상부의 공기와 원활하게 순환될 수 있도록 입자가 큰 토양으로 개량해 주어야 한다.

사회생활에서 양분이란? 섭취를 하는 자에 따라서 약이 되기도 하고, 독이 되기도 한다. 즉 젖소가 선한 마음으로 풀을 먹으면 우유를 생산하고, 악한 마음으로 물을 마시면 독이 든 물을 마시는 것과 같다.

그러므로 나 혼자 잘 살겠다고 하거나 독식하겠다고 욕심을 부리지 말라! 욕심은 욕심일 뿐, 양분을 정상적으로 흡수하지 못한다. 곧 욕심이 화를 부르고 죄를 남기는 원흉이 되기도 한다.

◆ 양분이 주는 권리와 욕심

① 나무는 양분을 과잉 섭취하지 않고 1일 정량 정식을 실행한다. 사람은 권리를 찾고자 과잉 섭취를 하면 몸에 병이 생긴다.
② 나무는 양분에 욕심을 줄이고 이웃과 나눔을 실행한다. 사람은 능력의 권리로 독식하면 욕심이 화(火)를 부르고 재(灰)를 남긴다.
③ 나무는 다른 나무 상처 치유에 자신의 양분을 제공한다. 제공 방법은 기체(피톤치드)와 뿌리 토양 정화를 통한다.

🌳 나무의 성장: 공생, 공존 법칙 준수

나무는 성장할 때 서두르지 않고 시간을 기다리며 순리와 조화를 철학으로 하루 24시간 끊임없는 노력을 하며 느리게 성장한다. 나무는 에너지 창출을 왕성하게 실행하는 시간에는 의무와 권리의 규칙을 철저하게 지킨다.

토양에 수분이 많아지면 공기가 감소되며 산소 결핍 현상이 나타나 뿌리의 호흡을 방해한다. 개선 방법은 과습을 막기 위해서는 입자가 큰 모래질 토양을 섞어 대 공극을 만들어 주어야 한다. 동시에 환경 설정 또한 중요하다. 뿌리의 호흡 온도 20~30도, 뿌리의 생장 온도 20~25도, 새로운 발근 온도 30~35도에서 가장 왕성하게 작용한다.

인간은 미숙한 존재에서 성숙한 존재로의 변화를 의미한다. 이렇게 볼 때 성장한 인간에게 요구되는 구체적 양상은 '스스로 살기'와 '더불어 살기'가 될 것이다. 스스로 산다는 것은 삶의 과정에서 타인에게 종속되지 않고 주체적으로 삶을 영위하는 존재가 된다는 것이다.

누구나 무에서 유를 창조하는 정신으로 삶을 당당하게 살아가야 할 일이다. 재산도 없고, 줄도 없고, 가정이 빈곤하고, 학벌이 낮고, 설령 그렇다 하더라도 스스로 비하하지 마라. 나도 할 수 있다는 용기와 희망을 품고 고난을 헤쳐 나가라! 인간은 누구나 잠재 능력이 존재한다. 다만 찾지 못하고 있을 뿐, 찾고자 노력하는 자에게 길은 열리게 된다.

나무는 재산도 없고, 줄도 없고 학벌도 없다. 그러나 스스로 자신을 비하하지 않는다. 나무는 독립적인 정신을 담고 생활에서 발생하는 문제를 스스로 해결하며 삶을 개척하면서 살아간다. 즉 독학을 통해서 지식과 지혜를 익히고 수많은 시간 동안 풍파를 이겨내서 훗날 만인이 우러러보는 큰 재목으로 성장한다.

◆ 성장 교훈이 주는 권리와 의무

① 나무는 성장을 위해 권리와 의무는 서로 협치를 이루며 에너지 발산 작용에 열중한다.

② 나무는 큰 재목의 목표를 위해 권리를 내려놓고 열심히 일하는 의무 사항에 충실하다.

③ 나무는 명품 나무가 되기 위해 디자인을 연구하며 발전시켜 나간다. 즉 주변 나무와 소통하고 에너지를 교환하는 과정을 관찰할 수 있다.

④ 나무는 공생과 공존과 약자를 돕는 의무를 갖는다.

⑤ 숲에서 향기가 발산하는 이유는, 공동체 생활에서 권리와 의무를 성실하게 실행하기 때문이다.

🌳 나무의 변화: 계절 변화와 조화롭게

나무는 계절에 따라서 옷을 바꾸어 입고, 색상 패턴을 변화시키고, 바람 소리에 춤을 추고, 햇볕을 받으며 미소를 짓는다. 나무는 봄철 산과 들에서 꽃을 피우고, 벌들은 꽃을 향해 입을 맞추고, 사랑에 열매를 맺게 하는 사랑꾼이 되어 준다.

과실나무에 순환 법칙은 새싹이 자라서→ 꽃을 피우고→ 열매가 생기고→ 과실이 익어 간다. 그런 모습이 과실나무가 1년을 살아가는 생활의 과정이다. 숲의 나무는 계절과 시간에 따라서 자기 역할에 적응하며 색과 향기로 모습을 변화시키는 노력을 한다. 그렇게 변화를 시도하기 때문에 숲이 향기를 발산할 수 있으며 스스로 행복한 느낌을 받게 된다.

우리도 고정관념을 변화시키고 신개념의 생각을 맞이하려고 노력해야 한다. 조석으로 변하는 마음이 아니고 시대 변화의 환경에 적응을 빨리해야 된다. 즉 과거 시간을 탓하기보다 미래 시간을 어떻게 맞이할 것인가를 탐구해야 한다는 의미이다.

이 순간에도 시간의 변화는 끊임없이 진행한다. 현재 시간을 적응하면서 살아가는 삶이 참살이라고 할 것이다.

◈ 시간 변화가 주는 권리와 의무

① 나무는 시간에 따라서 변화에 적응하려고 노력한다. 나무는 명품 나무의 권리를 찾으려 그날 일과를 게으르지 않고 의무에 열중한다.

② 젊음의 정열은 새롭고 신선한 에너지를 충전할 권리와 동시에 자기 계발을 열심히 해야 할 의무가 주어진다. 또한, 그 권리를 이웃과 함께 공존해야 하는 의무가 존재한다.

③ 현재의 변화는 젊음을 의미하고, 과거의 습관은 꼰대를 의미한다. 젊음의 표현은 현재의 리듬과 유행이다. 그러므로 미래 시간을 맞이해야 하는 이유이다. 과거 시간, 즉 꼰대로 돌아가는 어리석음에서 벗어나야 한다.

⚘ 나무의 열매: 누구나 꽃피울 능력이 있다.

나무는 사랑의 열매를 만들어서 사람들에게 준다. 사람들은 사랑이 담긴 열매를 받으려면 사랑의 진실을 공부하고 실천하려는 노력이 필요하다. 인간은 나무에 달린 열매를 좋아하고 영양소로 섭취한다. 나무에 달린 열매를 우리는 과일이라고 부른다.

"인생은 쓰다, 그러나 열매는 달다."라는 말이 있다. 즉 삶의 과정은 어렵고 고단하지만, 힘든 일을 이겨내면 달콤한 결과물이 주어진다는 의미이다. 저 나무에 달린 열매는 누구를 위한 열매인가? 자신을 위한 비전을 담은 열매를 만들어 보자. 꽃이 피어야 열매 종자가 생긴다. 그러므로 열매는 결과물을 의미한다. 또한, 열매 수확을 위한 필수조건은 나무를 심는 시작이 있고, 나무가 성장하는 과정이 있고, 꽃이 피는 과정이 있어야 비로소 열매라는 과실을 맛보게된다.

인간은 출생하면서 자기 역할과 사명감과 함께 사랑의 열매가 주어진다. 나는 어떤 열매를 좋아하고, 그 열매를 만들기 위해서 어떤 노력을 해야 하는지 생각을 거듭해야 할 일이다. 사람은 누구나 추구하는 목표가 다르다. 그 때문에 자신이 원하는 나무를 심고 가꾸어 명품 과일을 창작해야 한다.

◆ 열매가 주는 권리와 의무

① 과실나무는 주인장의 마음씨에 따라서 과일 맛이 결정된다. 과실나무는 하루에 한 번쯤 주인을 접촉하게 되고, 주인의 언행에 따라서 보고 듣고 성장을 한다. 가정에서 자녀들은 부모의

언행에 따라서 가정교육에 큰 영향을 받게 된다.

② 과실나무는 말은 할 수 없으나 바라볼 수 있고, 행동은 바르게 실행한다. 그리고 나무는 인간을 존중하는데 인간은 나무의 가치를 비하하는 경향이 있다. 나무가 인간을 바라볼 때 '어리석음 그 자체'라고 표현한다.

③ 나무를 사랑하면 사랑 열매가 열리고, 미워하면 못난이 열매가 열린다. 필자는 그동안 과실나무 사랑을 게을리한 것 같아서 몇 년 전부터는 과실나무에 사랑을 주고, 사랑하는 방법을 학습하고 있다. 그랬더니 과실들이 모양도 예뻐지고 맛도 좋았다. 이를 기회로 '사랑의 힘'을 깨닫게 되었다.

④ 나무 주인이 관리 의무를 게을리하면 과실을 먹을 수 있는 권리를 잃게 된다. 과일나무를 심었다고 해서 주인으로서 의무를 다했다고 할 수 없다. 나무를 심는 것은 시작일 뿐, 주기적으로 관리를 잘하는 것이 주인으로서 해야 할 의무다. 의무를 다했을 때 맛있는 과일을 먹을 수 있는 권리가 주어진다.

설악산 1000년 소나무
나이테 기어 법칙

이 과정은 자신의 현 위치를 깨닫고 상생하는 생활 습관을 익힌다.

🍃 탐구 현장: 인제군 한계리 응골 계곡 일원

속초시 설악동 노루목삼거리 일원

나이테는 경륜을 표현하고,
기어는 상생의 지혜를 준다.
- 명상

🌳 나이테 기어 법칙(Tree ring-Gear Law) 탐구

나무→나이→나이테→연륜→원 생활 등의 기능은 생명 활동에 있어 선순환의 고리 구조이며 순리적인 현상이라고 생각한다. 나무의 나이를 확인하는 방법은 바로 나이테이다. 나무의 단면을 보면 둥근 원 모양이 겹겹이 생긴 나이테를 볼 수 있는데, 이 나이테의 개수로 나무의 나이를 파악할 수 있다. 나무는 계절 변화에 따른 성장 차이로 생기기 때문에 보통 1년에 하나씩 고리가 생기게 된다. 이에 따라 나무의 나이를 알 수 있으므로 '나이테'라고 부른다.

나이테는 계절이 뚜렷한 온대 지방에서 가장 뚜렷하게 나타나고, 계절 구분이 없는 열대 지방에서는 뚜렷하지 않다. 나이테를 살펴보면 폭이 넓은 해도 있고 좁은 해도 있다. 비가 많이 오고 햇볕이 잘 들어 나무가 많이 자란 해에는 나이테의 폭이 넓고, 가뭄이 들거나 햇볕을 많이 받지 못한 해에는 성장이 더디기 때문에 나이테의 폭이 좁다. 그래서 나이테 폭이 유난히 좁은 시기는 그해에 가뭄이 심하게 들었다는 걸 추측할 수 있다. 또한, 나이테의 상처 난 부분을 보고 산불이나 해충의 피해를 보았던 시기까지 추측할 수 있다.

늙어감에 대한 두려움은 나이를 '수직'으로 생각하기 때문이다. 나이를 수직으로 생각하면 나이가 한 해마다 한 살씩 축적된다. 그래서 사람들은 어느 시점에 이르면 한 해 한 해를 두려운 마음으로 바라보게 된다. 나무 역시 한 해가 지날 때마다 한 살씩 나이를 먹지만, 결코 나이를 수직으로 축적하지 않는다. 나무의 나이는 수평이다. 나무의 이런 삶이 바로 사람보다 오래 사는 비결이라고 생각한다.

나이바퀴를 의미하는 '연륜(年輪)'을 이해하면 나무가 사는 법을 알 수 있다. 인간은 왜 나이를 바퀴에 비유했을까! 인간 스스로 나이를 바퀴에 비유했다면 나이 먹는 것을 두려워할 필요가 없다. 바퀴는 둥글고, 둥근 것은 시작도 끝도 없다.

나무는 수평으로 나이를 먹으면서 몸을 둥글게 만든다. 그래서 나무의 나이테는 진정한 연륜이다. 나무가 어떻게 해서 몸을 둥글게 만들 수 있었는지 그 비결을 아는 순간 비로소 인간도 나이를 의식하지 않고 평온하게 살아갈 길이 열릴지도 모른다. 나무는 곁에서 보면 앞뒤의 구분이 없다. 어디가 앞이고 어디가 뒤인지 구분하지 않았다는 것은 모나지 않고 둥글게 살았다는 뜻이다. 나무는 수직과 수평, 종과 횡을 막힘없이 살았기 때문에 몸을 둥글게 만들 수 있었다. 더욱이 나무는 매일 평등하고 공평한 하늘의 기운을 먹고 성장한다. 나무가 둥근 것은 막힘도 없고 평등하며 공평한 하늘을 닮았기 때문이기도 하다.

나무의 줄기는 위로 향하지만 뿌리는 아래로 향하고, 나이테는 수평으로 뻗는다. 한쪽은 위로 향하지만 뿌리는 아래로 향하는 절묘한 조화가 바로 나무의 삶이다. 나무는 햇볕을 먹기 위해 수직으로 상승하는 힘만큼 '수평 살이'에도 같은 힘을 쏟는다. 그래야만 균형을 잡을 수 있기 때문이다.

◈ 나이테 기어의 형상과 기능

소나무의 표면 원의 둘레에는 톱니 모양을 한 기어 형상을 볼 수 있으며, 마치 미세한 기어를 보는 것 같다. 또한, 지름 300mm 정도의 소나무 그루터기를 단면으로 절단하면 마치 회전이 가능한 기어 모형을 보는 듯 매우 흡사하게 생겼다.

필자는 지속적인 관찰을 통해서 나이테의 원 순환 기능과 기어의 에너지 전달 기능을 발견하고 생활 법칙으로 적용하고자 연구를 진행하고 있다. 나이테의 기어 형상은 도전을 위한 에너지 제공과 목표의 방향을 가르쳐 주는 것 같다. 기어의 작용이란, 주축에서 발생한 동력을 전달하는 기능을 한다. 즉 회전 속도와 회전 방향 변환의 원리로 동력을 전달할 때 힘을 크게 전달하고, 작게 전달하는 기능을 한다.

하나의 회전축으로 구성된 기어는 자력의 회전은 가능하지만 동력 전달을 할 수 없다. 그러므로 두 개의 기어가 맞물려서 돌아갈 때 회전축의 동력 전달은 다면적인 기능으로 작용하게 된다. 이 때문에 사회생활을 할 때 인간은 혼자서 살아갈 수 없으며, 독불장군으로 살아가는 삶은 팍팍함 그 자체의 생활을 하게 된다. 협동심의 작용은 능률을 향상시켜 주고 삶에 유연성을 제공해 준다. 우리들은 기어의 작용을 통해서 삶의 지혜를 익혀야 한다.

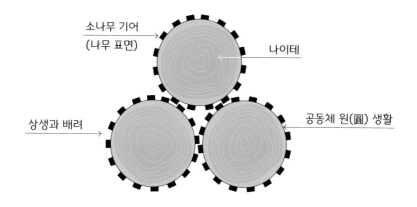

[나이테 기어 법칙 도표]

① 소나무 50년생 그루터기의 부분에서 두께 10cm 정도를 평면으로 절단한 모형이다. (실험용)

② 소나무 나이테의 테두리는 기어 형상의 모습을 하고 있다.

③ 두 개의 기어는 상생과 협동을 나타내는 모습이다.

④ 두 개 이상의 기어가 작용했을 때 회전 속도와 방향 변환이 유연하게 작용한다는 이치의 원리이다.

◈ 연륜연대학과 나무의 삶

연륜연대학, 연륜 연대기는 식물의 생장률이라고 한다. 나무의 나이는 겉으로 봐도 추측할 수 있지만, 나이테를 통해 보면 좀 더 정확히 알 수 있다. 나이테에는 나무가 살아온 삶이 고스란히 담겨 있다. 나이테를 통해 나무의 삶은 물론 나무가 살아온 시대까지 분석하는 학문이 바로 '연륜연대학(年輪年代學)'이다. 연륜연대학에서 '덴드론(dendron)'은 그리스어로 '나무'를, 크로노스(khronos)는 '시간'을 뜻한다. 따라서 연륜연대학은 한마디로 나무의 나이를 통해 세상을 읽는 학문이다. 그리고 연륜연대학은 나무가 이 세상에 매우 중요한 사료임을 증명한다.

이 학문을 인정하는 사람이라면 나무의 삶이 결코 나무 혼자만의 삶이 아니라 인간의 삶과 밀접한 관계가 있다는 것을 깨달을 것이다. 사실 인간과 나무, 나무와 인간은 같은 공간에서 살아가고 있다.

🌳 연륜의 계급장을 이마에 붙이고

우리는 모두 이마에 계급장을 붙이고 생활전선에서 열심히 살아가고 있다. 이마에 붙은 계급장, 대통령, 장관, 판사, 검사, 의사, 기업인, 회사원, 자영업 등등 사회 각각의 현장에서 업무를 할 때 자기의 직함을 걸고 전선에서 열심히 뛰고 또 뛰어다닌다. 계급장은 두 가지로 나누어진다. 현역 생활에서의 계급장과 전선에서 퇴역했을 때의 계급장이다. 현역에서의 계급장은 빛나고 아름답게 보이지만, 퇴역했을 때의 계급장은 빛을 잃은 채 골(谷) 깊은 자국만 남아 있다.

"사람 나이는 위로 먹는 게 아니라 옆으로 먹는다."

모든 생명체의 몸은 세월의 흔적을 온전히 간직하고 있다. 사람도 마찬가지다. 사람의 몸에서 세월의 흔적, 즉 나이를 가장 쉽게 확인할 수 있는 부분은 얼굴이다. 그래서 얼굴을 들여다보면 사람의 나이테를 알 수 있다. 이마에 깊게 팬 굵은 주름은 지나온 인생을 말해준다. 눈가에 잔잔한 실주름은 어떻게 살아왔는지 이야기한다. 목에 새겨진 고운 주름은 얼마나 고개 숙여 지내왔는지 사람마다 성품을 나타낸다. 주름 자국은 인생의 나이테, 힘든 삶이 고스란히 쌓이고 쌓여 여기까지 걸어온 길 수고했다, 애썼다고 위로한다.

사람들은 어느 순간부터 나이 먹는 것을 강하게 의식하기 시작한다. 매일 자신의 나이를 의식한다는 것은 그만큼 세월의 흐름에 민감하다는 의미다. 생명체가 나이를 먹는 것은 분명 안타까운 일이지만, 누구도 피해 갈 수 없는 숙명이다. 많은 사람이 그 숙명을 피해 보고자 갖은 방법을 동원해도 나이 먹는 것 그 자체를 피할 방법은 없다.

주로 남성보다는 여성이 얼굴을 통해 나이를 민감하게 느끼지만, 요즘은 젊은 얼굴을 직접 눈으로 보여 줘야 스스로 만족할 뿐 아니라 능력의 기준으로 삼는 경우도 적지 않아서 남녀노소 없이 동안(童顔)을 갈망한다. 사람들은 자기 얼굴에서 주름을 발견하는 순간 커다란 슬픔과 아픔을 느낀다. 심지어 취업을 위해서는 물론 특별한 이유 없는 사람들까지도 얼굴을 바꾸는 성형을 시도한다.

두 사람 이상이 모여서 구성체를 이루고 활동하는 것을 사회라고 말하며, 이웃과 더불어 살아가는 것이 올바른 사회생활을 하는 것이라고 말할 수 있다. 기어의 기능이 설명하듯, 두 개의 기어 구동축이 돌아갈 때 힘의 전달이 배수가 되는 것을 알 수 있다.

인간은 혼자서 살아갈 때보다 둘이 동행할 때 생활에 힘을 발휘할 수 있으며 이웃과 조화를 이루게 된다. 또한, 상생의 정신을 마음에 담고 둘이 힘을 합하고 의지하며 목표를 향하여 길을 걸어갈 때 생활 에너지는 활력을 촉진한다.

'부부라는 이름으로 삶을 살아갈 때' 길을 혼자서 걸어가는 게 아니라는 뜻이다. 멀고 험한 길일수록 둘이 함께 걸어가야 한다는 뜻이다. 철길은 왜 나란히 가는가? 함께 길을 가게 될 때는 대등하고 평등한 관계를 늘 유지해야 한다는 뜻이다. 토닥토닥 다투지 말고 어느 한쪽으로 기울지 말고 높낮이를 따지지 말고 가라는 뜻이다.

철길은 왜 서로 닿지 못하는 거리를 두면서 가는가? 사랑한다는 것은 둘이 만나 하나가 되는 것이지만, 하나가 되기 위해서는 둘 사이에 알맞은 거리가 필요하다는 뜻이다. 서로 등을 돌린 뒤에 생긴 모난 거리가 아니라 서로 그리워하는 둥근 거리 말이다.

철길을 따라가 보라. 철길은 절대로 90도 각도로 방향을 꺾지 않는다. 앞과 뒤, 왼쪽과 오른쪽을 확인한 뒤에 천천히 둥글게, 커다랗게 원을 그리며 커브를 돈다. 부부가 주행하는 길 속에는 난도가 높은 장애물들이 많이 놓여 있다. 그러나 사랑의 철길이라는 이름으로 인생을 주행할 때 앞에 놓인 장애물을 슬기롭게 헤쳐 나가야 한다.

◆ 애덕(愛德)의 지혜를 담은 사랑 이야기

그때는 질문의 뜻을 알지 못했다. 나이테가 20개인 나무에 "옆 짝꿍이 아직도 설레나요?" 어찌나 초롱초롱한 눈망울로 질문을 던지던지, 쉽게 대답을 하지 못했다. 나무는 하늘을 향해 팔을 뻗을 뿐이고 겨울 지나 봄이 되면 꽃을 피울 줄만 알았지 그렇게 어려운 질문을 생각하며 옆 짝꿍을 바라본 적이 없었기 때문이다.

부부로 살아간다는 게 설렘이 있다, 없다는 뜻으로 궁금증을 해석하려는 소녀는 끊임없이 사랑이란 실체를 이론적으로 요리조리 탐구하더니만…, 이미 시작된 거였다. 사랑을 언어의 의미로 한정해서 해석하려는 소녀에게 어떻게 설명할지 난감해서 말하기를 멈췄다.

"나 때는 말이야!" 유행가 한 구절처럼 진부한 설명을 하려던 말을 멈췄다. 현실에 맞지 않은 말이 들릴 리 없을 거란 생각에서였다. 소녀가 듣고 싶어 하는 얘기가 아닐 거라는 생각이 들었다. 좀 더 현실적인 답이 필요했다. 하루를 묵혔다가 곰곰이 생각하고 다시 답을 하기로 신중을 기했다. 다음날에 입을 열어 설명하려던 계획을 취소했다. 정답이 있을 수 없다는 결론에 도달하고 조금 더 생각을 묵히기로 했다.

역시 생각은 묵혀야 맛이 난다. 소녀도 생각을 충분히 한 듯 몇 마디 나눈 이야기에 술술 실타래의 가닥을 풀 수 있었다.

◈ 나이테 기어가 주는 생활의 지혜

① 나이테는 자신이 살아온 과거 시간을 알려주고, 기어는 자신이 살아가는 다면적인 삶의 방식을 알려준다.

② 나이테는 삶을 걸어갈 때 족적이 남아 있으니 기어는 협동으로 걸어갈 때 발밑을 살펴서 가라고 한다.

③ 나이테는 공동체 생활에서 연륜을 말하며, 기어는 이웃과 상생하며 나눔을 실천하라 한다.

큰 나무는 작은 나무를
소유하지 않는다

숲의 큰 나무 밑에서 작은 나무가 자라고 있는 것을 관찰해 본다. 큰 나무는 작은 나무가 생활하는 데 있어 일과에 관하여 일일이 관여하지 않는다. 그렇지만 작은 나무는 큰 나무를 바라보면서 생활 방법을 배우며 하루의 삶을 살아간다. 큰 나무는 항상 작은 나무를 바라보면서 잘 자랄 수 있도록 보호하며 지원을 해줄 뿐이다. 노자는 현명한 관리자가 되기 위해서는 아무것도 하지 않은 '무위(無爲)'를 이루어야만 한다고 했다. 즉 아무것도 하지 않아야 무언가를 이룰 수 있고, 더욱 크게 이룰 수 있다는 뜻이다. 이것이 바로 노자의 '무위이치(無爲而治)' 사상이다.

'관리란' 목표한 방향으로 사람들이 나갈 수 있도록 주도하는 것이지만, '지도란' 사람들이 성취감이나 소속감을 느낄 수 있도록 활력을 북돋는 것이다. 노자는 자신이 관리하고 있음을 아랫사람이 느끼지 않게 하는 것이 우수한 지도자의 덕목이라고 했다. 지도든 관리든 최종 목표는 하나로 일치하고 기본적인 역할 또한 일맥상통하지만, 방법론에서 이 둘은 현저하게 구별된다.

지도자는 먼 미래를 내다보고 씨를 뿌리는 사람이라면, 관리자는 눈앞의 현실에 집중해 작물이 잘 자랄 수 있도록 환경을 만들어 주는 농부의 마음과 같다.

🌳 어린 나무가 자라서 큰 나무가 된다.

노자의 《도덕경》에 기자불립(跂者不立) 과자불행(跨者不行)이라고 했다. 즉 발뒤꿈치를 들고 오래 서 있을 수 없고, 가랑이를 넓게 벌리고 오래 걸을 수 없으므로 자신을 앞세우려 하거나 과장된 모습을 보이려 하지 말고 제 모습 그대로 살아가는 것이 순리(順理)라고 했다. 자연의 속도는 순리를 따른다. 작은 나무가 눈속임을 통해 큰 나무처럼 보이게 한다고 해서 큰 나무가 될 수는 없다. 또는 키가 작은 사람들이 눈속임으로 커 보이기 위해서나 멀리 있는 것을 보기 위해서 잠시 발돋움을 하는 경우는 있지만, 오래 버티기는 힘들다.

노자는 우리 일상의 평범한 행동을 예로 들어 자신의 주제는 모르고 눈만 높은 사람을 꼬집었다. 기초를 탄탄히 닦아 놓지도 않은 채, 이상만 높게 잡고 헛된 꿈만 좇는 사람은 고생만 사서 하거나 스스로 망치게 된다.

작은 나무가 큰 나무를 바라보며 나도 빨리 자라서 큰 나무가 되고 싶어 하는 것 같다. 필자도 유년 시절에는 나도 빨리 자라서 어른이 되고 싶어 했다. 큰 나무는 작은 나무가 잘 자라도록 길을 안내하며 보살펴 주어야 하고, 작은 나무에는 시간에 집착하지 않도록 여유를 갖는 지혜를 가르쳐 주어야 한다.

모든 일에는 순서가 있는 법이다. 시작부터 끝까지 그 발전 과정을 착실하게 서두르지 않고 한 단계씩 위로 올라가야 한다. 성공의 비결도 정도를 지켰을 때야 그 빛을 발한다. 일을 진행할 때는 조급하게 서두르거나 너무 뒤처지지 않으며 안정적이면서도 쉬지 않고 나갈 수 있도록 완급 조절을 잘해야 하며 매사에 깔끔하고 확실하게, 그리고 절차와 순서에 따라 차근차근 진행해야 한다.

자연을 취하고자 하여 이를 행하는 사람은, 그것이 불가능함을 볼 뿐이다. 함부로 무엇을 하겠다고 하는 사람은 그것을 망치고 그것을 붙잡으려 하는 사람은 그것을 잃고 말 것이다. 인간은 자연 앞에서 겸손과 정직과 비움을 실천할 때 비로소 자연은 따뜻하게 품어 주며 마음의 문을 열어 준다.

나무의 애덕(愛德) 철학

이 단원은 사랑 철학과 솔향기 치유 기법을 익히는 기회를 가진다.

🌳 나무의 철학과 치유 문화

◆ 연리지(連理枝)의 철학

나무의 뿌리는 서로 다르지만 나뭇가지가 서로 붙어서 자라는 현상을 말한다. 화목한 부부의 사랑 또는 남녀 사이의 열정을 담은 사랑을 비유하는 표현이기도 하다. 인간은 관계 속에서 존재한다. 모든 생명체는 관계를 맺어야만 살아남을 수 있다. 불교에서 관계를 인연(因緣)으로 설명한다. 인은 직접적인 관계, 연은 간접적인 관계다. 그래서 모든 생명체는 서로 직간접적 관계를 통해 생명을 유지한다. 모든 생명체는 이러한 관계 속에서 살아갈 수밖에 없지만, 모든 관계가 반드시 행복하거나 아름다운 것만은 아니다. 인간은 매일 직장, 친구, 가족과 같은 많은 사람과의 관계 속에서 살아가지만 모든 관계가 아름답다고는 볼 수 없다.

세상에서 가장 아름다운 관계는 어떤 관계일까. 필자는 '서로' 같은 곳을 바라보는 것이라 생각한다. 서로 같은 곳을 바라보면서 살아가는 사람이 얼마나 될까. 누구나 그런 사람과 만나서 살아가길 바라지만, 생각처럼 쉽지 않다. 사람은 각자 생각과 행동, 추구하는 가치와 이상이 다르다. 그러므로 서로 같은 곳을 바라보는 것 같아도 완전하게 일치하는 것은 애초부터 불가능하다. 다만 우리는 꿈을 향해 노력해야 한다는 점에서 같은 쪽을 지향하며 살아가고 있을 뿐이다.

◆ 일이관지(一以貫之)의 철학

하나의 이치로써 모든 것을 꿰뚫는다는 뜻으로 처음부터 끝까지 변하지 않고, 막힘없이 끝까지 밀고 나간다는 뜻의 표현이다.

필자는 '나무는 세계를 꿰뚫을 수 있다.'라고 주장한다. 즉 미래의 시간[田]과 변화하는 공간[界]의 상황을 읽을 수 있다는 의미이다. 그러므로 나무는 생명의 유익한 점을 꿰뚫을 수 있다는 의미와 맥을 같이 한다. 사람은 각자 타고난 능력이 다르다. 어떤 사람은 기억력이 좋고, 어떤 사람은 이해력이 뛰어나고, 어떤 사람은 창작품을 잘 만들고, 어떤 사람은 디자인을 잘하고, 어떤 사람은 옷을 잘 만들고, 어떤 사람은 책을 많이 읽고 그 내용을 시간이 오래 지난 뒤에도 아주 자세하게 기억한다. 그런데 어느 경지에 오른 사람들은 어떤 사실을 많이 아는 사람이 아니라 깨달은 사람이다. 과연 한 축의 시대에 살았던 석가, 예수, 노자 등은 많이 알았던 사람일까? 분명 성인은 많이 아는 사람이 아니라 깨달음을 얻은 자(者)다.

나무를 통해서 얻은 지혜로 휴선 인문학을 창작하는 일이관지(一以貫之)의 계획은 필자를 무척 흥분시켰지만, 주변 사람들은 필자의 계획을 평가절하했다. 그리고 필자의 꿈이 그저 무모(無謀)한 도전이라 생각했다.

주위 사람들이 필자의 꿈을 인정하지 않은 것은 휴선이라는 학문을 한 번도 직접 보지 못했기 때문이다. 그러나 일이관지에 대한 필자의 열정은 주변의 차가운 시선에 결코 식지 않았다. 내면에서 끓어오르는 열정은 마치 용암처럼 밖에서 아무리 찬물을 끼얹어도 막을 수 없었다. 필자는 미래 시간을 맞이하면 언젠가 그 열정에 의한 휴선 인문학은 창작되고 결실을 보게 된다는 확신을 기대한다.

인간이 나무를 알아야 하는 이유는 인간의 출발점이 숲이었기 때문이다. 인간은 땅에서 생활하기 전까지 나무에서 살았다. 수상(樹上) 생활은 인간의 삶을 이해하는 데 매우 중요하지만, 역사에서는 큰 관심을 두지 않는다. 인류가 탄생한 숲은 인간에게 가장 편안한 곳이다. 이를 자연과학으로 증명하는 일은 쉽지 않지만, 인문학적으로 증명하는 일은 결코 어렵지 않다. 누구에게든 나무를 싫어하느냐고 물어보라. 싫어한다고 대답하는 사람은 극히 소수일 것이다.

왜 사람들은 예외 없이 나무를 좋아할까? 필자는 숲에서 살았던 유전자가 인간의 몸에 있다고 믿는다. 이 점이 바로 필자가 휴선 7 요소 중에서 나무로 일이관지하려는 이유이고, 이러한 작업이 곧 필자의 존재와 인문학의 근원을 찾아가는 여정이라고 생각한다.

◆ 자작나무 철학

자작나무는 독특한 철학의 정신으로 삶을 살아간다.

첫째, 스스로 문제를 해결하고자 하는 의지와 강한 독립성

둘째, 극한의 추위에서도 불평하지 않고 밝게 자라는 긍정성

셋째, 하얀 눈 위에 새하얀 피부를 드러내는 청순함과 긍정성

넷째, 껍질을 통한 오랜 기록을 담겨 주는 내구성과 생활의 지혜

◈ 자귀나무 철학

부부의 금슬 철학을 표현하며 살아가는 나무이다. 자귀나무는 스스로 자귀라고 쓰고 자신을 귀한 존재라고 읽는다.

◈ 나이테의 철학

나이테는 시간 철학을 담고 미래 시간을 위한 나이는 위로 먹는게 아니라 옆으로 먹는다는 이치를 깨닫게 한다. 그러므로 이웃을 배려하는 메시지와 공생의 법칙을 알려준다.

◈ 소나무의 철학

소나무는 소(牛)의 철학을 담고 근면하게 일을 하며, 계절을 소유하지 않고 순리대로 절기를 맞이하며 추위와 인고의 시간을 보낸다.

◈ 단풍의 예술 철학

단풍나무는 미(美)의 철학을 담고, 자신을 불태워서 타인에게 기쁨을 선물한다. 오색 잎 자체가 예술이며 사람들을 예술가의 길로 인도한다.

◈ 낙엽의 철학

낙엽은 거름 철학을 담고 다른 나무의 성장을 위해 배려하는 마음으로 자신을 내어 준다.

◆ 위기의 철학

나무는 유약(柔弱) 철학이 존재한다. 그 때문에 바람, 추위를 대처할 수 있는 기능과 지혜를 발휘하게 된다.

◆ 흔들림의 철학

나무는 뿌리 철학이 존재한다. 가지가 바람에 흔들려도 뿌리는 균형을 유지하며 유연성을 발휘한다.

◆ 겨울 극한 철학

나무는 풍성한 잎을 버리고 얇은 옷을 입은 채 극한 추위와 싸운다. 비결은 비움의 철학을 담고 있기 때문에 추위를 이길 수 있는 면역력이 생기는 원리이다.

◆ 여름 성장 철학

나무는 자수성가 철학을 담고 생존 본능으로 잎을 왕성하게 만들어 간다. 비결은 공덕을 쌓았기 때문에 물과 햇빛이 지원을 해주는 원리이다.

◆ 고독 철학

나무는 고독 철학을 스스로 즐기려 한다. 홀로 서 있기 때문에 외로움에 익숙하고 여유롭다. 그러므로 매일매일 즐겁게 살아갈 수 있는 방법을 찾는다.

피톤치드(테르펜) 치유 체험

    백두대간 설악산 원시림의 테르펜 향은 자연이 사람에게 주는 녹색의 색다른 선물이다. 피톤치드(phytoncide)란 한마디로 말해서 산림 향 그 자체이다. 좀 더 구체적으로 말한다면 나무가 갖는 특유의 향이다. 그렇다면 수목은 무슨 이유로 피톤치드를 만들어 내는 것일까. 수목이 광합성을 행하는 것은 살아가는 데 필요한 활동으로써 인간이 식사하는 것과 같은 이치다.

    광합성은 태양의 빛 에너지를 이용하여 탄산가스와 물로부터 탄수화물을 만들고 산소를 방출한다. 또한, 수목은 2차적으로 피톤치드와 같은 성분을 만들어 낸다. 이 피톤치드가 수목 자신을 보호하는 다양한 역할을 하는 것이다. 기능으로는 다른 식물에 대한 생장 저해 작용, 곤충이나 동물로부터 줄기나 잎을 보호하기 위한 섭식 저해 작용, 곤충이나 미생물에 대하여 기피, 유인, 살충 작용을 하거나 병원균에 감염되지 않도록 살균 작용을 행하는 등 실제로 그 역할이 매우 다양하다.

    토양에 뿌리를 내리고 살아가는 수목(식물)은 이동할 수 없다. 그러므로 외부로부터 공격이나 자극을 받아도 피할 수가 없으므로 피톤치드를 만들어 그것을 발산함으로써 자기 몸을 보호하는 것이다. 피톤치드는 자기방어뿐만 아니라 공격 수단으로 사용되기도 한다. 호두나무나 아까시나무의 주변에는 잡초가 거의 돋아나지 않는데, 이것은 피톤치드가 다른 식물의 발아나 생장을 억제하는 역할을 하고 있기 때문이다. 또한, 초피나무나 유칼립투스 주변에는 모기에게 물리지 않는다. 이는 모기에 대한 기피성 피톤치드가 작용하기 때문이다.

이러한 역할을 갖는 피톤치드는 뿌리로부터 땅속으로 분비되거나 잎에서 공기 중에 방출되어 확산한다. 식물체 내에서 피톤치드가 하는 역할을 응용하여 그 기능성을 일상생활에 도입함으로써 다양한 효능을 얻을 수 있게 된다.

◆ 피톤치드가 주는 3가지 효과

(1) 쾌적감

삼림욕의 쾌적감은 누구나 알고 있는 사실이다. 자율신경의 안정에 효과적이며, 간 기능을 개선하거나 잠을 잘 자게 한다는 사실도 알려져 있다.

(2) 소취 효과

산림 내에 가면 악취의 원인이 되는 동물의 사체나 썩은 나무 등이 있는데도 상쾌한 공기를 느낄 수 있다. 산림에는 공기를 정화하거나 악취를 없애는 기능이 있다. 이러한 소취 작용은 주변의 생활취에도 효과적이다.

(3) 항균, 방충

식품의 방부, 살균을 비롯하여 방이나 욕실의 곰팡이, 집 먼지, 진드기 등의 방충에도 효과적이다.

🌲 나무 향의 테르펜류(terpenoid)

테르펜류는 정유뿐만 아니라 천연수지, 천연고무에서 단리 되는 화합물의 모체가 되는 화합물이며, 이소프렌(C_5H_8)n의 분자식을 갖는 쇄상 및 환상의 탄화수소로서 모체의 테르펜 탄화수소와 같은 탄소골격을 갖는 알코올, 알데하이드, 케톤 및 그 외의 유도체까지 포함하여 말한다.

◆ 테르펜 흡기 체험

① 양지바르고 소나무 숲이 있는 곳에 장소를 선택하고 소나무, 잣나무를 이용해 움막 형태의 구조물을 만든다.

② 흡기 체험을 할 때 1회 수용 인원은 3명 내외로 한다.

③ 흡기 체험의 형태는 바닥에 눕거나 의자에 앉아서 호흡을 실행한다.

④ 호흡 방식은 복식호흡을 활용하고 들숨과 날숨을 조화롭게 실행한다.

⑤ 체험 시간은 1회 20분이며, 외부에서 휴식을 취한 후에 다시 2차로 실행한다.

(지면상 상세한 내용을 나열하지 못한 점 사과하옵고, 필자의 저서 《기다림》과 《선울림》을 참고하세요.)

제5장

▼

산[山: mountain]
〈무소유 정신으로 정상 도전〉

이 과정은 산의 침묵과 성실한 습관을 학습하는
기회를 가진다.

🍃 산은 나무를 소유하지 않는다.

　　그러므로 나무는 산을 존경하고 정직과 공정의 길을 배운다.

이 단원은, 산은 성실에 비유될 수 있다.

산은 항상 그 자리를 지키고 있기 때문이다.

산은 사람들에게 삶의 방식에 관한 깨우침을 준다.

산은 생활에 필요한 지혜를 담은 한 권의 책이다.

산은 공존과 공생에 관한 규칙과 법칙을 가르쳐 주는 스승이다.

　산은 목표를 향한 도전정신과 힘을 제공하고, 미래 또 다른 나를 만나는 시간을 갖게 한다. 무소유 도전 기법으로 7미덕: 상덕(常德), 12성품: 정직과 리더십에 정신을 담고, 공존과 공생에 의미를 인식하는 과정으로 무위자연의 담체(潭体) 체험 기법을 활용하고자 한다.

상덕(常德)의 지혜로
성실한 길을 걷다

흰 것을 알면서도 검은 것을 지키면,
천하의 모범이 될 것이니
천하에 모범이 되면 영원한 덕이 어긋나지 않아
끝없는 무극(無極)으로 돌아갈 것이다.
- 《노자도덕경》 제28장

산신은 산 아래를 굽어보며 넓은 마음으로 관조(觀照)한다. 산신은 산의 몸체를 밝게 비추어 본다. 산의 몸체를 형성하고 있는 나무, 바위, 흙, 풀, 물 등 각각의 생각에 얽매이지 않고 누구에게나 공평한 성품으로 밝은 길을 안내한다.

모범생이란? 타인을 배려하고, 타인이 싫어하는 일, 즉 궂은일을 솔선수범으로 행하는 사람을 말한다. 신분이 높은 사람이 신분을 내려놓고 궂은일을 솔선수범으로 행하는 일은 참된 덕이 어긋남이 없어 무극으로 돌아간다. 즉 만물이 돌아가는 순리와 도리를 알고 있다는 의미와 같다.

산봉우리는 남성을 상징하고 강력한 힘과 도량을 담고 있다. 산의 계곡은 여성을 상징하고 생명의 힘과 섬세함을 간직하고 있다. 산은 계곡을 품고 포용력을 발휘한다. 그래서 산과 계곡의 경계에서 누가 높고 누가 낮다는 것을 탓하지 않는다. 그러므로 산과 계곡에 마음이 하나로 융합되었을 때 상생의 힘이 발현되고 상호 간 공존하면서 삶을 엮어가게 된다.

산은 상덕(常德)의 지혜를 담고 성실하게 살아가는 모범생이다. 산은 공동체의 정신을 담고, 공정과 상식의 규칙을 지키며 삶을 살아간다. 산의 공동체 생활은 복잡하고, 미묘한 법칙으로 구성되어 있다. 인간이 속세에서 살아가는 것 이상으로 복잡성을 표현하며 살아가고 있다. 그럼에도 불구하고 산의 숲속은 항상 포근하고 평화롭다.

✤ 산이 성실하게 살아가는 방법

① 산은 나무와 바위와 흙이 주는 사랑의 힘으로 성실하게 살아간다. 숲의 세계는 나무, 바위, 흙 등은 각각의 위치에서 자연스럽게 조화를 이룬다.

② 산은 공동체 보존과 발전을 위한 정도의 법칙이 존재한다. 숲은 공동체 생활에 익숙하며 종자 번식 활동과 바른 생활을 성실하게 실천한다.

③ 산은 스스로 정화할 수 있는 기법을 가르쳐 준다. 숲은 나무 자체의 기체를 방출하여 오염물을 정화시키는 기능을 한다.

④ 산은 숲의 공동체 생활에서 공정과 상식의 길을 알려준다. 나무의 삶은 협동심과 배려하는 마음으로 항상 질서를 성실하게 지키며 살아간다.

태산은 마음속에 놓여 있다

'태산이 마음속에 있다'라는 말은, 큰 뜻을 품고 큰 그릇을 만들어 태산을 그릇에 담을 수 있는 능력을 갖추라는 의미가 담겨 있다. 우공이산(愚公移山), 어리석은 사람이 산을 옮긴다는 말이며, 우직하게 한 우물을 파는 사람이 큰 성과를 거둔다는 말과 같다. 아마도 어리석음을 기조로 하는 삶이 현대를 대변하는 현명한 삶이 아닐까?

인생은 어차피 하루하루 어리석음의 연속성을 이루며 살아간다. 우주의 기운을 받은 산은 사람들에게 주고자 하는 교훈은 무엇일까? 도전정신과 배려의 자세와 인내심과 끈기를 알려주는 듯하다. 산은 복명(復命)의 지혜를 담아 도전을 희망하는 사람에게 길을 안내한다. 도전자는 비움을 극진히 이루고 고요함을 돈독히 지키어 사물의 이치를 깨닫고 순리적인 실행이 도전 과정이라는 것을 알아차리게 한다.

사람들은 태산을 바라보면서 무엇을 생각할까? 혹자는 도전하고 싶다고 할 것이고, 혹자는 소유하고 싶다고 할 것이다. 저마다의 꿈과 희망을 그림으로 표현하고 도전할 때 설계도와 이정표에 길이 되어 준다. 마음속에 태산이 놓여 있다고 말한다면 황당무계하고 어리석은 말이라고 할 것이다. 그렇지만 누구나 마음속에는 태산이 담겨 있으며 스스로 능력 계발에 따라서 큰 산과 작은 산으로 만들어지며, 그 기능을 활용하는 사람과 활용하지 못하는 사람이 차이일 뿐이다. 그러므로 자기 능력 계발을 위한 도전은 불굴의 정신을 담고 끊임없이 실행해야 한다.

인생이라는 굴레는 산을 넘고 또 산을 넘어서 미로를 여행하는 것이다. 산의 정상을 향한 도전은 성별과 나이와 관계없으며, 높은 산을 향한 도전을 통해 성공 확률은 시작이 반이라는 교훈에서 찾게 될 것이다. 새로운 일을 도모하고 도전할 때 성공 확률은 50:50이거나 그보다도 낮을 수 있음으로 도전하는 일이 어렵다고 사람들은 말을 한다. 그러나 현대 사회에서 새로운 일을 창작하고 실행할 때는 과감하고 황당무계할 정도로 시작하지 않으면 큰일을 도모하거나 그 일을 수행할 수 없으며, 자기의 능력은 항상 이인자 신분으로 머무르게 됨을 잊지 않아야 한다.

산은 불영(不盈)의 마음을 담고 아낌없이 내어 주고 바람도 없으며 울타리의 기능을 할 뿐이다. 어버이의 품은 크고 넓어 텅 비어 없는 듯 보이나 그 씀에 있어 아무리 써도 다하지 않으니 깊고 넓으며 그윽하여 생명의 은혜와 같다. 산은 나무에 자기 마음을 내어 주며 나무가 잘 자라도록 배려를 아끼지 않는다. 마치 어버이가 자식을 부양하고 기르는 과정과 같으며, 자식의 편의를 위해 먼저 배려하는 모습과 같다.

산은 나무를 위해 무사(無私)의 정신을 담고 나무를 곁에서 바라보며 자신을 내어 주고 희생을 자처함으로써 자신의 가치를 보존한다. 산은 자기를 앞세우지 않기에 산이 앞서게 되고, 자기를 버리기에 나무가 존재하게 된다.

현대 사회의 가장 큰 문제점은, 자기주장을 앞세우고 타인의 말을 경청하려고 하는 인내심 부족으로 인한 갈등 관계를 만드는 일이다. 국가 조직, 일반 사회 조직, 회사, 가정 등에서 자신을 앞세우거나 자기주장을 정도 이상으로 강하게 표현하면 타인과 이념의 갈등 속에 분열을 초래하게 되는 초기화가 된다. 단체 생활의 근본은 자기 생각을 앞세우지 말 것이며, 타인의 생각을 존중하고 말을 경청하는 자세를 갖추어야 바른 공동체 생활이 시작되며 단합을 위한 초석이 된다.

산의 실체는 끈기의 힘으로 자신의 존재감을 나타내며, 그 존재감 속에는 현덕(玄德)의 지혜를 담고 그 힘을 실행으로 표현하는 듯하다. 산은 나무를 낳고 기르되 낳고도 가지지 않고, 산이라고 뽐내지 않고, 태산이로되 지배치 않으니 이를 일러 현묘한 덕이라 할 수 있다.

산의 구성체는 흙과 암석, 흙과 나무, 흙과 풀잎, 흙과 물 등으로 결속되어 있고 끈으로 엮어 놓은 모습으로 산의 형상을 조화롭게 보여 주고 있다. 그러므로 산의 끈기는 덕으로 결집되어 있다는 것을 보여 주며 그 기능과 모습은 사람들의 눈에 색다르게 보이는 것은 당연한 일이라고 생각된다.

'태산이 마음속에 있다'라는 표현은 꿈과 지혜와 용기를 갖춘 자세로 도전을 통해서 성공을 이루리는 의미가 담겨 있으며, 도전의 과정에서 복명, 불영, 무사, 현덕 등의 지혜를 익혀 바른길을 걷는 것이 태산을 품은 마음이라 할 것이다.

산의 숲은 그대에게
행복을 선물한다

속세를 벗어나자!
녹색 향기 가득한 자연을 향해 떠나자.
용기 있는 자(者), 그대에게
자연은 행복을 선물할 것이다.
- 명상

(1) 행복이란 관점 1

진정한 행복이란 삶에서 단순히 기쁘다는 것을 나타내는 것이 아니라 기쁘고 슬프고 또는 좋고 나쁨을 벗어나는 것이다. 그렇다면 자연이 주는 행복이란 무엇인가? 자연과 인간의 본래 성품인 밝고 맑은 성품으로 되돌아가는 것을 인간의 본래 성품이라고 할 수 있으며, 그 길을 꾸준하게 걸어갔을 때 행복이라는 길 속에서 자신에 마음을 알아채게 된다.

(2) 행복이란 관점 2

사람은 저마다의 가치관이 다르고 관점도 다르므로 행복이라는 저울 속에는 무게를 측정하는 눈금은 존재하나 행복의 양을 측정할 수 있는 계측기는 존재하지 않는다. 행복이라는 물성은 손으로 잡을 수도 없고, 가슴속에 담을 수도 없으며, 금고 속에 쌓을 수도 없다. 나무는 오로지 만족 속에서 사랑과 행복을 느끼는 생명체이다. 나무의 생리를 통해서 순행을 익히고 새싹의 향기를 통해서 행복감을 느낄 뿐이다.

(3) 행복이란 관점 3

인간들이 갈구하고자 하는 행복은 물(H_2O)과 같은 물질이다. 물의 성질은 밝고 맑은 성품을 지니고 있으나 마음에서 머무는 시간은 몇 초에 불과하다. 인간은 행운을 통해서 행복을 잡으려 한다. 그러나 물은 손에 잡히나 손바닥에는 쌓이지 않으며 곧바로 사라진다. 그리고 공기 속에서 바람과 함께 인간들 곁으로 다시 다가온다. 물 분자 속에는 6각형의 얼굴이 존재한다. 그러므로 행복 속에도 얼굴이 존재하며 빛의 행복과 향기의 행복이 존재한다. 그리고 개인별 사람의 인성에 따라서 선택적으로 행복이 담긴 물질이 다가온다.

🌳 어떻게 하면 행복해질 수 있을까?

- 자연과 육체, 그리고 정신이 서로 구분이 되어 있는 것이 아니라 하나라는 것을 인식한다.
- 정신 작용, 생물(생리)의 작용, 물질의 작용에 대한 이론적인 부분을 이해한다.
- 행복은 스스로 찾을 수 있으나, 갈고닦지 않으면 스스로를 망치는 것이 되기도 한다.

◈ **행복해지고 싶다면 관찰(觀察)하라**

① 우리는 자연 물질을 관찰했을 때 행복감을 느끼게 된다.

② 자신이 행복감을 느끼는 순간에는 언제나 자연을 관찰하고 있다.

③ 행복해지기 위해 자연 향기를 어떻게 관찰할 것인가를 생각한다.

◈ 행복하게 되면 어떻게 되나요?

① 이 순간 숨을 쉬고 있어 감사할 뿐이고, 자연의 위대함을 겸허하게 받아들일 뿐이고, 다만 자연의 순리에 감사할 따름이다.

② 몸과 마음의 괴로움, 고통, 그리고 어리석음으로부터 벗어날 수 있다.

③ 삶과 죽음에 대한 구분도 사라지게 된다. 다만 어떠한 순간순간에 집중하며 살아가게 된다.

④ 샘솟는 지혜로움의 싹이 조금씩 자라난다.

⑤ 더 바라는 마음도 구하는 마음도 없이, 다만 청정하고 또렷할 뿐이다.

⑥ 우리의 삶은 관계 속에서 발생한다. 관계의 본래가 청정함을 알게 되니 가족 간의 관계, 사회적인 관계 등등 모든 관계에서 청정할 수 있게 된다.

🌳 이 순간 나는 참 행복합니다

　MBN에서 방영 중인 교양 프로그램 '나는 자연인이다'를 요즈음 중년들이 즐겨 시청한다. 출연자들은 각자 속세의 삶을 뒤로 하고 나름의 행복을 찾아서 산속으로 스며든 사람들이다. 대체로 그들은 산속 생활을 이렇게 표현한다.

　"이 순간 나는 참 행복합니다. 이곳 생활을 통해 행복의 길을 찾게 되었습니다. 여기서 건강한 삶과 행복을 즐기려고 합니다."

　방송에 출연하는 사람들의 사연을 들어 보면 자연이 주는 행복이란 의미와 기능을 공감하게 된다. 그리고 많은 사람이 자연인 프로그램 시청을 통해 대리만족하는 듯하다. 삶에는 정답이 없으며, 세속적인 욕심을 벗어 버리면 자연의 품속에서 마음 편하게 살 수 있다는 것을 꾸밈없이 보여 준다.

◆ 인생 2막, 행복의 의미를 깨닫다

① 산은 몸과 마음을 치유하고, 건강 방법을 깨닫게 한다.
② 인간이 자연과 하나가 되어야 하는 이유를 알아차리게 한다.
③ 산의 생활은 부지런과 게으름의 경계를 알아차리게 한다.
④ 녹색 기능을 통해서 긍정 심리학을 학습하고 훈련하게 한다.
⑤ 자연생활이 주는 행복을 통해서 부(富)에 관한 이치와 가치를
　깨닫게 해준다.

설악산 정기 담은 산삼 가시 법칙

이 과정은 보약과 절제에 관한 이치를 깨닫고 생활철학으로 접목하는 기회를 가진다

🌿 탐구 현장: 인제군 북면 한계응골길 일원

산은 보약과 채찍을 준다.
산삼은 인내를 낳고, 가시는 절제를 낳는다.
산의 침묵 속에는 산삼 가시 법칙이 존재한다.
- 명상

🌲 산삼 가시 법칙(Wild Ginseng-Thorn Law) 탐구

산은 우리에게 보약과 채찍을 선물한다. 산에서 자연으로 자라는 산삼을 하늘이 내린 천종산삼이라 한다. 인간에게 천종산삼의 기능은 성실한 삶의 표상이라고 할 수 있다. 산삼의 생성 과정은 새가 천종산삼의 열매를 먹고 배설된 씨앗이 환경에 맞는 곳에서 발아하여 생산된 산삼을 지종 산삼이라 하고, 산삼의 씨앗을 인간이 심어서 가꾼 것을 장뇌삼이라고 한다.

필자는 연구용으로 소량의 장뇌삼을 재배하고 있다. 산삼의 잎은 창호지처럼 잎사귀 표면이 굉장히 얇다. 손바닥으로 비춰 보면 손

바닥의 손금이 보일 정도이다. 그 이유는 산에서 여러 가지 나뭇잎 때문에 햇빛이 가려 광합성을 제대로 하지 못하여 발생한 현상이라고 생각한다. 그리고 산삼 잎 표면에는 가시가 자라고 있다.

산삼 잎사귀에는 진드기나 여러 해충이 들러붙지 않는데, 아마도 산삼 잎에는 피톤치드 성분이 많이 나오는 것 같다. 피톤치드(phytoncide)는 식물이 자신의 생존을 어렵게 만드는 박테리아, 곰팡이, 해충 등을 퇴치하려고 의도적으로 생산하는 살생 효능을 가진 휘발성 유기 화합물이다.

산삼 잎은 쓴맛이 많이 있다. 쓴맛의 이유는 산삼의 종족을 살리기 위해 그런 작용을 하는 듯하다. 산삼 잎을 섭생할 때는 직접 씹어서 먹으면 쓴맛이 강하므로 잎이나 줄기는 차(茶)로 우러서 마시면 쓴맛이 중화되어 오묘하고 그윽한 산삼 차 맛을 느낄 수 있다.

그리고 산삼 몸통의 향은 박하 향이 나기도 하고, 또는 산림의 영향과 흙의 성분에 따라서 향이 좌우된다고 생각한다.

◆ 천종산삼의 기능성

산삼은 두릅나뭇과에 속하는 식물로서, 동양의학에서 오래전부터 사용되어 온 약재이며, 최근에는 식품의 원료로 사용량이 늘어나고 있다.

인삼의 대표적인 약효 성분인 사포닌은 항암, 면역 증강, 혈압 강하, 항염증 등 다양한 효과를 가지고 있는 것으로 알려져 있다.

◆ 산삼이 주는 생체 보약의 기능

① 산삼은 자지자명(自知自明)의 길을 걷는다.
② 산삼은 생체 건강을 위한 생존 방법을 학습한다.

③ 산삼은 에너지를 축적하는 잠재 능력을 갖추고 있다.

④ 산삼은 영양소가 필요한 사람에게 나눔으로 희생한다.

⑤ 산삼은 무에서 유를 창조하는 생체 에너지를 발산한다.

⑥ 산삼의 생존 방식은 독립채산제의 정신을 바탕으로 한다.

⑦ 산삼은 마음이 곧 산삼을 닮은 보약이라고 말한다.

◆ 산삼이 주는 가시의 절제 기능

① 산삼은 과유불급(過猶不及)의 절제 기능을 제시한다.

② 산삼은 성장을 위한 싸움에서 시간을 재촉하지 않는다.

③ 산삼은 공동 번영을 위해 희생정신이 투철하다.

④ 산삼은 자신을 낮추고 나서지 않으며 빛을 감춘다.

⑤ 산삼은 인내심의 표상이 되는 선생님이다.

⑥ 산삼은 환경을 탓하지 않고 음지에서 자기 역량을 발휘한다.

⑦ 산삼은 욕심을 절제하는 도량을 학습하고 훈련한다.

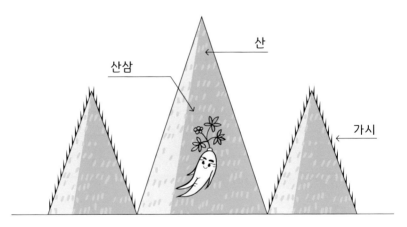

[산삼 가시 법칙 도표]

① 중앙의 산봉우리는 부등변의 삼각형 구조를 표현했다. 그리고 양쪽에 두 개의 봉우리는 가시를 표현했다.

② 삼각형의 모형은 주택의 지붕으로 행복한 집을 표현했다.

③ 산삼의 모습은 사람의 생체 구조와 흡사하게 생겼으므로 사람을 형상화했다.

④ 산삼은 인내심과 함께 절제하는 정신으로 생활한다.

⑤ 사람들은 산삼을 찾는다. 산삼의 삶과 기능이 인간의 생활 모습과 유사하다는 것을 깨닫게 한다.

◈ 산삼으로부터 배워야 할 지혜

① 산삼의 삶은 이웃과 더불어 살아가는 생존 비결이 존재한다.

② 산삼은 빛을 감추고 음지에서 고난을 극복한다.

③ 산삼은 생존을 위한 영양분은 스스로 만들어 간다.

④ 산삼은 100년의 세월을 조급함이 없고 서두르지도 않는다.

⑤ 산삼은 침묵이 금이라는 이치를 깨닫게 한다.

⑥ 산삼은 계곡에서 낮은 자세로 생활하는 기법과 이유를 알려 준다.

⑦ 산삼은 기다림과 인내심이 바른 생활이라고 생각한다.

산삼을 닮은 인물을 창작하다

이 과정은 칠전팔기의 인내와 용기를 담아 보는 일이다

인삼과 인물은 어떤 관계가 있을까? 그리고 인물은 어떻게 창작되어야 한다고 생각하는가? 산삼의 형상은 마치 사람의 모습과 너무나도 흡사하게 생겼다. 산삼의 몸체를 바라보고 있노라면 신비함과 예술 작품 그 자체의 표현이다. 산삼이 되기까지의 시간은 최소 10년에서 100년까지의 시간이 필요하다. 인간은 명품 가치를 담은 한 인물을 만들어 내기까지 얼마나 많은 시간이 필요할까?

산삼은 산삼이라는 기능과 효능을 생성하기 위해서 최소한 20년에서 30년 정도의 시간이 필요하다. 인간도 명품다운 인물을 창작하기까지 20년에서 40년의 세월이 필요하게 된다. 또한, 인생 목표 설정에 따라서 인물 창작에 필요한 시간은 달라질 수 있다.

우리는 스스로 명품 그릇을 만들어 볼 일이다. 명품 그릇 하면 도자기 또는 옹기의 형상들이 떠오르고, 그 그릇을 만드는 장인(匠人)의 얼굴이 생각난다. 도자기를 만드는 장인의 정신은 특색이 있어 보이며 창작 과정에서 많은 번뇌와 인내가 수반하는 듯하다. 명품 도자기가 완성되기까지 성공 확률은 작가의 기능에 따라서 다르기는 하지만, 보편적으로 성공 3, 실패 7이라는 난도가 있는 작업임에 틀림이 없다. 그렇게 명품 도자기가 창작되기까지는 많은 시간과 노력이 필요하다는 것을 보여 준다.

그렇다. 산삼이라는 이름을 걸고 햇볕도 없는 음지의 환경에서 스스로를 채찍질하며 당당하게 삶을 영위한다. 그리고 명품을 위한 꿈을 꾸고, 그 꿈을 실현하기 위해서 묵묵히 자기 역할을 충실하게 수행한다.

그러므로 명품 그릇 창작을 원하는 사람은 산삼의 생리 과정을 학습으로 익히는 것이 바람직하다고 생각한다. 또한, 도전할 때는 조급함을 잠재우고, 시간에서 여유를 가지며 계단을 오르듯 단계별로 힘을 안배하는 방식이 음지에 생존할 수 있는 관건이 될 것이다.

🌳 대기만성(大器晚成)

귀하고 훌륭한 그릇은 오랜 시간이 흐른 뒤에야 완성된다.
-《노자도덕경》 41장.

이 말은 일반적으로 아직 뜻을 이루지 못한 젊은이들을 위로할 때 자주 쓰인다. 하지만 만(晚)에 관하여 노자의 본뜻은 사람의 나이가 아니라 시간이다. 엄밀하게 말하자면 각고의 노력을 거치는 시간이다.

성공은 그에 상응하는 노력을 했을 때만 꿈꾸어야 한다. 성공을 향한 기대는 오랜 노력을 기반으로 했을 때만 가능하며 성급하게 헛된 꿈을 꾸어서는 안 된다는 말이다.

사람은 나무의 성장 과정과 같다고 볼 수 있으며, 나무는 뿌리가 깊고 흙 속에 단단히 박혀 있어야 무럭무럭 자라나 하늘을 찌르는 거목이 될 수 있다. 뿌리가 얕고, 땅에 겨우 붙어 있는 나무는 크게 성장할 힘이 없어 바람에 흔들리고, 오래되어도 작고 메말라 큰 재목이 되기 어렵다. 따라서 큰일을 하는 대들보가 되기 위해서는 반드시 힘들고 고된 시기를 거쳐야 한다.

큰 그릇은 완성에 이르기까지 충분한 준비를 거쳐 오랜 시간 동안 성숙해야만 하는 것이다. 사실 젊어서부터 한 분야에서 우수한 실력을 뽐내고 이를 끝까지 유지하며 살아남는 사람은 매우 적다. 대단한 업적을 이루어 낸 사람 중 절대다수는 젊은 시절에 그다지 두각을 드러내지 못하다가 굳센 의지로 열심히 노력하여 최후에 빛을 발하는 사람이다.

세상의 많은 일이 재능만으로 이루어지지는 않는다. 재능보다는 오히려 지속적인 노력이 더욱 중요한 역할을 한다. 천재적인 재능이 있는 사람이라도 노력을 게을리한다면 그 재능은 금세 빛을 잃고 말 것이다. 반면에 재능은 부족하지만, 끊임없이 자신을 계발하는 사람은 후천적인 노력이 선천적인 결점을 보완하고 극복할 수 있다. 그리고 진정으로 지혜로운 사람은 아주 작고 사소한 깨달음이 쌓이고 모여 성공을 이룬다는 사실을 잘 알고 있는 사람이다.

인생이라는 항해 길은 결코 순탄할 수 없다. 그 때문에 항해 도중에 돌발 상황이 생기면 그때그때 고비를 넘기고 재도약을 위한 발판에서 발을 내려놓아서는 안 된다.

산에서 자라는 약나무는
가시가 있다

산의 정상은
외롭고, 쓸쓸하고, 고독한 자리다.
산의 정상은
화려한 듯 보이나 화려하지 않고,
행복한 듯 보이나 행복하지 않다.

산의 정상에는 물도 없고, 바람은 거칠게 몰아친다. 나무는 낮게 자라고, 주변에 보이는 것은 작은 봉우리뿐이다. 그리고 주변에는 흰 구름이 병풍을 치고 있다. 구름은 손에 잡힐 듯 잡히지 않고, 내 눈을 흐리게 하며 눈을 가리고 있다.

정상에서 산 아래 봉우리를 바라볼 때 봉우리는 집이요, 나무는 백성이다. 그 수많은 나무의 사연을 읽지도 못하고, 들어 주지도 못하는 정상에 마음은 허공에 떠 있어 외롭고 쓸쓸함을 남기게 한다.

가시방석과 첩첩산중이라는 말이 있다. 성공이라는 길 속에는 가시밭길이 놓여 있으며, 그 가시밭길은 자아(自我)를 혹독하리만큼 시험에 들게 한다. 스스로 성공했다고 인식하는 자는 가시밭길을 슬기롭게 헤쳐 왔을 것이고, 미래 성공을 희망하는 자는 가시밭길을 걸어갈 준비를 해야 할 것이다.

산삼 잎의 뒷모습에는 미세한 가시가 있다. 가시오갈피 나무의 종류는 27종류가 있는데, 가시가 미세한 것부터 가시가 굵은 것으로 분류한다. 이 밖에도 음나무, 두릅나무, 복분자 나무, 해당화 나무, 아까시나무 등 사람의 몸에 보약이 된다는 나무에는 크거나 작은 가시가 자라고 있다.

왜 약이 되는 나무에는 가시가 자라는가? 나무의 가시에는 주변의 나무로 하여금 어떠한 영향을 주는가? 스스로 자기 보호 기능을 갖는다. 식물들의 가시는 위협과 혐오감을 느끼게 하지만, 그 식물의 내면적으로는 부드러움과 영양이 넘쳐나고 있다. 생명체가 있는 만물들은 본능적으로 자기방어를 할 수 있는 능력을 갖추려 한다. 그 때문에 생명체를 지닌 물질들은 각각의 자기 방식대로 외부로부터의 방어 기능과 성장을 위한 활성화의 체계를 갖추고 있다.

식물이나 사람이나 생리적으로 자기방어 본능은 같다고 생각한다. 그렇다면 사람의 가시에는 독이 있는가? 그렇다! 사람들이 사용하는 언어[言]와 마음[心]속에도 가시가 있다. 마음으로는 부정적인 주파수가 자리하고, 언어적으로는 스트레스라는 주파수가 자리를 하고 있는 듯하다.

언어와 마음의 부정적인 파장은 어두운 골[谷]을 더욱더 깊게 하여 현재 하는 일을 매우 힘들게 한다. 반복되는 스트레스는 신경계의 파장을 통하여 내면에 발생되는 화[火]를 상승시킴으로써 건강을 해치는 직접적인 요소가 되기도 한다. 그 때문에 언어 속에 담긴 독과, 마음속에 담긴 가시를 지혜로 잘 다스려야 할 일이다.

해산(海山) 속에 담겨 있는
지혜의 식(式)을 구하라

　동해안 속초 해수욕장 해변에서 새벽녘 수평선을 바라보며 태양을 맞이한다. 이윽고 여명과 함께 태양 빛은 동녘 하늘을 붉게 물들이며 얼굴을 내밀 준비를 하는 듯하다. 그 무렵 수평선에는 태산을 닮은 해운산(海雲山)이 갑자기 나타나서 태양을 가리고 있다.

　수평선에 떠 있는 해운산의 모습은 마치 용을 닮은 듯하고, 운무가 연출하는 춤사위는 마치 용이 승천하기 직전에 천지를 진동하면서 요술을 부리는 모습과 매우 흡사했다. 그리고 태양이 일정한 각도로 떠오르면 해운산은 선녀가 구름을 타고 승천하듯 하늘로 사라진다.

　필자는 동해바다를 통해서 추상화 같은 한 폭의 그림을 종종 목격하면서 자연의 경이로움과 조화술에 관하여 지식을 얻고자 탐구를 진행 중이다.

　파란 하늘은 물을 낳고, 강을 낳고, 바다를 낳는다. 초록의 산은 물을 담고 물을 나누며 물을 흐르게 한다. 넓은 길에 뜻이 있는 자(者)는 푸른 바다에 놓여 있는 수평선의 기능을 헤아려야 할 것이다.

높은 길에 뜻이 있는 자(者)는 골[谷]이 깊은 산의 정상에서 지평선의 기능을 헤아려야 할 것이다.

바다에서 수평선이 주는 의미는 평행의 형태를 보여 주는 듯하다. 나는 법(法) 앞에서 평등한 권익을 추구하고 있는가? 나의 생활은 보편적인 삶인가? 내 생각은 친구와 이웃과 평행선에 놓여 있는가? 나의 생활 관습은 가족들과 함께하고 있는가? 등등 수평선이 있는 바다에는 자아의 내면을 다스리는 지혜가 담겨 있다. 그 지혜 속에는 수평적으로는 정신 균형을 유지할 수 있는 깨달음을 주고, 수직적으로는 자아의 가치를 깊이로써 측정할 수 있는 알아차림의 기회를 준다. 우리는 모두 수평선을 바라보면서 한 번쯤 마음을 헤아려 볼 필요가 있는 듯하다.

산에서 지평선이 주는 메시지의 의미는 무엇일까? 삶의 과정은 굴곡이 담겨 있으며, 삶의 길 속에는 높고 낮음의 이치를 깨닫게 하며, 자신이 살아가는 목적과 목표가 담겨 있다. 그 목표 속에는 가시밭 같은 시련의 길이 있고 인내를 요구하는 쓴맛의 길도 있다. 사회 속에서 높은 자리가 그러하듯 자연에서도 골이 깊은 산은 사람들에게 쉽게 길을 내어 주지 않는다. 자신이 원하는 고지를 점령하기 위해서는 담력과 지혜가 필요하며 날씨, 온도, 기압 등의 자연환경적인 쓴맛과 인내를 요구한다. 그렇다면 해산의 식(式)은 어떻게 구할 수 있을까?

첫째, 수평선과 바닷물 속에는 고유의 주파수가 흐르고 있다. 수평선을 바라볼 때 파도라는 동적인 백파(白波)가 있다. 백파는 눈과 귀를 통하여 긴장 이완과 감성 작용을 하는 파(波)를 느끼게 한다. 사람들과 교류할 때 백파의 원리를 이용하면 상대방 감정을 유연하게 풀어줄 기회가 될 것이다. (백파: 물의 분산 또는 산란 작용을 뜻함.)

둘째, 바닷물 속에는 해조류와 어류가 서식하고 있는데, 해조류에 동적인 무용 표현은 예술 그 자체이다. 바다 수중의 물은 계속해서 순환한다. 계절에 따라서 냉수와 온수는 교차하는데 상하로 환류 작용을 하기도 한다. 때로는 주변을 휘감으면서 와류 현상이 발생하는데, 이때 생체적으로 느껴지는 위기감의 파(波)를 생체에서 느끼는 차크라파(波)라고 말할 수 있다.

수중에서 생존을 위한 먹이사슬 형태는 인간들이 사는 사회 구조 속에서 업무를 실행하는 것과 매우 흡사하게 보인다. 때로는 유속을 잘못 만나면 소용돌이 속에서 헤어나지 못하듯 사회생활에서 물 흐름을 잘 읽을 수 있는 지혜가 필요하다.

셋째, 골[谷]이 깊은 산속에는 물이 맑고 공기도 시원하지만, 때로는 등골이 오싹할 정도로 몸부림을 칠 때가 있다. 이럴 때 몸 전체적으로 흐르는 파(波)는 오한 열파(波)라고 한다. 오한 열파는 등골에서 식은땀이 흐르며 울림을 주는 현상이라고 말할 수 있다.

사회에서 책임자의 길이란 계곡의 길을 걷는 것과 흡사하다고 생각한다. 깊을 계곡을 혼자 걷고 있노라면 중압감과 고독감을 느끼곤 한다. 이럴 땐 고독한 싸움에서 승리힐 수 있는 지적인 수련과 지혜를 쌓아서 내면에서 식은땀을 흘리거나 통곡의 눈물을 흘리지 않도록 해야 할 것이다.

◆ 해산의 지혜를 접하게 되면

① 수평선 같은 정도의 길을 맑은 정신으로 걸어갈 것이며, 마음은 긍정의 파동을 일으켜 즐거움을 찾을 것이며, 바다와 같은 넓은 도량으로 타인을 위한 배려를 하게 된다.

② 직무 수행에 있어 순리를 거스르지 않고, 동료들과 조화를 이루며 선공후사의 원칙을 기본으로 생활하게 된다.

③ 자연물의 이치를 깨닫고, 창의적인 발상을 통한 자기 능력 계발에 도움을 준다.

④ 인간에 끝없는 욕망은 해운산의 뜬구름과 같으며 희망이 아닌 허망과 부질없는 자아 모습을 깨닫게 한다.

산의 성실 철학

이 과정은 산의 철학과 녹색 건강을 학습하는 기회를 가진다.

🌳 산의 철학과 휴선 인문학 트레킹

산은 성실 속에는 아버지와 어머니의 생활 철학이 담겨 있다. 산의 봉우리는 아버지의 기능이며, 산의 계곡은 어머니의 기능과 정신을 담는다. 그러므로 산은 아버지의 가슴과 같고, 숲은 어머니의 품과 같다. 산은 아버지의 가슴 그 자체이며 듬직하고 기둥이 되어 주고, 숲은 어머니의 품 그 자체이며 포근함과 마음에 평화를 가져 온다. 산은 생명체 생존을 위한 작용을 하고, 계곡은 생명체 탄생과 종족의 보존을 위한 작용을 한다.

사람들은 산을 좋아한다. 그래서 좋아하는 산을 오른다. 왜 우리는 산에 가는가. 산이 우리를 부르기 때문이다. 봄의 산은 연한 초록빛의 옷을 입고 수줍은 처녀처럼 우리를 부른다. 여름의 산은 풍성한 옷차림으로 힘 있게 우리를 유혹한다. 가을의 산은 아름다운 단풍으로 옷을 갈아입고 우리를 맞이한다. 겨울의 산은 순백색의 옷을 입고 청순함에 이치를 알려준다.

산에는 산의 언어가 있다. 산은 몸짓으로 말한다. 큰 바위는 억센 형태로써 말하고, 맑은 샘물은 그림자로써 말하고, 흰 폭포는 힘찬 운동으로써 말하고, 푸른 초목은 빛깔로써 말한다. 나무 사이를 스쳐 가는 바람은 소리로써 말하고, 아름다운 꽃은 향기로써 말한다.

우리는 산의 음성을 듣기 위해서 산에 간다. 그리고 산의 침묵의 소리를 경청하기 위해서 산을 찾는다. 왜 우리는 산을 찾는가? 산은 자연철학자이자 깨달음을 주는 선생님이기 때문에 찾아간다. 선생님은 우리에게 많은 것을 내어 주며 가르쳐 준다.

◆ 부등변삼각형 철학

자크 루브찬스키(Jacques Lubczanski)라는 학자가 고안한 '아무 특징이 없는' 삼각형, 때로는 '평범'하기가 '비범'하기보다 어려움을 보여 주는 단적인 예이자 언어 철학적 역설의 일종이다. 웬만한 삼각형엔 다 이름이 붙어 있기 때문에 정말 이름 없는 평범한 삼각형 만들기가 오히려 힘들다. 예를 들어 세 각이 모두 예각이면 예각삼각형, 직각이 있으면 직각삼각형, 둔각이 있으면 둔각삼각형, 세 변의 길이가 모두 다르면 부등변삼각형이라고 한다.

필자의 탐구 결과 산의 형태는 부등변삼각형의 구조라고 생각한다. 또한, 산의 삼각형 모양은 예각, 직각, 둔각 등 여러 가지 형태를 이루고 있다.

사람의 모습은 안정을 지향하는 정삼각형의 모습이다. 인간이 삶과 삼각형의 원리는 어떤 관계가 있고, 어떤 의미를 부여하고자 할까? 삶에서 삼각형의 원리는 생활의 차원적 지혜를 깨닫는 기회를 주고, 사회 구성체에서 활동할 때 순리와 조화를 이루게 하는 철학적 의미를 부여한다.

◈ 산삼 철학

산은 사람 형상의 모습으로 그 자리에 성실하게 서서 있다. 사람을 닮은 산은 사람에게 말[言]을 전한다. 사람이라면 사람다운 사람의 삶을 살아가라고 '보약 같은' 말을 해준다. 그리고 산은 사람들에게 사람을 닮은 산삼을 선물한다. 우리는 산삼을 섭취할 때 산의 귀중한 선물에 의미를 깨닫고 먹어야 산신령에게 보은하는 길이 될 것이다.

◈ 가시(제어) 철학

산의 형상은 큰 가시의 모양과 흡사하다. 산에서 자라는 약나무는 가시가 있다. 인생의 삶에서 가시란 무엇을 의미하는가? 왜 생활에서 가시의 기능이 필요한가. 가시는 절제의 기능을 담고 있다고 필자는 생각한다. 산에서 가시 있는 약나무를 채취할 때는 조심 또 조심한다. 조금만 방심하면 가시에 찔리는 아픔을 당하게 된다.

자동차에 브레이크가 없다고 생각해 보라. 당신은 브레이크 없는 자동차를 탈 수 있는가? 인생이라는 삶을 엮어갈 때 생활에서 절제(제어)의 기능은 필수이다. 자신의 생활 패턴을 돌아보고, 습관을 돌아보고, 자신을 반성할 수 있는 가시 같은 선생님이 필요한 이유이다.

그러므로 생활에서 자신을 제어하는 기능은 선택이 아닌 필수 사항이다.

◈ 산의 성실 철학

① 산은 안전 생활을 표현하며 긍정 생각을 하는 자연철학자이다.

② 산의 계곡은 인생의 역경과 주름을 의미하며 중단 없는 전진을 하라고 묵언 수행으로 가르친다.

③ 산은 만물의 박사이자 지식과 지혜를 담은 보물창고이다.

④ 산의 자연물은 자연과학의 지식을 말하고 인재를 육성하는 교육기관이다.

⑤ 산은 조화로운 형상 예술과 창작 기법을 가르쳐 주는 선생님이다.

⑥ 산은 그 자리에 성실하게 서서 하염없이 사랑을 실천한다.

국가 숲길 백두대간 1-3구간 휴선 인문학 트레킹

국가 숲길 백두대간 트레킹 길은 산림청에서 주관하고 있다. 백두대간 트레킹 1-3구간은 휴선 건강촌이 있으며, 색다른 특징이 있다면 응골 계곡 3대 폭포의 경관 및 인문학적 학술과 자연 치유의 논리가 담겨 있는 부분이다.

❀ 휴선 건강촌의 자연환경

휴선 건강촌은 인제군 북면 한계응골길 5km 구간 골짜기의 일원이며 백두대간 국립공원 설악산 접경 지역에 있다.

◈ 응골의 지형적 특성

한계리 응골은 지형학적으로 설악산 곡신(谷神)의 기운을 담고 있다. 응골의 자연경관은 웅장하거나 수려하거나 특별하게 뛰어난 부분은 없다. 그러나 자연물이 천연 그대로 오염되지 않은 채 아기자기한 모습으로 이곳저곳에 놓여 있다. 이곳에 놓여 있는 식물들은 신선하게 숨을 쉬면서 순리와 조화로움을 위한 깨달음을 전해 주는 듯하다.

산봉우리 정상 부분의 계곡에는 5월이 되어도 바위틈 속에는 얼음이 덩어리 상태로 놓여 있다. 바위틈 사이로 흐르는 물맛은 단맛과 청량감을 느끼게 하며, 물에 손을 씻으면 손이 아릴 정도로 차가움을 느끼게 하여 옛사람들은 '냉수골'이라고 부르기도 했으나 세월이 지나면서 이곳의 지명을 응골(應谷)이라고 부르기 시작했다.

응골은 음의 기운이 왕성한 골짜기라고 표현해도 과언이 아닐 것이다. 사람이 누워서 있는 듯한 계곡의 형태에서는 현빈지문(玄牝之門)의 기운을 느끼게 한다. 또한, 만물을 창조한 순수한 어머니[陰門]의 거룩함과 신비로움을 보여 주고, 응골 곡신은 영원하며 신통함을 느끼게 하는 생명의 문이라고 부르기도 한다.

◆ 한계리 응골 3대 폭포

(1) 아리랑명상폭포

나를 밝게 알아 간다는 이론이 담겨 있고, 생명의 탄생과 위대한 어머니를 표현하는 현빈지문의 형상을 관찰한다.

(2) 휴선곡폭포

밝고 맑은 마음을 열어 가라는 의미가 담겨 있고, 폭포의 양쪽 암벽에 명심개문을 열어 행복한 빛을 담아 보는 체험을 한다.

(3) 지족담체폭포

비움과 채움에 과정을 통해 사람의 그릇을 만드는 원리를 학습하고 순리와 조화로움의 이치를 깨달아 보는 체험을 한다.

(응골 3대 폭포는 '계곡의 폭포 편'에 상세하게 내용을 기술하였으니 참고하시기 바랍니다.)

제6장

▼

계곡[溪谷: valley]
〈생명의 탄생과 소통의 길〉

이 과정은 생명의 탄생과 소통의 길을
학습하는 기회를 가진다.

✍ 계곡은 곡신을 소유하지 않는다.

그러므로 곡신은 계곡의 정기를 받아 생명 탄생과 소통의 길을 선물한다.

이 단원은, 계곡은 정의에 비유될 수 있다.

정의가 부족한 자는 쉽게 자신의 욕망에 빠지게 되며, 욕망에 의해 스스로 자멸하게 된다.

계곡은 우리에게 무욕(無慾)과 소통의 의미를 깨닫게 한다.

계곡은 곡신의 기운을 담은 현묘한 암컷이라 하며, 생명을 탄생시키는 어머니의 품 그 자체이다. 계곡은 무에서 유를 창조하고 소통하며 도전정신을 높여 주는 신비스러운 공간이다.

현빈(玄牝)의 기능으로 7미덕: 현덕(玄德), 12성품: 창의성과 사랑의 정신을 담고, 생명의 소중함과 탄생에 신비를 탐구하는 과정으로 무위자연의 선울림(線蔚琳), 담체(潭体)의 체험 기법을 활용하고자 한다.

현빈(玄牝), 위대한 어머니

🌱 산의 계곡이란

계곡은 산과 산 사이의 역삼각형의 공간 형태로 존재한다. 필자는 계곡이 좋아 계곡 속에서 살고 있으며, 그 계곡의 기능들이 흥미롭고 마음에 평안한 감성을 안겨 준다. 계곡에서 흐르는 물소리는 마치 엄마가 들려주는 자장가 소리처럼 들린다. 그 계곡은 항상 텅 비어 있는 듯 보이나 계곡의 공간에서는 끊임없는 생물 작용과 미래 성장을 위한 생리 작용이 이루어지고 있다.

필자는 계곡의 기능을 통해서 비움과 채움이라는 과정에 관한 개념을 새롭게 정립해 보려고 한다.

계곡의 빔은 아무리 써도 마르지 않는다.

계곡에 빔은 마르지 않아
이를 신비스런 여인이라 한다.
신비스런 여인의 자궁의 문(門)은
천지만물의 씨를 품는 생명의 근원이다.
그 근원은 끊어질 듯 말 듯 면면히 이어지며
그의 작용은 무궁무진하다.
- 《노자도덕경》

《노자도덕경》의 제6장은 참 시적이면서도 현묘하다. '곡신불사
(谷神不死) 현빈(玄牝), 즉 골짜기의 신은 죽지 않는다. 이를 현묘한 암
컷'이라고 표현한 것은 무수한 생각의 골짜기를 헤매게 만든다.

'곡신'이란 계곡의 허공을 의미하여 마치 신령(神靈)을 지니고 있
는 신(神)과 같아 생물을 낳고 기르며 성장하도록 돌보는 작용을 하
는데, 그 작용이 무위자연으로 이루어지기 때문에 이를 신령으로
본 것이다.

그리고 곡신(谷神)을 신비스러운 여인[玄牝]이라고 하였다. 곡신을
여인[牝]에 비유한 것은 생명의 씨를 잉태하고[胎] 낳고[生] 기르는[養]
역할이 곡신과 동일하기 때문이다. 여인은 잉태와 생산과 돌봄 등
살리는[生] 일을 도모하기에 이는 도의 역할에 견줄 수 있어 신비에
가깝다고 한 것이다. 그래서 계곡은 만물의 근원지가 되듯이 여인
은 인류의 어머니라 할 수 있어 곡신(谷神)과 현빈(玄牝)은 허공의 작
용과 신비로운 존재라는 의미에서 동의어이다.

곡신이 존재하지 않았다면 만물 또한 존재하지 못하였을 것이고, 여인이 존재하지 않았다면 역시 인류는 존재하지 못했을 것이다. 수많은 생물과 만물이 산천초목을 이루어 대자연을 이루는 것과 한 사람 한 사람이 모여서 인류를 이루는 것은 모두가 곡신의 허공과 현빈의 허공[子宮]이 존재하기 때문이다.

계곡의 빈 곳이나 여인의 자궁은 생명의 집에서 만물이 시작되고 인류가 시작되는 처음 뿌리가 되니 생명의 집은 곧 허공이요 허공은 생명의 원천이다. 따라서 내 존재의 뿌리는 허공이요, 그 허공이 나의 고향이며 허공의 본체인 '도'가 인류의 본향이다.

그리고 신비스러운 여인의 자궁의 문(玄牝之門)은 천지만물의 씨를 품는 생명의 근원이라고 하였다. '현빈지문'은 중묘지문(衆妙之門)과 같은 말로서 신비함과 오묘함이 나오는 문을 말하는데, 이를 '생명의 문'이라고 한다. 생명 자체가 신비이고 오묘이다.

응골 계곡은 하늘이 내린 곡신을 이해하도록 도움을 주는 선생님과 같은 기능을 한다. 그리고 응골 계곡은 곡신을 맞이하는 자연이 주는 신령스러운 계곡이라고 표현하고 싶다. 응골(휴선 건강촌) 계곡에는 냇물이 흐른다. 상단에서 하단으로 굴러가는 과정에 지족담체폭포, 휴선곡폭포, 아리랑명상폭포 3개의 폭포를 이루고 있으며 그 각각의 폭포는 특별한 사연을 남기며 하단으로 굴러간다.

물은 흘러가는 것이 아니라 굴러간다. 이는 명상의 이론이다. 상단에서부터 오미자의 기운을 담고 굴러 내린 물은 지족담체폭포를 만든다. 폭포에서 굴러 내린 물은 담(潭)에서 잠시 머물며 빔[空]의 원리를 깨닫게 하는 과정으로 비움과 채움의 이치를 순리적으로 알아차리게 한다. 또한, 자신의 그릇을 만들 때 순행과 역행의 기능들을 풀어가는 과정으로 모순과 대립에 원리를 깨닫고, 이해시키는 데 도움을 준다.

담체폭포에서 굴러 내린 물은 휴선곡폭포를 만든다. 폭포에서 굴러 내린 물은 담(潭)에서 잠시 머물면서 포박수진(抱朴守眞)의 정신을 알게 하고, 영욕(靈慾)에 흔들리지 않는 선택의 지혜에 관한 개념을 이해하게 한다. 휴선곡폭포 주변은 병풍을 펼쳐 놓은 암벽의 형상으로 출입구 역할을 하는 문이 있다. 그 문의 이름을 명심개문(明心開門)이라고 명명했는데, '밝고 맑은 마음을 열다.'라는 의미가 담겨 있다. 또한, 곡신의 기운을 받은 행복한 빛을 가슴으로 맞이하기 위한 기법을 익히는 데 도움을 준다.

휴선곡폭포에서 굴러 내린 물은 아리랑명상폭포를 만든다. 폭포에서 굴러 내린 물은 담(潭)에서 잠시 머물면서 아리랑에 관한 애환과 명상(明祥)의 이치를 알아채는 과정으로 명(明)과 상(祥)의 본질과 본성을 알아차리게 한다. 또한, 명상을 통해서 자연에 놓인 사물의 본성을 바르게 이해하고 관찰하며 자연과 하나 되는 조화로움에 관한 개념을 익히게 한다.

🌳 응골 계곡의 특성

선울림폭포에서 굴러 내리는 물의 모습은 곡선미와 함께 날씬하며 여성미가 넘쳐흐르는 듯하다. 폭포 아래 담(潭)의 크기는 아담하여 노천탕 같은 분위기를 연출한다. 폭포 주변을 감싸고 있는 암벽은 마치 병풍을 원(圓)의 모양으로 펼쳐 놓은 듯하다. 필자가 유추하건대 옛날 전설에 의하면 선녀가 있었다고 한다. 그 시절 실제로 선녀가 생존했다면, 이곳에서 목욕을 했을 것이라고 생각을 해본다.

응골 계곡 주변에 놓여 있는 산지를 둘러보면 계곡의 형태가 사람의 모습을 하고 있는 형상을 많이 볼 수 있으나 명상폭포 주변의 지형은 색다른 특성이 있어 보인다. 명상폭포를 중심으로 주변에 놓여 있는 산의 형상은 여인[玄牝]이 누워 있는 모습과 닮아서 신비로움을 느끼게 한다. 마치 산모가 출산하는 과정의 모습과 너무도 흡사하다.

아리랑폭포가 흐르는 길목에는 넓은 암반이 있는데 1단계에 물을 담고 있는 웅덩이[潭]의 모습은 현빈의 허공[子宮]과 같고, 현빈지문의 기능들이 담겨 있으며 중묘지문(衆妙之門)의 기운이 쉼 없이 생성되고 있는 듯하다.

필자는 아리랑명상폭포를 하루에도 몇 번씩 쳐다보고 또 쳐다본다. 폭포를 마르고 닳도록 쳐다보아도 '생명에 문'은 신비함과 오묘함을 느끼게 하며 그 미지[牝]의 전설과 신비함을 탐구하고자 숙제로 남기고자 한다.

계곡은 비움으로
영원한 존재가 된다

하늘은 무한히 길고
땅은 무한히 오래간다.
하늘과 땅이 길고 오래갈 수 있는 것은
자신을 위해 살지 않기 때문이니
그래서 길고 오래갈 수 있다.

그러므로 도를 체득한 성인(聖人)은
자신을 뒤에 둠으로 앞서게 되고
자신을 부정함으로 존재하게 된다.
그것은 사사로운 욕심이 없기 때문이다.
자신을 비움으로 영원한 존재가 된다.
- 노자

 옛적부터 도(道), 무(無), 빔[空], 비움[虛] 등은 놀림과 비웃음을 받아
왔다. 그래서 노자는 비웃음을 받지 않으면 '도'가 아니고 '참'이 아
니라고 하였다. 많은 사람은 그 말뜻이 무엇을 의미하는지는 알려
고도 하지 않은 채 말꼬리만 붙들고 핏대를 올린다. 그만큼 범인(凡

人)들은 세속(世俗)에 비중을 두며 살아가고 있다.

◈ 어머니

한 여인은 어머니라는 이름으로 도(道)의 길을 걷게 된다. 어머니는 가정을 위해 화광동진(和光同塵)의 정신으로 삶을 살아간다. 어머니는 가족 간의 대립을 해소하고, 자신을 희생하며 가정에서 행복한 분위기를 조성하며 늘 비움을 실행한다. 그러므로 어머니는 어머니라는 이름으로 살아갈 뿐 자신의 이름표가 붙은 한 여인으로 살아가지 않는다. 어머니는 자식에게 생명이 존재하는 그날까지 자신의 모든 것을 내어 주며 늘 근심으로 가득하다. 그래서 그 자식은 자신의 생명이 존재하는 동안 어머니를 영원(永生)히 잊지 못한다. 그러므로 어머니라는 이름은 위대하며 영원히 존재한다고 할 수 있다.

◈ 소나무

천년을 건강하고 지혜롭게 살아가는 삶의 비법은 무엇일까? 소나무가 1000년을 살아갈 수 있는 비법은 영원한 생명(永生)의 이치를 알고 있기 때문이며, 그 실천으로 허무(虛無)의 기능을 잘 수행함에 있다. 즉 허(虛): 채우려 하지 않으므로 비움의 공간이 존재하고, 무(無): 바람이 없으므로 욕심이 발생하지 않으며, 욕심을 부리지 않음으로 다툼이 없고, 집착하지 않음으로 고통이 없고, 고통이 없으므로 몸과 마음이 평안하게 되고, 늘 생활이 평안하므로 생명을 장수하게 만들어 준다.

현재 장수하고 있는 소나무는 설악산 한계령 응골 계곡과 지리산

뱀사골 와운마을에 할아버지, 할머니라는 이름으로 실존하고 있으며, 약 1000년이라는 세월을 장수할 수 있었던 비결을 유추(類推)의 기법으로 풀어 보았다.

◆ 빈 항아리

당신 앞에 빈 항아리가 있다면 무엇을 담고 싶은가?

공기를 담아 볼까! 공기를 통해서 무엇을 취(取)했는가? 빔[空]의 이치를 알아차리고 비움[虛]의 가치를 깨닫게 했다. 즉 공기의 가치를 마시고 또 마시고 싶은 욕심의 이치를 알았다.

소리를 담아 볼까! 소리를 통해서 무엇을 취(取)했는가? 공간[虛空]의 이치를 알아차리고 울림[本心]의 본질을 깨닫게 했다. 즉 어울림의 가치를 깨닫고 타인의 소리를 경청하는 자세를 갖추고자 한다.

물을 담아 볼까! 물을 통해서 무엇을 취(取)했는가? 무(無)와 유(有)의 원리를 이해하였으며, 천지와 만물에 본성을 깨닫게 했다. 즉 손바닥에 물을 담을 수 없음에 무(無)의 이치를 알았고, 입으로 물을 먹을 수 있음에 유(有)의 이치를 알아차렸다.

◆ 무소유

필자는 계곡을 나의 정원으로 맞이하려 한다. 필자는 몇만 평의 땅을 소유하고 있는 부자다. 필자는 계곡 전체를 나의 정원으로 맞이하며 평안한 마음으로 살아간다.

필자는 정원을 눈으로 소유하되 이름으로 소유하지 않는다. 왜? 자연물을 눈으로 바라보고, 손으로 만져 보고, 길을 걸어 보고, 소통하는 자체로 만족하다. 필자는 관리자로서 자연을 접하고 있으며 자연에 놓인 물질들은 잠시 빌려서 쓰고 있을 뿐, 내 것으로 할 필요도 없고, 내 것이라는 개념 자체가 없으므로 무소유로서 자유로움을 만끽하고 있다. 또한, 자연물과 항상 자연스럽게 교감하고 소통이 가능하므로 반드시 소유할 필요성을 느끼지 않는다.

응골 계곡에서 산을 접하고 자연물과 교감을 오랜 시간 실행하면 산신의 기운을 통해서 무소유의 개념을 익히고, 마음의 평안함을 통해서 행복감과 영원함의 이치를 깨닫게 된다.

계곡은 비어 있으므로
쓸모가 있다

진흙을 빚어 그릇을 만드는데
그릇 가운데가 비어 있으므로
그릇으로서 쓸모가 있다.

방 안의 공간이 비어 있으므로
방으로서의 쓸모가 있다.

그러므로 채움(有)이 작용하기 때문이다.
- 노자

🌳 그릇의 공간

우리가 매일 밥상에서 접하는 모든 그릇은 공간으로 만들어져 있다. 그 공간이 깊고 낮음의 차이가 있을 뿐 공간이 없는 그릇은 없다. 우리는 늘 그릇에 담긴 내용물만 볼 뿐 빈 곳을 볼 줄 모른다. 즉 그릇 전체의 크기를 헤아릴 줄 모른다는 것이다. 공간이 없다면 그 어떠한 내용물도 담을 수 없으니 진정 그릇으로서 쓸모 있는 것은 공간이라고 말할 수 있다.

◈ 밥그릇

나의 밥그릇은 금색인가 은색인가! 밥그릇의 색을 탓하지 마라. 밥그릇은 색이 중요한 것이 아니고 그릇 빈 곳에 무엇을 얼마나 담아야 할 것인가를 고민해야 한다.

밥그릇에 무엇을 담아야 할까? 크게는 자신이 몸을 담고 있는 직업적인 영역을 표현하기도 하며, 작게는 우리가 식탁에서 마주하는 밥그릇을 표현하기도 한다. 인간이 살아가는 사회에서 직종과 전문성 등 각각의 분야별 영역싸움이 참담하리만큼 치열하다. 우리는 밥그릇 싸움에만 몰두하지 정작 자신에 밥그릇 크기를 헤아리지 못하는 아쉬움을 남긴다.

우리는 하루에 3번 식탁에서 밥그릇을 맞이하며 재벌에서 빈민에 이르기까지 같은 방식으로 섭생하고 생리를 해결한다. 그렇다면 재벌과 빈민의 그릇 차이는 무엇일까? 밥그릇의 공간을 헤아리고 정량을 담을 뿐 특색이 없어 보인다. 자연의 세계에서 밥그릇 영역싸움은 인간이나 식물이나 동일한 생각과 욕심이 작용하는 듯하다.

① 빈 곳을 설계하고 활용 기법을 익혀라.
② 필요한 영양소를 선택해서 담아라.
③ 그릇에 담긴 밥은 남기지 마라.

◈ 출세의 그릇

자신의 그릇은 탄생과 함께 부여받으며 스스로 운명은 그릇 속에 담겨 있다. 늘 준비하고 깨어 있는 자(者)는 공간적인 임무를 부여받게 된다. 관운은 하늘이 내리고 공인은 도덕성과 유약(柔弱)함의 기능을 요구한다. 누구나 출세를 위한 길(道)을 걷되 순리와 조화로움의 지혜를 익혀야 할 것이다.

◆ 돈의 그릇

돈에는 말과 눈과 손과 발이 달려 있으므로 돈의 주인이 따로 있다. 돈의 길은 쫓는 것이 아니라, 바람의 길을 자연스럽게 따르며, 정도의 기능으로 담으려 해야 할 것이다. 빈 그릇에 쌓이는 돈의 양(量)은 그 주인의 공덕(功德)에 비례하게 된다.

◆ 지혜의 그릇

자연 속에는 지혜를 위한 정보가 가득하다. 자연이 주는 신선한 정보들은 생활 속에서 밝은 지혜로 표현된다. 자연이 주는 지혜를 얻고자 하는 자는 스스로 마음에 문을 열어야 하며, 마음의 문이 열린 만큼 자연으로부터 신선한 정보를 얻게 될 것이다. 자연이 주는 지혜는 신선한 공기를 마시는 이치와 같다.

🌳 집의 창문과 방

집의 벽이 부분적으로 비어 있으므로 창문이 있는 공간이 존재한다. 창문이 있는 방에서는 그 창문을 유용하게 활용한다. 또한, 물건들을 방 안에 쌓을 수 있는 것 역시 방의 공간이 있기 때문이다. 따라서 유(有)가 이로운 것은 무(無)가 용(用)이 되기 때문이니 이를 무용지용(無用之用)이라고 한다.

◈ 계곡이 주는 희망의 방

계곡의 빔[空]은 넓고 높은 꿈을 꾸게 하고, 계곡의 물소리는 심장을 뛰게 하여 삶의 의욕과 열정을 발산시켜 주고, 계곡의 메아리는 미래 희망과 함께 도약할 수 있는 에너지를 제공한다.

◈ 사념(思念)의 방

마음속에 쌓여 있는 벽을 제거하라! 그리고 그 자리를 비워 두어라. 그러면 그 자리에 새로운 생각들이 발현하게 될 것이다.

창작을 위한 생각하는 벽을 만들고 그 벽에 새로운 그림을 그려 본다. 생각을 설계할 때는 2%에 공간을 비워 두면서 부족한 부분은 여분으로 남겨 두어라. 그러면 그 공간에 새로운 아이디어가 담기게 될 것이다. 숲속에는 사념의 행위를 할 수 있는 공간들이 구간별로 놓여 있다. 숲의 위치와 구간에 따라서 생각할 수 있는 소재와 내용이 다르게 발생이 된다. 숲의 종류와 위치를 결정하고 그 공간에서 사념을 실행하게 되면 자연 에너지는 자신의 마음으로 방문하게 되며 신선한 아이디어를 창출할 기회를 맞게 된다.

(위의 내용은 필자가 새로운 아이디어를 얻고자 할 때 종종 활용하는 기법이다.)

설악산 맑은 담(潭) 샘물 이끼 법칙

이 과정은 생명 탄생의 기능과 이끼의 생존 법칙을 깨닫고 지혜로 활용하는 기회를 가진다.

🌿 탐구 현장: 설악산 한계령 응골 계곡 일원

계곡에는 생명과 소통하는 샘물 이끼 법칙이 존재한다.
샘물은 생명 탄생을 돕고, 이끼는 끈기를 선물한다.
- 명상

🌳 샘물 이끼 법칙(Spring Water-Moss Law) 탐구

연구원 뒷산에서 샘솟는 샘물을 탐구하는 기회를 가져 본다.

샘물은 산의 지형적인 공간으로 물길이 형성되어 적정한 위치에서 물이 솟아오르는 현상이라고 생각한다. 물이 솟는 출구의 형태는 암반 또는 흙과 돌로 형성되어 있다. 물맛은 지역에 따라서 다르다. 이유는 그 샘물 지형과 무기질의 광물질에 따라서 다르다고 생각한다.

필자는 샘물을 식수로 사용하고 있는데 물맛이 좋은 편이다. 계곡의 샘터에서 샘물이 솟아난다. 샘물은 한자리에서 새롭게 솟으면서 청정을 유지한다. 새롭게 샘솟는 것은 신선하게 변화하는 것을 의미한다. 물은 변화에 따라 흐르기 때문에 산소를 접촉하면서 맑아지고, 그 맑아지는 원동력 때문에 살아가면서 숨을 쉬게 된다.

샘물이 샘솟는 원리는 사람이 삶을 살아가는 이치와 같으며, 사람이 목표를 향해 땀을 흘리며 노력하는 모습과도 같다고 할 수 있다. 샘물은 늘 비워진 만큼 새롭게 채워진다. 노력은 하면 할수록 더 많은 노력을 하게 되어 하고자 하는 목적을 실현하게 된다. 무엇이든 할 수 있다는 믿음을 가지면 처음에는 그런 능력이 없더라도 결국에는 할 수 있다는 능력을 신뢰하게 된다.

◈ **샘물이 주는 생활의 지혜**

① 샘물은 생명과 희망과 용기를 준다.
② 샘물은 무에서 유를 향한 에너지를 제공한다.
③ 샘물은 사랑을 낳고 인심을 낳는다.
④ 샘물은 에너지의 집합과 정신 집중의 원리를 제공한다.
⑤ 샘물은 비움과 채움의 원리와 나눔의 이치를 깨닫게 한다.

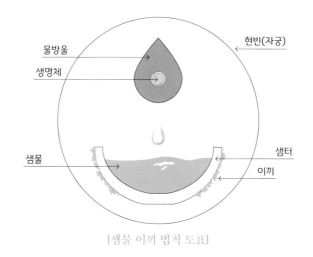

[샘물 이끼 법칙 도표]

① 만물은 물을 통해서 새로운 생명이 탄생하며, 생명체의 세포 조직은 원형의 구조체이다.

③ 원의 모형은 현빈(玄牝), 위대한 어머니의 자궁을 표현했다.

④ 샘터 중앙의 원형 형태는 물방울을 표현했다.

⑤ 물방울 속의 원형은 새로운 생명이 탄생하는 원리를 표현했다

⑥ 손바닥 모형의 샘터 구조물 측면에는 이끼들이 공생으로 살아간다.

⑦ 이끼는 불사조의 별명으로 강한 생명력과 생존 의욕을 표현한다.

⑧ 생명체와 이끼는 공생의 정신으로 강인한 생활력을 수행한다.

🌿 이끼의 생태 탐구

설악산 한계령 웅골 계곡에서 이끼의 생태를 관찰하는 기회를 가져 본다.

이끼의 서식지는 나무, 바위, 흙 등에서 주로 서식하고 있다. 이끼의 생태 과정은 서식지의 환경에 따라서 종류와 형태가 다르고 생존의 방법도 다르다. 일반적으로 생각할 때 이끼는 물을 좋아하는 식물이다. 그러므로 이끼는 항상 물을 가까이하면서 서식한다는 관념을 가지게 한다.

필자는 수년 동안 관찰과 탐구를 하면서 아직도 숙제를 풀지 못한 채 연구가 진행 중이다.

◆ 탐구 사례

양지바른 곳 바위에서 이끼가 살아가고 있다. 이끼는 살아서 숨을

쉬면서도 죽어 있는 모습을 하고 있다. 이 식물은 살아 있는가, 죽어 있는가? 그렇다. 살아서 숨을 쉬고 있다. 태양이 이글거리는 뜨거운 여름날도 견뎌내고, 비가 한 달이 넘도록 오지 않은 갈수기에도 생존하고 있다. 참으로 대단한 식물이다. 그렇기 때문에 필자가 이끼를 탐구하게 된 '이유'이자 '동기'이다.

강인한 인내력과 생명력은 도대체 어디서 나오는가? 늘 궁금하고 알고 싶었다. 특히 양지바른 암반에서 생존 확률의 비밀은 연구 대상 그 자체의 가치라고 생각한다. 필자가 연구 과정에서 발견한 원리는 '낮과 밤의 온도 차이에 의한 암반에서 발생한 결로 현상'으로 수분이 발생하고, 그 수분을 흡수하여 생명을 보존한다는 것이다.

그렇다면 우리는 왜 이끼의 생태를 탐구해야 하는가? 이끼 식물과 인간의 삶 방식과는 어떤 연관이 있는가? 그리고 이끼 식물로부터 무엇을 배워야 하는가? 극한 상황을 극복할 수 있는 인내심, 칠전팔기의 도전 정신, 노력의 땀방울을 통한 성공 철학, 강인한 생명력 등을 배울 수 있다. 그러므로 나도 할 수 있다는 긍정성 등 이끼의 생활 지혜를 자신에 생활 방식으로 맞이하여 삶의 질을 향상시켰으면 하는 바람이다.

◈ 이끼의 정의

이끼는 원래 물기가 많은 곳에 나는 푸른 때를 가리키는 말이었다. 하지만 차츰 바위나 나무, 작은 식물 등에 달아붙어 사는 식물 전체를 부르는 용어가 되었다. 그러다 보니 이끼라는 이름이 붙어 있지만 실제로 이끼가 아닌 것도 많다. 대표적인 예가 머리카락처럼 자라는 물이끼인데, 이는 이끼류가 아니라 녹조류에 속한다. 또 괴불이끼나 바늘이끼라 불리는 것은 양치식물에 속한다.

이끼는 원시적인 식물이라 꽃이 피지 않고 뿌리와 줄기, 잎의 구별이 뚜렷하지 않다. 뿌리는 헛뿌리로 몸을 지지하는 역할만 하고, 관다발도 발달되지 않아 물과 영양분을 온몸으로 흡수해야 한다. 그래서 대부분의 이끼는 크게 자라지 않고 1~10cm 정도로 키가 작다. 하지만 엽록체를 가지고 있어 햇빛을 이용해 광합성을 할 수 있는 녹색 식물로 분류된다.

이끼는 물속에 살아 있던 조류가 진화해 육지로 올라온 최초의 육상식물이다. 그러다 보니 살아가는 데 반드시 물기가 필요했고, 습기기 있는 곳에서 주로 자라게 됐다. 집 주변의 돌담이나 그늘지고 축축한 마당, 습기가 많은 숲속 등에는 다양한 종류의 이끼가 살고 있다. 계곡의 바위나 늪의 가장자리 등 다른 식물이 뿌리 내리기 힘든 물가에서도 이끼는 잘 자란다.

이끼는 비를 저장하고 조절하는 기능도 한다. 이끼는 세포 속에 대량의 물을 저장할 수 있어 평균적으로 자기 몸무게의 5배 정도의 물을 몸에 가둬둘 수 있다.

('네이버 지식백과'에서 발췌하여 정리)

◆ 필자가 탐구한 이끼의 생존 지혜

① 이끼는 끈기의 정신으로 생활의 지혜를 깨닫게 한다.
② 이끼는 인내와 자연 생존 법칙을 깨닫게 한다.
③ 이끼는 칠전팔기의 도전 정신을 알려 준다.

④ 이끼는 극한 상황과 시련을 극복하는 지혜를 준다.
⑤ 이끼는 실패를 통한 인생 역전 희망의 빛을 제공한다.

🌱 샘물은 혁신과 세신의 길을 안내한다.

상선약수 수선리만물이부쟁(上善若水 水善利萬物而不爭)
최상의 선은 물과 같다.
물은 선하여 만물을 이롭게 하며 다투지 않는다.
- 노자

사람의 마음인 영혼과 정신도 물처럼 늘 새로운 곳을 향해 끊임없이 변화를 추구하면서 흘러가야 청정하고 신선해진다. 우리 몸은 늙고 병든 세포를 죽이고 새로운 세포를 받아들이면서 몸을 건강하게 유지해 준다. 새로움을 받아들이고 산다는 것은 낡은 것을 버리고 새로운 것을 받아들이는 자세의 표현이다. 그러므로 살아 있다는 것은 끊임없이 자아 개선을 실행하는 것이다. 그리고 개선된 자아의 시각으로 보면 사물에 대한 인식을 달리하게 된다.

개선의 방법은 현재 나를 둘러싸고 있는 환경과 상황의 변화에 맞게 자아의 정신을 바꾸고 자아를 변화시켜 가는 길이다. 같은 우물에서 나는 샘물이지만 오늘 먹는 물은 어제의 물이 아니며, 강물은 예전의 땅으로 흐르고 있지만 예전의 물이 아니다. 날마다 신선해지지 않는 영혼과 정신은 생명력을 잃어버린다. 물질적인 것이 곧 식상해지는 것은 변화가 없기 때문이다. 날마다 새롭고 신선한 삶을 위해서는 인생을 마음 여행, 정신 여행, 영혼의 여행으로 삼아야 한다.

우리는 변화를 통해서 혁신하려는 생활 자세를 갖추어야 한다. 생각의 대상을 바꾸고, 사물에 대한 관심을 바꾸고, 사물을 보는 각도를 바꾸고, 해석하는 관념에 방법을 바꾸고, 몸의 눈이 아닌 마음의 거울로 바꾸어 보아야 한다. 새로워지지 않은 것, 변화하지 않은 것을 죽음이라 한다.

인간의 다툼이란, 너와 나의 다름을 이해득실로 분별하고, 빈부와 귀천으로 차별하면서 다툼은 발생한다. 물은 산보다 높은 구름에서 내려와 낮은 곳을 향해 내려가 가장 낮은 곳에 광대한 바다를 만든다. 산골짜기의 시냇물이 바다를 이룰 수 있는 것은 청정오탁(淸淨汚濁)과 대소다소(大小多少)를 분별하거나 차별하지 않고 하나로 융합하기 때문이다. 인류가 위대한 평화의 바다를 이루기 위해서는 다툼이 없는 사회를 지향해야 하며, 다툼이 없는 사회를 위해서는 낮은 자(者) 중심의 사회를 만들어야 한다. 물이 바다를 이루는 지혜를 빌리는 것이다. 물이 바다라는 광대한 수평 사회를 이룰 수 있는 것은 스스로 낮추고 가장 낮은 곳을 향해 흐르면서 손익을 불문하고 하나로 합류하기 때문이다.

산골짜기 심오한 곳에서 태어난 샘물은 낮은 곳을 찾아 흐르다 앞이 막히면 몸집을 키우면서 때를 기다렸다가 넘어서 바다에 이른다. 지혜로운 사람은 물이 흐르듯이 유연하게 산다. 유연하게 산다는 것은 무리하지 않고 순리적으로 사는 것이다. 세상을 탓하지 않고 주어진 환경과 상황을 자신에 맞춰 즐기면서 사는 것이다.

인생을 살아갈 때 삶의 방식은 정답이 없다고 생각한다. 그러므로 자신이 쉽게 할 수 있는 일을 즐기면서 최선을 다해 살아가는 것이다.

◈ 사랑을 담은 샘물

샘터는 맑고 깨끗한 물이 솟는 곳이다. 생명수를 품은 샘터, 목마른 이는 누구든지 와서 마실 수 있다. 사람은 누구나 사랑하며 행복하기를 바라고, 자기가 속한 사회의 번영과 발전을 바란다. 사랑이 담긴 샘물 한 모금을 마시고 물맛을 음미하며 사랑의 가치를 생각해 본다. 퍼낼수록 맑고도 가득하게 고여 있는 샘물, 사랑은 어쩌면 그런 모습일 것이다.

사랑의 샘물은 우리 가슴속에 마르지 않는 근원을 가지고 있어 퍼내면 퍼낼수록 많이 솟아난다. 사랑의 감정을 항상 가슴에 가득 담고 살아갈 때 우리는 행복을 느낀다. 사랑의 감정이 가슴에 넘칠 때 우리는 진실해진다. 사랑은 결코 큰일에서 시작되는 것은 아니다. 주변에 있는 작은 것들에게 따뜻한 시선을 보내는 것으로 사랑은 시작된다. 사실 우리는 거창하게 사랑을 찾으면서도 말로만 그칠 때가 많다. 입으로는 사랑을 외치면서도 정작 마음의 문은 꼭꼭 닫아 두기도 한다. 아주 작은 이슬방울이 모여 큰 물방울을 만들어 가듯, 한 방울의 영롱한 결실을 맺는 것이 바로 사랑이다.

사랑의 샘물은 관심을 갖지 않으면 샘솟지 않고 흘러갈 뿐이다. 당신의 가슴속에 있는 사랑의 샘물을 부지런히 퍼 올려서 달콤한 느낌으로 마셔 보라. 그러면 당신께 달콤한 행복이 방문하게 될 것이다.

산신은 생명의 소리를 낳게 한다

봉우리의 신은 영롱(靈籠)하니
이를 일러 빛을 담은 수컷이라 한다.
빛을 담은 수컷의 기둥은
이를 일러 생명의 씨앗이라 한다.
- 명상

우주의 음과 양의 기운은 지구의 산신을 음과 양의 기능을 낳게 하고, 땅의 산신은 양의 기운으로 생명의 씨앗을 낳는다. 그러므로 산신(山神)은 태양에 빛을 담아 밭에 생명의 씨앗을 뿌리고 기르는 기능을 한다.

산은 음과 양의 본질을 말함이요, 나무는 음과 양의 본성을 표현한다. 산을 남자의 상(象)으로 표현한다면, 계곡은 여자의 상(象)으로 표현하며, 남성과 여성의 관계 사이에는 음과 양이 존재하며, 각각의 기능과 통합된 기능을 수행하며 음양 조화를 그 근본으로 한다. 그러므로 남과 여는 동등한 수평 관계에서 평등한 생활을 하며 공존의 삶을 살아가게 되는 권리와 의무를 갖게 된다.

산의 높이와 계곡의 깊이는 상대성으로 비례의 관계를 유지하며, 봉우리는 양의 기운을 지니고 있으며 계곡은 음의 기운을 담고 있다. 계곡이 없으면 산이 존재할 수 없으며, 산이 없으면 계곡이 존재하지 않는다. 그러므로 땅에서 음과 양의 기운이 존재한다는 것을 입증하며 생명의 근원이 산과 계곡에 있음을 깨달아야 한다.

'산의 기운을 느낀다, 또는 기운을 받는다.'라는 말은 자신이 산과 교감하려고 하는 마음이 있다. 산의 기운을 느낀다는 표현은 자신의 마음이 산과 함께하고 있음을 말함이고, 산의 기운을 받는다는 표현은 자신의 마음을 산신에게 주고자 하며 상호 간에 교감을 실행하고 있다는 것을 말한다.

산에서 오랜 시간 동안 자연에 관한 생태계를 관찰하게 되면 산신의 기운을 느끼게 되고, 식물의 생리 과정으로 선순환 체계를 깨닫게 된다. 식물이 씨앗을 통해서 발아하고 크게 성장하기까지 과정을 살펴보면 자연만이 할 수 있는 신비스러운 광경으로 산신은 소유하지 않고, 기대지 않으며, 지배하지 않는다는 원칙을 관찰하며 그 이치를 깨닫는 기회를 얻게 된다. 현대 사회를 살아가는 부모들은 자식과 동반하는 과정에서 한 번쯤 생각하며 습관을 바꾸어야 할 일이다. 자식을 낳되 소유하려 하지 말고, 자식에게 베풀었다 하여 바람을 갖지 말아야 하며, 기르는 과정에서 자기 명령을 복종하라는 지시를 해서는 안 될 일이다.

산신은 생명을 탄생시키는 씨앗을 제공하고, 인류의 문화 창조를 위해 만물에 씨앗을 제공하기도 한다. 그 씨앗의 힘은 일자리 창출과 자신의 발전과 삶의 질 향상을 통한 인류 공영에 이바지하게 된다.

설악산 계곡 철학

이 과정은 계곡의 생태 기능을 학습하고 생활 문화로 접목하는 기회를 가진다.

계곡 물은 낮은 곳을 향해 굴러간다.
자신을 낮추는 자세는
곧 자신을 높이는 자세이다.
- 명상

🌳 강해(江海) 계곡의 철학

강과 바다가
온갖 골짜기의 왕이 될 수 있는 까닭은
그가 자기를 낮추기 때문이다,
그러므로 온갖 골짜기의 왕이 될 수 있다.
백성 위에 있고자 하면
말을 스스로 낮추어야 하고
백성 앞에 서고자 하면
스스로 몸을 뒤에 두어야 한다.
- 《노자도덕경》 제66장

'낮은 곳이 곧 높은 곳이다.' 공인은 자기를 잘 낮추기 때문에 자신을 높게 보이게 하고, 몸을 뒤에 두기 때문에 업무를 앞에 두게 된다.

설악산은 계곡이 험악하여 악산이라고 표현한다. 특히 울산바위의 계곡은 곡선(谷線)이 뚜렷하여 생활 철학의 길을 안내하는 것 같다. 또한, 계곡의 역삼각형은 능력 발휘와 책임 의식이라는 두 가지의 과제를 준다.

모든 계곡은 만물이 소생하는 과정의 기반이 되어 준다. 계곡 철학의 핵심은 '낮음은 높음을 위해 기반이 된다'라는 의미를 담는다. 즉 기초 없는 건물은 존재하지 않고, 뿌리 없는 나무는 존재하지 않는다는 의미와 맥락을 같이 한다.

우리는 계곡을 통해서 무엇을 배우고 익혀야 할까? 계곡은 우리에게 어떤 메시지를 전달하고 있을까? 우리는 계곡이 주는 메시지에 경청해야 할 일이다. 계곡 속에는 깊고 심오하며 진주 같은 보석이 숨어 있다. 나는 사회 발전을 위하여 무엇을 해야 하고, 어떤 역할을 할 수 있을까? 계곡이 신비함을 담고 있듯이 자기의 역할은 자신 안에 담겨 있다. 그 역할을 찾고자 노력하고 있으며, 낮고, 높고, 크고, 작고를 선택하고 연마하고 있을 뿐이다.

계곡의 철학이란? 낮은 곳에서 낮은 자세로 살아가는 모습으로 보인다. 하지만 본질은 그 반대이다. 계곡의 생활은 생명을 탄생시키는 가장 훌륭한 일을 수행한다는 자긍심으로 자존감이 매우 높다. 그러므로 인생이란 낮은 도(道)에서 높은 도(度)를 향해 길을 걷는 과정으로 생활을 수행하며 깨달음을 얻게 된다.

◆ 바람의 계곡

우주의 공간에도 바람의 계곡이 존재한다. 온난전선과 한랭전선의 기압골이 형성되어 상호 간에 생존 철학을 두고 경쟁하면서 번개를 만들어 낸다. 나무숲 계곡의 바람은 테르펜 향기를 발산하여 인체 건강에 유익한 기능을 준다. 바닷바람의 계곡은 인체 살균 작용의 기능으로 건강에 도움을 준다.

◆ 빙하의 계곡

한계령 응골 계곡 아리랑명상폭포에서 빙하의 벽을 맞이한다. 겨울이면 계곡 전체가 얼음으로 덮여 있어 장관을 이룬다. 폭포의 외벽은 얼음으로 장식하고 있으나 얼음 속의 물은 흐름의 철학을 담고 쉼 없이 목표를 향해 길을 재촉한다. 폭포의 빙하는 내유외강의 기능을 담고 있으며, 밖으로는 차갑게 느껴지면서 안으로 포근하게 포용해 준다.

◆ 사랑의 계곡

계곡에서 사랑의 물이 흐른다. 만물이 소생할 수 있도록 물을 아낌없이 나누어준다. 계곡에서 사랑의 바람이 스쳐 간다. 꽃향기, 테르펜 향기는 코의 기능을 감미롭게 해준다. 계곡에서 사랑의 음악이 춤을 춘다. 새소리, 물소리, 나뭇잎 소리는 생활 활력을 위해 기쁜 리듬을 제공한다. 계곡에는 언제나 사랑의 에너지가 넘쳐난다.

그래서 하염없이 내어준다. 비움과 채움의 과정에서 손익계산서 없이 배려와 나눔을 실천한다.

◆ 계곡 철학의 기능

① 바다의 계곡은 자비를 품은 마음과 같다.

② 해저의 계곡은 자아의 본성을 품고 있다.

③ 계곡의 기운은 자기중심과 정화 기능을 준다.

④ 계곡은 비움의 철학으로 채움을 실행한다.

설악산 한계령 응골 계곡
3대 폭포 치유 체험

    설악산 한계령 응골 계곡에는 곡신(谷神)의 사연을 담고 흘러가는 '아리랑명상폭포, 휴선곡폭포, 지족담체폭포'가 있다.

🌿 아리랑명상(我理朗明祥)폭포

    아리랑명상폭포에서 삶의 가치에 관하여 깨달음을 얻고자 한다. 휴선 캠프 앞에 큰 둥지 모양의 넓은 바위에서 물이 흘러내리고 있다. 명상폭포 상층부의 지형은 현빈지문(玄牝之門)의 형태와 닮은 형상이며, 폭포 주변 넓은 암반과 담(潭)의 형태는 음문(陰門)의 모습과 흡사하여 어머니의 이름으로 위대함과 신비로움과 현묘함이 결집하여 있는 형상으로 생명의 문이라고 부르기도 한다. 또한, 필자가 바라볼 때 폭포 옆 고갯길의 모습이 마치 아리랑의 애환을 품은 듯하여 고개 이름은 아리랑고개라고 부르며 명상폭포를 휘감고 돌아가는 모습에서 폭포 이름을 '아리랑명상폭포'라고 부른다.

    아리랑(我理朗)의 사연은 나 아(我), 다스릴 리(理), 밝은 랑(朗), 즉 나를 밝게 알아 간다는 이론이 담겨 있으며, 아리랑에 관한 학습을 통해서 "나는 누구인가?"라는 질문에 답을 구하고자 심화 학습을 진행하는 과정에서 《노자도덕경》의 정신을 담고 있는 무위자연의 사상을 만나게 된다. 그리고 명상은 무위자연의 학습을 통해서 '명상은 누구인가'라는 질문의 답을 찾게 된다. 비로소 나 자신이 누구이며, 자신이 해야 할 과제를 찾게 되는 동기 부여가 되었다.

명상은 명상(明祥)의 기능을 자연과 일체화하고 사람과 조화롭게 하는 기법을 찾고자 한다. 또한, 과제 의미를 알아차리는 과정으로 아리랑명상의 수련과 함께 주어진 과제를 한 가지씩 깨달아 가고자 하며, 과제를 실행하기 위한 길 안내자로 노자의 사상과 휴선 7요소 물질, 휴선 7미덕(美德), 휴선 7요소 법칙의 지혜와 함께 마음공부를 평안하게 정진하고자 한다.

◆ 아리랑의 의미

참된 나를 찾는 즐거움, 즉 나를 맑고 밝게 알아간다. 나를 알아가면서 진아(眞我)를 찾는다는 것은 삶의 굴레를 맑고, 밝게 굴려 간다는 의미와 같은 이치다. 삶을 엮어갈 때 하모니 창작 과정 속에는 좋고, 나쁘고, 기쁘고, 슬프고, 행복하고, 불행하고 등의 부산물들이 발생하며, 생활 과정에서 생산되는 부산물들은 아리랑 고개의 지혜를 통해서 슬기롭게 헤쳐가는 길을 찾아야 할 것이다.

◆ 명상(明祥)이란?

- 명(明): 미세한 것으로부터 사물의 도리를 아는 것을 명(明)이라 한다. 즉 상(常)을 아는 것이 명(밝음)이라고 한다.
- 상(祥): 조화로움을 아는 것을 '상(영원함)'이라 하고, '상'을 아는

것을 '명(밝음)'이라 하며, 생명에 유익한 것을 '상(祥, 상서로움)'이라 한다.

상(常)은 스스로 그러함을 이루어 가는 변화하는 자연의 진실한 모습이다. 총명함을 감추고 의식을 자연 리듬에 맞출 때 버려진 것이 없게 된다. 즉 내가 못 보고 미처 깨닫지 못하고 지나가는 문제가 없게 된다.

◈ 아리랑 명상 수련

아리랑명상폭포 앞 수련장에서 실행하는 명상 기법은 기존의 명상 기법과는 차별성이 있음을 말하고 싶다. 명상이 실행하는 아리랑 명상 기법은 무위자연의 이론과 명상(明祥)의 밝은 실체를 몸으로 체험하고 마음에 담아 보는 행위이다.

명상 수련은, 사념의 비움과 버림을 통해 내면의 진정한 자아를 발견하고, 삶과 생명의 소중함을 깨닫고, 행복하고 건강하며 풍요로운 삶으로 방향성을 확립하는 것이다. 명상 수련을 통해서 유약(柔弱)의 방법을 깨닫고 실천하며 삶의 질을 향상하는 기반을 마련하고자 한다.

◈ 아리랑 명상 수련의 특성

① 아리랑 명상 철학은 아사자연(我師自然)의 개념과 논리를 기반으로 한다.

② 아리랑 명상은 자연환경과 식물 세계의 생태를 이해하고 숙지하는 과정을 기본으로 한다.

③ 식물의 생리를 관찰하면서 순환, 반복, 변화의 과정을 학습한다.

④ 식물의 성장 과정으로 정도, 균형, 교류에 관한 기법을 익힌다.

⑤ 자연물과 교감을 통해서 진아(眞我)를 찾고 동시에 깨어 있는 자아를 관찰한다.

⑥ 지족(知足)에 관한 개념을 깨달아 욕심의 허(虛)와 실(失)에 관한 이론을 알아차린다.

⑦ 비움과 채움을 통해서 생활 습관을 변화시키는 자연 학습을 실행한다.

🌳 휴선곡(烋仙谷)폭포

곡신(谷神)의 기능과 이치를 깨달아 큰 사람이 되고, 행복한 가정, 사업 번창 등의 소원과 함께 행복한 빛을 맞이하라는 의미에서 폭포 이름을 휴선곡폭포라고 하였다. 폭포수가 흘러 내리는 길을 기준으로 좌측면과 우측면의 양쪽 면에는 큰 암벽이 놓여 있는데 마치 대문을 여닫는 모습을 연상한다고 해서 문다지[門冊冊冊]라고 불렀다. 또한, 밝고 맑은 마음의 문을 활짝 연다는 의미에서 '명심개문'이라고 부른다.

'휴선곡폭포', 천년의 세월 속에 선녀가 존재했다면 선녀들이 이곳에 내려와 목욕을 하지 않았을까 하는 생각을 해본다.

휴선곡폭포 상단 박달나무 아래서 행복한 빛을 맞이하고자 한다. 폭포에서 물이 흘러내리는 모습을 바라보고 있노라면 삶의 애환들이 녹아서 흘러가는 모습을 보고 있는 듯하다. 그리고 백 년이 훨씬 넘은 박달나무가 아치 형상의 자태를 취하며 살아가고 있다.

나무는 마치 삶의 짐이 무거운 듯, 허리를 구부린 형태를 취하고 있는데, 우리네 인생살이 삶의 단면을 보고 있는 것 같아 왠지 마음을 무겁게 만든다. 필자는 박달나무 아래서 곡신(谷神)의 기운을 받아 마음의 무게를 계량하고 몸체의 균형을 관조하면서 행복한 빛을 맞이한다.

[悠仙] 행복한 빛

설악산 웅골에서
나는 태양을 새롭게 생각한다.
어제의 태양이 오늘의 태양이 아니듯
오늘의 빛은 새로운 길을 맞이한다.

설악산 정기받은
영롱한 빛을
높고 넓게 바라보며
신선한 기운을
내 안으로 맞이하자

그리고
곡신의 기능 속에
새로운 빛을 찾는 자는
행복의 문이 열리고
행운이 방문하게 될 것이다.
- 명상

◈ 휴선곡포박(烋仙谷抱朴)

도량(度量)이 넓고 커야 휴선곡을 순수하게 품을 수 있다. 행복한 빛을 맞이하며 곡신이 인도하는 길을 따라 순수한 자연으로 돌아가고자 하는 마음의 자세를 가져 본다.

도량이란, 사물을 너그럽게 용납하여 처리할 수 있는 과정을 말하며 타인의 장점과 단점, 그리고 잘못을 모두 감싸 안은 넓은 마음과 깊은 생각의 표현이다. 도량이 크면 사람의 마음을 얻고 하나로 모을 수 있으며 여러 사람의 의견을 하나로 결집시켜 더욱 긴밀하고 조화로운 환경을 조성하는 데 도움을 준다.

포박이란, '순수하게' 또는 '순수함을 품는다'라는 뜻이다. 즉 자연의 순수함을 넓은 마음으로 바라보며, 자연의 물질을 맞이하고자 하는 자세를 갖추라는 의미를 담고 있다.

◈ 타인을 귀하게 생각하라.

> 만물은 음을 등지고 양을 안고 있는 것이니
> 음양의 기가 서로 상충하여 조화를 이루는 것이다.
> - 《노자도덕경》 제42장

우주 만물은 음양에서 생겨나고, 음양이 대립하고 통일되는 것은 어우러지는 융합의 도를 따른다. '기가 서로 상충한다'는 것은 만물의 아주 중요한 제어 작용이다. 조화는 음양이 서로 증감하여 평균을 이룬 결과이다. 자연계 전체이든 아주 작은 사물이든 모든 자연은 자연법칙이 상충하여 일어나는 제어 작용으로 균형을 유지하고 있으니 선량한 마음을 담아 잡초를 귀하게 생각해야 할 것이다.

자연의 세계에서 잡초는 식물로 자라며 만물에 이로움을 제공한다. 즉 잡초는 음과 양의 기능을 담고 있다. 불필요한 자(者)에게 음(陰)의 기운으로 잡초로 보일 것이고, 필요한 자(者)에게 양(陽)의 기운으로 약초로 보이게 한다. 이는 사람마다 쓰임에 따라서 쓰임의 기능이 달리한다는 의미이다. 그러므로 보잘것없는 잡초라고 해도 각각의 기능과 쓰임이 있으니 귀하게 다루어야 할 것이다.

◆ 복명(復命)

비움을 극진히 이루고
고요함을 돈독히 지키면
만물이 함께 일어나
나는 그 돌아감을 본다.
온갖 것 무성하게 뻗어가나
결국 모두 그 뿌리로 돌아가게 된다.
그 뿌리로 돌아감은 고요함을 찾음이니
이를 일러 제 명을 찾아감이 영원한 것이니
영원한 것을 아는 것이 밝아짐이다.
영원한 것을 알지 못하면
허망하게 재난을 당한다.
영원한 것을 알면 너그러워지고
너그러워지면 공평해진다.
- 《노자도덕경》 제16장

◆ 식물의 순환 과정

휴선곡에서 흐르는 물을 통해 몸과 마음을 세심하게 되면 비움과 고요함을 깨달아 마음을 평안한 공간으로 만들어 준다. 이어서 평안한 마음은 사물을 신령스럽게 바라볼 수 있는 눈(眼)이 되어 명심개문의 암벽에 아주 작은 일월초가 잠에서 깨어나 무성하게 자라고 있는 모습을 관찰하게 해준다. 그 약초는 가을이 되면 자취를 감추고 뿌리로 돌아가 고요함을 찾는다. 겨울 동안 뿌리는 고요하게 잠을 자며 영원함으로 돌아간다.

따뜻한 봄이 오면 일월초는 영원히 살아 있음을 과시하듯 생리 활동을 반복하면서 밝게 피어 나는 모습을 볼 수 있다. 순환의 반복 활동은 영원함을 알아차리게 하며, 너그러움의 의미와 공평함의 진리를 깨닫게 하는 듯하다.

지족담체(知足潭体)폭포

인간의 욕망은 그릇에 가득 담아도 욕심을 채울 수 없다. 폭포에는 폭포수가 하염없이 흘러내린다. 물은 큰 담(潭)에서 잠깐 동안 머물다 그릇을 넘쳐 아래로 흘러간다. 그릇에 담긴 물을 다 품을 수 없음에도 불구하고 그릇에서 넘치는 물에 관하여 욕심을 지우지 못한다. 이와 같은 자연의 이치로 폭포의 이름은 지족담체폭포라고 부른다.

지족담체폭포는 오랜 세월 천연의 향기가 담겨 있다. 폭포의 크기는 크지도 작지도 않은 고즈넉한 모습의 형상체이다. 그 형상은 인생의 뒤안길을 굴려 가는 듯 자신에 본체를 보는 듯하다.

◆ 폭포의 크기

물의 낙차 높이 22m, 폭포 주변 암반 넓이 18m이다. 폭포 하단부 담(潭)의 크기는 깊이 1.5~2m, 넓이는 원형으로 지름 10m이다. 폭포의 물소리는 감미로우면서도 그윽하게 들리고, 흘러내리는 물결은 용이 승천하는 모습으로 굽이치면서 살며시 큰 담으로 흘러내린다.

담(潭)으로 흘러들어온 물은 담의 원둘레를 회전하면서 속세의 세계에 놓여 있는 애환과 시련의 굴레를 곱씹으며 돌고 돌아간다. 다음 단계 비움의 담으로 흘러들어온 물은 삶의 굴레에서 잘못된 관습과 잘못을 깨우치게 하는 기능을 주고, 다음 단계 채움의 담으로 흘러들어온 물은 새로운 관습과 반성하는 정신을 담고, 다음 단계 버려야 할 것은 버리고, 다음 단계 취해야 할 것은 취하는 담으로 흘러 들어간다.

사람의 그릇 작용은 신통방통 그 자체이다. 더도 말고 덜도 말고 넘치지 않으며 깨지지 않는 아담한 그릇을 만들고 싶다. 담(潭)은 사람들에게 어떤 기능과 의미를 주고자 할까? 흘러서 들어온 물은 그릇을 가득 채운 후 넘쳐서 흘러간다. 사람의 마음도 그렇듯, 욕심으로 담으려 하고 넘치는 물을 잡을 수 없어 아쉬움을 가득 남기게 한다. 그러므로 우리는 자연이 주는 순리의 과정을 통해서 자신의 몸체를 만들어야 할 것이다.

◈ 지족(知足)

나무도 허물을 벗으며 살아가고, 파충류인 뱀도 허물을 벗으며 살아가고, 사람도 각질이라는 허물을 벗으며 살아간다.

인간의 탈을 쓴 사람이라면 욕심은 허물을 낳는다는 것을 기본적으로 알고 있다. 그리고 인생에서 허물은 나쁜 영향을 미친다는 것도 알고 있다. 그러나 생활에서 그 유혹으로부터 자유롭지 못하는 듯하다.

설탕의 맛은 허물과 같아서 쓰임에 따라 사람들에게 장단점을 제공하기도 한다. 나무는 지족의 실행에 관한 답을 알고 있으며, 바른 인격체의 사람이라면 나무의 생리 과정을 통해서 욕심과 허물 사이에 놓인 정도(正道)의 기능을 익혀야 할 것이다.

담체(潭体)

담체는 사람의 그릇 형태를 의미한다.
사람의 그릇은 정도(正道), 균형(均衡), 교류(交流)에 의해
맞춤형 그릇을 창작하게 된다.
그리고 그릇의 크기는
궁부와 노력 여하에 따라 달라진다.
- 명상

◈ 가지고도 쉼 없이 더 채우려는 것은

가지고도 쉼 없이 더 채우려는 것은
어리석은 일이니 그만두는 것만 못하다.
쇠를 두들겨서 예리하게 하면
오래 보존할 수가 없다.
금은보화가 집에 가득하면
아무도 지킬 수 없다.
재물과 명예로 교만하면
스스로 허물만 남긴다.
성공을 했으면 물러나는 것이
자연의 이치다.
- 노자

노자는 가지고도 쉼 없이 더 채우려는 것은 어리석은 일이라고 말했다. 인간의 소유욕은 끝이 없다. 끝이 없기에 오늘의 문명을 접할 수 있었고 미래의 문명 또한 기대되는 것이다. 그러나 같은 용도의 물건이 조금 더 새로워졌다고 해서 삶의 질이 향상되는 것은 아니다. 진정한 인생의 질은 외형에 있는 것이 아니라 내면에 있는 것이다.

다람쥐는 옥수수, 들깨, 도토리, 꽃의 씨방 등 식용이 가능한 것은 모두 잘 먹는다. 다람쥐가 옥수수를 먹는 모습은 심술보가 가득한 욕심쟁이 그 자체의 형태이다. 음식물이 입안의 양쪽에 볼이 가득한데 계속해서 섭생하며, 그것도 부족했는지 친구들을 불러서 함께 만찬을 치른다. 그리고 음식물 일부는 저장고에 저장하는데, 다람쥐는 욕심만 가득한 채 숨겨둔 음식물을 찾아 먹지 못하면서 봄을 맞이하는 아쉬운 부분이다.

◈ 비움과 채움의 지혜

폭포 옆에서 자라고 있는 나무들은 비움과 채움이라는 균형 감각을 잘 실천하고 있다. 나무라는 생명체는 비움과 채움의 균형을 실천함에 비법이 있어 보인다. 아마도 탄소동화작용에 의한 잎과 뿌리의 상호 교류작용인 듯싶다. 사람들은 균형을 갖춘 인격체를 형성하기 위해서 비움과 채움을 어떻게 실행하는가. 사람들이 생각하는 비움이라면 자신 안에 담겨 있는 가치 중에서 넘치는 것을 비우고자 함일 것이다. 그렇다면 비움에 있어 절댓값의 분기점이 필요한 듯싶다.

비움과 채움의 선별 과정을 갈래지으면 아래와 같다.
① 물질의 욕망에 관한 것: 지식욕, 재물욕, 출세욕, 소유욕 등
② 부정적 생각에 관한 것: 분노, 상처, 미움, 원한, 이기심 등
③ 긍정적 생각에 관한 것: 자신감, 용서, 배려, 포용, 나눔, 사랑 등

◈ 식물들은 몸에 필요한 만큼만 영양소를 담는다.

오유지족(吾唯知足), 오직 족함을 알 뿐이며, 만족은 곧 행복이다. 자신이 극락에 있어도 그것을 모른 채 부족하다고 불평만 하는 사람들이 있다. 반면에 만족할 줄 아는 사람은 식은 죽 한 그릇을 먹어도 맛있고 배가 부르다는 표현을 하니 행복하다는 마음이 담겨 있다.

오유지족이란 글은 자발적 가난에 대하여 생각하게 한다. 적당한 물질적 결핍, 적당한 생활의 불편은 또 다른 것들을 풍요롭게 해주는 기회를 가져온다. 지족불욕(知足不辱) 지지불태(知止不殆), 족함을

알면 욕되지 않고 그칠 줄 알면 위태롭지 않다. 물질적 요구는 자신의 마음을 다스리는 문제와 관련될 뿐이다. 자신이 가진 수준에서 충분한 행복감을 얻어내는 것은 각자의 몫이라고 생각한다.

◆ 출세욕과 물욕은 출구가 없는 그릇에 담아라.

출세욕과 물욕을 위해서는 숨을 편하게 쉴 수 있는 마음의 문을 항상 열어 놓아야 한다. 동시에 비움과 채움의 과정을 언제, 어디서, 어떻게 실천할 것인가에 관해서 고민을 거듭해야 할 것이다. 더불어 소주병의 형상과 빛을 담은 스펙트럼의 이론과 기능을 익혀야 할 것이다.

물욕을 통해서 부자가 되기를 원하는 자는 비움과 채움의 공식을 학습하는 기본적인 자세를 갖추어야 한다. 그리고 부자의 자격은 순간의 분별력과 과감한 결단력과 수행 능력이 있어야 부자 대열의 승차권을 얻을 수 있다.

자연과학이 담겨 있는 스펙트럼이라는 공간은 광범위한 학술적인 이론과 광합성적인 기능들이 내재되어 있다. 즉 말해서 인간들이 사는 삶의 방식은 매우 복잡 미묘한 기류들이 사람과 함께 숨을 쉬고 있다는 말이다. 그 때문에 자신 안에 있는 능력과 열정으로는 탄성과 소성에 한계성의 벽을 넘지 못한다. 그러므로 벼슬과 부자는 하늘이 내린다는 속설과 맥을 같이 한다.

◈ 탐하지 마라, 담을 그릇과 주인은 따로 있다.

남의 그릇에 담긴 떡이 더 크게 보이고, 남의 밥그릇에 담겨 있는 밥이 더 맛있게 보일 때가 있다. 그러나 남의 그릇에 담긴 물체를 탐하는 것은 자기 스스로 게으름을 보여 주는 행위이다. 남의 그릇에 담긴 물건이 욕심나거든 땀을 흘려야 한다. 그리고 발품을 팔아야 한다. 그러면 자기의 그릇에도 같은 물질이 담기게 될 것이다.

깊은 산속에는 산삼이 자라고 있다. 귀한 물건이라고 해서 많은 사람이 탐을 낸다. 인간들은 산삼의 기능에 관하여 탐을 내지만, 산에 가서 한번 직접 캐보려고 노력은 하지 않은 듯싶다. 오로지 산에 오르는 심마니들을 통해서 물질을 얻고자 함이 스스로 게으름이라고 할 것이다. 물론 일반인이 산에 오른다고 하여서 산신령님은 아무나 보여 주지 않는다. 그렇다면 산삼은 누구에게 주는 것일까? 산삼의 주인이 되는 자는 일상생활에서 양심을 가지고 선(仙)하게 살아가는 사람이라고 필자는 믿고 있다. 그러면 어떻게 살아가야 할까?

① 양심은 어둠을 밝히는 태양과 같다. 항상 배려하는 마음으로 살아가며 태양을 우러러 한 점 부끄러움이 없어야 한다.

② 양심은 갈증을 해소해 주는 나무뿌리와 같다. 양심을 표현할 때 양지보다는 음지에서의 표현이 가치가 있다고 할 것이다.

③ 양심 있는 생활이라 함은 정도(正道)를 지키고, 말(言)을 앞세우지 않고, 몸으로 솔선수범을 행하는 사람을 말한다.

◆ 욕심이 없으면 잃을 것도 없다.

불욕이정, 천지장자정(不欲以靜 天地將自正)
바라는 바가 없이 고요하면 천하가 스스로 바르게 된다.
- 《노자도덕경》

노자는 지위가 높든 낮든, 귀하든 천하든 누구나 자신을 잘 알아야 하며 본인이 이르지 못하는 것에 관해서는 골머리를 앓을 필요가 없다고 했다. 사람이 괜한 욕심을 부리지 않으면 마음이 편안하고 고요한 법이다.

봄철 나뭇가지에는 새순이 돋고, 여름철에는 무성하게 자라서 초록의 색을 이루며, 가을철에는 각자의 색깔을 발산하면서 단풍이 들고, 초겨울이 되면 잎들은 하나둘씩 떨어지기 시작하여 앙상한 가지만 남게 된다.

이런 자연 현상을 바라보면서 항상 느끼는 점이다. 나무가 욕심을 많이 부린다고 나뭇가지에 많은 잎들이 생길까? 무성했던 나뭇잎들이 전부 떨어졌다고 해서 나뭇가지가 잃은 것이 있을까?

본래 없었기 때문에 잃을 것도, 잃은 것도 없다. 다만 그곳에 잠깐 동안 왔다가 순간적으로 스쳐서 지나갈 뿐이다. 형태가 없는 욕심이란 풍선 속에 담긴 바람과 같으며, 바람은 형태가 없는 그러한 형태의 자연 모습과 같다. 그러므로 형태가 없는 욕심을 주머니 속에 담을 수도, 품 안에 간직할 수도, 손으로 잡을 수도 없는 무상지상(無狀之狀)의 물질에 불과하다.

제7장

▼

물[水: water]
〈대립과 갈등 해소는 순리적으로〉

이 과정은 물의 긍정성과 포용성을 학습하고
생활 습관을 변화시키는 기회를 가진다.

🍃 물은 물의 길을 소유하지 않는다.

그러므로 물길은 물을 존경하고, 갈증과 갈등을 해소하는

길을 안내한다.

이 단원은, 물은 인욕(人慾)과 예절에 비유할 수 있다.

물은 어떤 시련과 고난이 있더라도, 이를 극복하고 바다로 향하기 때문이다. 인욕의 발생은 사람들이 자비심이 없고 사랑의 가치를 모르기 때문에 이기적인 소유욕에 취하게 된다.

물은 긍정적인 생각과 낮은 자세로 행동한다. 한곳에 오래 머무르지 않으며, 자리다툼이 없고, 타인이 싫어하는 곳을 찾아서 머문다.

자비의 수행으로 7미덕: 수덕(水德), 12성품: 공정성의 정신을 담고, 물을 귀중하게 대접하고 자신의 자세를 낮추는 과정으로 무위자연의 기다림(氣茶痳), 담체(潭体) 체험 기법을 활용하고자 한다.

최고의 사랑은 물과 같다

상선약수(上善若水).

최고의 사랑은 물과 같으며 최고의 선은 물의 색과 같다. 또는 최상의 덕(德)은 물의 맛과 같다. 물은 만물을 이롭게 할 뿐 다투지 않으며, 사람이 싫어하는 곳에 머무른다.

그러므로 물은 도(道)에 가장 가깝다. 머무는 곳은 낮은 자리를 좋아하고, 마음은 깊고 고요함을 좋아하고, 나눔과 베푸는 것을 좋아하고, 오직 물은 다투지 않으니 허물이 없다.

물은 만물을 촉촉하게 하는 본성을 지니고 있지만, 만물과 이해를 다투지 않고 사람들이 싫어하는 낮은 곳에 머문다. 노자는 세상에서 물처럼 부드러운 것이 없다고 했다. 물은 고정된 형상이 있지 않은 덕분에 담는 그릇에 따라 형태를 바꿀 수가 있다. 아무리 작은 틈이라도 비집고 들어갈 수 있고, 아무리 제멋대로 생긴 돌이라도 휘감아 흐를 수 있으며, 깨끗하건 더러워지건 그대로 존재한다.

물은 만물에 없어서는 안 될 절대적인 생명력 가운데 하나이며 사람들에게 꼭 필요한 것은 사랑이라는 바이러스 그 자체이다. 사랑은 내가 받기보다는 상대에게 주는 거라고 했다. 그러므로 일상에서 갈증을 느끼는 만큼 자연 속에서 사랑을 나누는 습관을 익혀야 한다. 나무와 사랑을 통해서 수액 작용의 촉진을 돕고, 꽃과 사랑을 통해서 향기로운 향수를 만들어 보자.

덕(德)이라는 것은 물의 형상과 같으며 무상지상(無狀之狀)의 형태로 연기법에 의한 고리 구조로 존재하며, 사람에게 향기로 다가오며 스스로 무형의 재산으로 남기게 된다. 즉 선행은 남을 모르게 실천하는 것을 말하며, 음덕으로 쌓인다는 의미이다.

물에는 얼굴과 향기가 존재하며 향기를 담고자 하는 자는 맑고 투명한 생활을 꾸준하게 실천해야 한다.

인생은 물과 같고,
물이 굴러가는 과정과 같다

    설악산 한계령 웅골 계곡에서 물이 구르는 모습처럼 살아가고 싶다. 아리랑명상폭포에서 온종일 쉬지 않고 하염없이 굴러가는 물을 바라보며, 물이라는 물성에 관하여 지혜를 얻고자 관찰을 실행해 본다.

    물이라는 물성의 분자(수소와 산소)는 쇠사슬 형태와 같은 고리 구조로써 굴러간다는 표현을 하게 되었다. 물의 모습을 시각적으로 관찰하면 물의 신뢰성, 물의 결단성, 물의 용감성, 물의 화합성 등의 기능을 담고 물이라는 물성으로 존재하는 듯하다.

    물이 흘러가는가, 아니면 굴러가는가? 필자는 굴러간다고 생각한다. 물은 물질의 본성 자체로 존재하며 물은 흘러가는 것이 아니라 물은 굴러서 아래로 굴러간다. 물의 근본적인 모습은 원형과 타원형 형태를 이루고 있으나 환경에 따라서 그 형태는 여러 가지 모습으로 변화를 이룬다. 물이 굴러간다는 표현이 생소할 것이며, 처음 듣는 사람은 조금 어색할 수 있다. 그러나 필자는 오랜 시간 동안 물의 운동에 관한 연구를 해오면서 밝혀낸 이론이며 그 기능을 학술적으로 표현하고자 한다.

물은 수소와 산소의 결합체로서 하나의 물체를 형성한다. 즉 수소와 산소가 결합할 때 고리 구조가 매개체의 역할을 한다. 폭포에서 물이 낙차를 할 때 물의 색이 하얀색으로 변하는 것을 볼 수 있다. 이 현상을 백화수(백수) 현상이라 하며 수소와 산소의 작용이 발생 역할을 한다.

물이 굴러가는 기법을 통해서 교류에 과정을 익히고 인간관계를 조화롭게 할 수 있는 방법을 깨닫고자 한다.

◆ 물의 신뢰성

수소와 산소는 끈끈한 동반자의 결속체로서 기능을 투명하게 하고, 거짓이 없으며 상호 간에 믿음으로써 신뢰를 쌓아가는 듯하다.

◆ 물의 결단성

직무와 목적지를 결정하고 목표를 향할 때 장애물에 흔들림 없이 도전하는 결단성이 매우 높다.

◆ 물의 용감성

폭포에서 낙차를 할 때 높고 낮음을 가리지 않고 망설임 없이 뛰어서 내린다. 물은 굴러가는 과정에서 큰 장애물을 만나도 거침없이 정면 돌파를 하면서 지혜롭게 굴러간다.

◆ 물의 융화성

물은 목적지를 향해 굴러가는 과정에서 수천 번, 아니 수만 번을 분리와 결합 과정을 반복하게 되는데, 단 한 번도 갈등 관계없이 결합하는 모습은 우리네 사람들은 본받아야 할 부분이라고 생각한다. 물의 표면에는 인간의 삶에서 느낄 수 있는 여러 가지 얼굴 모습을 보여 준다. 그 모습들은 지리적 위치와 수심에 따라서 각각의 형상이 다르게 보인다.

사람인(人)과 물 수(水) 자는 어떤 관계일까?

사람과 물에 공통점이 있다면 공동생활이라는 것이다. 사람과 물은 상호 간 어떤 인연이 담겨 있을까? 인간이라는 생명체는 작은 물 입자들의 모임이다. 필자에게 인생이 무엇이냐고 묻는다면, 인생은 순환, 반복, 변화의 규칙 속에 생존 법칙을 익혀 가는 과정이라고 대답할 것이다.

인생을 물질 작용과 비교한다면, 나는 인생은 물(水)의 분자 생활과 같다고 말하고 싶다. 인생이라는 삶의 방식은 냇가에서 물이 자유롭게 흘러가는 모습과 같으며, 물의 표면은 평화로우나 물의 내면은 시련의 연속으로 이어진다.

물이라는 물질은 그릇에 담을 수 있으나 손바닥 위에는 담을 수 없다. 물을 그릇에 담는 것은 여유로운 지혜를 담는 것이요, 물을 손바닥으로 잡으려는 자(者)는 어리석음을 잡고자 하는 일이다. 그 때문에 한 가닥의 물줄기를 잡고자 질주하는 자(者)는 어리석음을 쫓는 길을 걷는 것이요, 한 줄기의 고구마 넝쿨을 잡고자 하는 자는 지혜가 담겨 있는 길을 걸어가는 이치와 같다.

졸졸졸… 물 흐르는 소리의 음이 같은 톤으로 들리는 것 같지만, 소리의 크기와 리듬은 시간대별로 다른 형태가 이루어진다. 즉 시시각각 변화성이 있다는 말이다. 물이라는 물질은 시간과 변화 속에서 자신이 원하는 방향을 선정하고, 가고자 하는 길을 많은 장애물과 부딪치면서 굴러가는 특성이 있다.

졸졸졸… 그 소리는 처음에 만나서 교감하는 소리요,

졸졸졸… 그 소리는 상대에게 마음을 열어가는 소리요,

졸졸졸… 그 소리는 자신의 흔적을 남기면서 다음을 기약하는 소리이다.

이 소리는 우리가 일상에서 느끼면서 생활하는 과정과도 흡사한 점이 많이 있다. 사람 인(人)자를 관찰해 보라. 인간은 혼자서는 살수가 없으며 공동체로서 함께 살아야 한다.

물 구성체를 들여다본다. 물은 한 가지의 원소가 아닌 산소와 수소가 결합된 물체로서 분자 구성체가 소멸이 될 때까지 공동체의 운명으로서 생존해야 한다. 공동체 운명으로서 생존을 위한 여행을 할 때 많은 장애물을 만나고 헤쳐 가면서 물이 굴러가듯, 우리네 인생도 물길을 따라 다만 굴러서 갈 뿐이다.

물길을 따라서
평안하게 돌아가라

설악산 대청봉에서 흐르는 물은 강물과 만나고, 강물이 굽이져 흘러가듯이 인생의 길 역시 굽이진 길을 걸어간다. 우리는 무엇을 쫓아서 어디로 어떻게 가고자 하는가?

노자는 많은 사람이 노력하는 데도 결과를 얻지 못하는 것은 그저 쫓아가기만 할 뿐 그 본질을 꿰뚫지 못해서라고 했다. 만약 어떤 장애물을 만나게 된다면 우선 마음을 가라앉히고 최대한 본질에 접근해 문제의 해결 방법을 찾는 것이 가장 최선이 선택이다.

지구상에서 강물이 흘러가는 모습을 관찰해 보면 직선으로 흘러가는 물길은 없어 보인다. 강물은 왜 구불구불한 계곡을 돌고 돌면서 흘러갈까? 그 이유인즉, 현재의 물길이 본래의 길이기 때문에 그 물길 위에서 물이 흘러가고 있을 뿐이다. 강가에서 시냇물이 흘러가는 모습을 바라보라! 시냇물은 목표를 향하여 하염없이 흘러간다. 물이 흘러가는 과정에서 구간 구간에는 장애물을 만나게 된다. 그럼에도 불구하고 강물은 장애물을 슬기롭게 헤치며 흘러간다.

그렇다면 강물은 장애물을 어떤 방법으로 헤쳐 가는가? 물이라는 물성은 장애물과 다툼을 하지 않으며, 장애물과 대립을 하지 않으며,

자기가 가야 할 길이기 때문에 가고 있을 뿐이며, 항상 자세를 낮추어서 흘러가기 때문에 장애물을 슬기롭게 통과할 수 있는 기능을 갖추게 된다.

인생의 과정에서 삶을 엮어갈 때 장애물을 자주 만나게 된다. 우리가 목표 지점을 가려고 할 때, 시간과 수고를 절약할 수 있는 것은 당연히 직선이겠지만, 중간에 도랑이나 구덩이가 있다면 길을 돌아가야 한다. 이를 잘 알고 돌아가는 길을 찾는 사람에게 도랑은 더 이상 문제가 되지 못한다. 그러나 생각을 바꾸려 하지 않고 현재의 길만 고집하게 되면 길을 돌아가는 것만 못할 수 있다.

평소에 말을 할 때도 완곡하게 돌려서 말하는 지혜를 발휘해 보자. 자신이 의도를 무작정 강하게 내세우고 직설적으로 말하면서 밀어붙이면 일은 오히려 틀어지기가 쉽다. 자연물의 화젯거리로 화기애애한 분위기를 만들고 자신이 말하고자 하는 쪽으로 주제를 전환하면 목적은 쉽게 달성할 수 있을 것이다.

인간은 미완성 작품이다. 그러므로 자연법칙에 순응하는 사람이 지성인이다. 어차피 미완성 작품이므로 잘난 사람도 못난 사람도 구분은 없다. 티끌에 불과한 연약한 존재로서 내가 최고이며, 내 생각이 옳다고 말할 수 있을까? 자연 앞에서 겸손하고 상식과 순리와 조화의 법칙을 배우고 익혀야 할 것이다.

자연 세계의 생명은 길고 인간의 생명은 짧다. 그러므로 인간은 철학, 예술, 문화와 함께 진화하는 강하면서도 연약한 고등동물이며, 자연의 한 조각에 불과하다.

- 바다에서 수평선을 바라보며 서서 있는 나는 한 점에 불과하다.
- 큰 산을 앞에 두고 서서 있는 나의 모습은 한 점에 불과하다.

사람의 탈을 쓴 자라면 마땅히 지식과 지혜를 갖춘 지성인이 되고자 노력해야 한다. 정치가는 정치가의 품위, 학자는 학자의 품위, 리더는 리더의 품위를 갖추어야 한다. 각각의 품위를 측정하는 기준은 입과 생각이 아닌 몸으로 표현하는 방식이 진정한 품위라 할 것이다. 진정한 지성인답게 지식을 탐구하고 생활에서 배려의 여유를 지혜롭게 실행하며 사회 구성체를 풍요롭게 발전시켜야 할 의무가 존재한다.

그런데 현대인들은 왜 지식과 지혜의 기능을 역행하며 살아갈까? 그리고 우리는 왜 공정과 상식이라는 단어에 집착해야 할까? 법칙과 규칙에 순응하는 일이 바르고 상식인 줄 알면서도 실행을 회피하는 이유가 아쉬움을 남게 하는 부분이다.

현대 사회에서 지식의 순리와 지혜의 조화 기능을 차단하며 살아가는 인간들의 삶의 모습은 참담함 그 자체이며, 선진 미래로 향하는 길목에서 발목을 잡는 현상들이 여기저기에서 발생하고 있다.

자연은 인간 삶의 길을 속이지 않는다. 속이는 것은 사람이 사람을 속이는 기만행위를 한다. 우리는 자연이 주는 물길을 따라 걸어가면서 행복을 찾는 기회를 얻었으면 하는 바람이다.

동해바다 영금정 아가미 연동 법칙

이 과정은 아가미 연동 작용을 통해 아이디어 창출 및 문제(고민)를 해결하는 기법을 익힌다.

🍃 탐구 현장: 속초시 동명항 영금정 등대 마당바위 일원

물고기는 호흡을 위해 아가미 연동 법칙이 존재한다.
아가미는 생존 기능을 주고,
연동 작용은 훈련 기법을 준다.
- 명상

🌳 아가미 연동 법칙(Branchia-Interlocking Law) 탐구

물고기는 호흡을 위해 무의식적 아가미 작용을 통해 산소를 공급받는다. 인간은 두뇌 활성화를 위한 방법으로 절차 기억에 의한 반복 작용과 훈련을 통해 물질 기능을 익히고 생활에 접목하여 삶의 질을 향상시키는 지혜를 찾아야 할 것이다.

아가미 연동 법칙은 휴선 7요소 물질 특성과 기능을 자연어로 대화하고 자기주도학습을 기반으로 사전 학습을 통해 적합한 답변을 생성하는 두뇌 발달의 노력형 모델이다.

◆ 아가미 연동 법칙의 핵심 기능

첫째: 자기주도학습을 통한 자연어 처리 인지 기능

둘째: 물질 특성과 기능을 분별하는 지식의 기능

셋째: 물질 기능을 생활에 응용하는 지혜 생성의 기능

◆ 아가미 새판 작용

물고기 아가미의 가장 기초가 되는 구조인 '새판(lamellae)', 즉 주름의 배열 간격이 물고기 종류나 크기와 관계없이 일정하게 유지된다.

아가미의 작용을 살펴보면, 물고기 아가미의 주름은 흘러가는 물과 접촉하는 표면적을 증가시켜 산소 교환이 원활히 일어날 수 있도록 해준다. 주름 사이가 너무 좁으면 아가미에 물이 지나가기 어렵기 때문에 산소 교환 효율을 극대화하기 위해서는 주름 배열이 적당히 촘촘해야 한다.

◆ 아가미 연동 법칙 실행 방법

창작의 기반이 되는 잠재의식과 절차 기억에 의한 반복 훈련 기법은 창의적인 생각을 발현시키는 데 큰 힘이 된다는 사실을 깨달았다.

아가미 연동 작용의 기능과 응용할 수 있는 기획력은 반복 훈련 기법에서 나온다고 생각한다. 그러므로 아가미 연동 작용을 이해하고, 학습하고, 훈련해야 하는 이유가 여기에 있다.

삶을 살아가노라면 직장이나 생활에서 새롭게 풀어가야 할 일들이 많이 발생한다. 이때 우리는 문제를 앞에 두고 해결할 좋은 방법을 찾으려고 고민하게 된다. 이럴 때 아가미 연동 작용 기법을 활용하면 문제 해결에 도움이 되는 방향을 얻게 될 것이다.

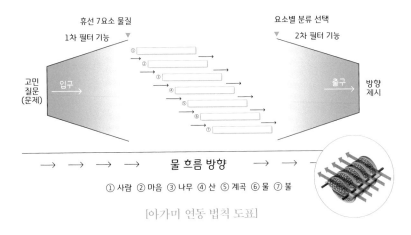

[아가미 연동 법칙 도표]

① 물고기 호흡 요법 새판 작용을 응용한 문제의 해결 방법을 찾는 시스템이다.

② 질문의 내용을 입구에 투입→ 휴선 7요소 1차 필터를 선택→ 휴선 7요소 2차 필터 통과→ 문제의 방향 제시

③ 물고기가 물 흐름을 통해서 호흡을 한다. 그러므로 아가미 연동 법칙의 작동 방법은 물 흐름의 순리적 기능을 활용한다.

◆ **아가미 연동 작용 실행 방법과 순서**

① 문제를 질문하기→ ② 휴선 7요소 물질을 선택하기→ ③ 새판의 연동 작용→ ④ 해법 알아차림 단계 발생→ ⑤ 질문에 의한 문제 해결 방법 제시

◈ 아가미 연동 작용을 실행할 때 방향 및 순서 찾기

① 본인이 해결하고자 하는 문제를 선택하고 아가미의 새판 입구에 놓는다.

② 새판의 기능으로 흡수 작용을 해주는 휴선 7요소 법칙의 필터를 삽입한다. 이때 휴선 7요소(사람, 마음, 나무, 산, 계곡, 물, 불) 중에서 본인이 원하는 요소 중에서 한 가지를 선택하여 입력시킨다.

③ 아가미 새판의 연동 작용이 시작되면 선택한 한 가지의 물질 속에서 또 다른 세부적인 물질을 선택하여 계속 진행하게 되면 알아차림의 단계에 이르게 된다.

④ 한 가지 법칙을 삽입해서 통과했는데 알아차림을 못했다면 다른 요소를 선택하면서 7가지를 차례로 삽입해 본다.

⑤ 문제 본질의 초점을 찾고 인식과 이해를 했다면 절차 기억 작용을 통해서 이해도를 높여 주는 반복적인 학습 운동을 실행한다.

⑥ 본인의 학습 능력과 노력에 따라서 문제를 해결할 수 있는 방법을 깨닫게 되며, 그때 비로소 해법을 찾게 되는 기반이 되어 준다.

(예컨대 ③번과 ④번에서 많은 혼란이 발생되리라 생각한다. 첫 번째 물질 선택은 할 수 있는데, 두 번째 물질 선택을 할 때 난도가 발생한다고 생각한다. 이 부분은 직접 필자에게 설명을 듣기 전에는 글[↑]씨로 해법을 표현하는 것은 한계가 있어 양해를 구한다.)

◆ 아가미 연동 작용은 절차 기억의 기능으로 학습 효과를 높인다.

사람은 생명 보존을 위해 무의식적으로 숨을 쉰다. 절차 기억(節次記憶, non declarative memory)은 의식이 개입되지 않은 비(非) 서술적 기억의 일종으로서 운동과 연관된 특정 작업을 의식의 개입 없이 실행하는 기억이다. 예컨대 숨을 쉬는 것, 운전, 공 던지는 놀이 등이 있다.

물고기는 숨을 쉬기 위해서 아가미를 무의식적으로 작용하고 그 작용을 통해서 산소를 생산하는 순환의 과정을 실행한다. 아가미 연동 기능은 절차 기억과 같은 기법이라고 필자는 생각한다. 그러므로 아가미 연동 법칙의 기능을 이해하면 절차 기억의 개념을 쉽게 이해할 수 있다.

공부를 잘하느냐, 못하느냐의 차이는 무엇일까? 공부 잘하는 사람은 예습과 복습 그리고 더 나아가 절차 기억 학습을 실행한다는 것이다. 공부를 못하는 사람은 예습과 복습이 없고 게으름이 있을 뿐이다. 또한, 공부하는 학생들에게는 절차 기억에 의한 학습 기법이 매우 중요하며, 학생 스스로에게 많은 도움이 되라고 생각한다.

절차 기억이란 반복 운동 또는 반복 작용, 또는 반복 학습으로 표현할 수 있다. 필자는 아가미 연동 법칙을 연구하면서 기억력 향상 및 학습에 흥미를 느꼈으며, 기획력과 업무 추진에 자신감이 많이 생겼다.

◈ 삶의 질과 업무 능률 향상을 위한 지혜

① 새판의 연동 기법은 기억력과 학습 능력을 향상시켜 준다. 새판의 활동은 집중력 속에서 정밀하게 작용하는 것을 관찰할 수 있다. 그러므로 학습을 할 때 기억력 향상과 문제를 이해할 때 도움을 주는 기능을 한다.

② 고민을 풀어 주는 해법의 방향을 제시한다. 아가미 연동 법칙은 문제를 풀어 가는 방정식과 같은 틀의 기능으로 문제를 삽입하면 문제 해법의 방향을 제공한다.

③ 문제를 순리적으로 풀어가는 방법을 제시한다. 삶에서 모든 문제의 발생은 자연물에서 발생하기 때문에 자연물을 통해서 순리적으로 풀어 가는 기법을 배우고 익혀야 한다. 휴선 7요소의 기능 속에는 순리적으로 풀어 가는 방향이 담겨 있다.

④ 생활 습관을 변화시키는 동기를 부여한다. 휴선 7요소 자연물의 생태와 생리 과정을 학습하고 익혀서 스스로 생활 습관을 변화시키고자 하는 노력이 필요하다. 아가미 연동 작용 훈련을 실행하면 자기 습관의 문제점을 발견하는 초기화가 된다.

⑤ 기억력 향상을 노인 건강 기법으로 활용한다. 뇌는 운동을 통해서 활성화시켜야 한다. 정년 퇴임을 하고, 65세 이상 노인이라는 이유로 모든 업무에서 손을 놓아 버리는 경향이 많이 있다. 이때부터 뇌는 퇴화되기 시작한다. 초기에 기억력이 떨어지고 더욱 심해지면 치매라는 병을 맞이하게 된다. 아가미 연동 작용은 절차 기억법을 활성화시켜 주어 반복 학습에 도움을 준다. 그러므로 아가미 연동 작용의 놀이 문화를 통해 노인 치

매 예방에 도움이 되었으면 하는 바람이다.

⑥ 창의적인 발상은 업무 능률을 향상시켜 준다. 물의 흐름을 통해서 아가미 연동 작용을 한다. 그 작용을 통해서 산소를 생산하여 물고기가 생존한다. 창의적인 발상의 초기화는 물과 공기 흐름에 깊은 관계가 있다. 그 때문에 아가미 연동 법칙 수련은 창의적인 생각, 조직 생활의 긍정성, 신바람 나는 업무 등을 활성화시켜 주는 기능을 준다.

⑦ 아가미 연동 작용은 행복의 의미를 깨닫게 한다. 가정에서의 어항이나 바다에서 물고기가 호흡하는 모습을 관찰하고 있노라면 나도 모르게 행복감을 느낀다. 아가미의 동작 모습을 1시간을 보아도, 2시간을 보아도 싫증이 나지 않는다. 특히 물고기의 눈동자와 아가미가 연동 작용으로 공연하는 모습은 예술 그 자체의 감동이다. 필자는 물고기의 공연을 보면서 소박한 행복의 의미를 새롭게 깨달았다. 인간은 누구나 이 순간 숨을 쉬고 있는 것을 참으로 행복하고 감사함을 느껴야 한다.

부정 고민은 파도에 씻고, 긍정 고민을 등대에서 찾다

🌳 스트레스의 원인이 되는 고민

　일체유심조(一切唯心造). 세상에 모든 일은 마음먹기에 달려 있다. 마음속으로 괴로워하고 애를 태운다는 뜻으로 고민(苦悶)이라고 하는데, 흔히 생각과 실제 행동이 충돌할 때 발생한다. 그밖에 학업 문제, 연애 문제, 취직 문제, 생활 문제, 걱정거리 해결 등 다양한 고민이 있다.

　게다가 우울증이나 망상 등으로 인해 실제 문제보다 더 큰 기우(杞憂)인 경우도 있으며, 이것이 심해지면 고뇌가 된다. 이때 누구에게 털어놓으면 기분이 한결 나아진다. 이 때문에 진정한 친구가 필요하다고 하는 것이다. 진정한 친구 한 사람의 가치는 돈으로 판단할 수 없는 이치와 같다. 때로는 발전을 위한 긍정의 고민이 필요한 경우도 있다. 양질의 판단을 선택할 때 문제 해결 과정에서 다른 정답 또는 오답을 경험하면서 이성적인 판단력이 상승하게 된다. 또한, 큰 그림을 그릴 수 있는 기획력과 업무 추진 능력을 향상시켜 준다. 그리고 자기 스스로 고민을 성숙하게 해결할 수 있다는 자부심을 갖게 된다.

◈ 부정 고민을 파도에 씻다.

깊은 고민이 있어 바닷바람을 맞으며 마음을 달래고자 속초시 동명항 영금정을 찾았다. 영금정 정자에 홀로 앉아 '고민이란 무엇인가'라는 과제를 앞에 두고 고민을 풀어가는 방법에 관하여 깊은 시름에 잠겨 본다.

바다에 질문을 한다. 고민은 왜 발생하는가? 파도 소리가 대답을 한다. 부정 고민은 주로 기분이 다운(down)된 상태에서 발생한다. 즉 일상생활 속에서 스트레스가 쌓이는 환경에 놓여 있어 면역력이 저하되면 부정 고민이 발생하는 초기화가 된다.

인생에서 그 누구도 고민으로부터 자유로울 수 없다. 즉 누구나 한 가지 정도는 고민을 안고 살아가기 때문이다. 그렇지만 유독 나에게는 고민이 많이 생겨 마음을 위로하기 힘들고 어려웠다. 그래서 언젠가 기회가 되면 그 원인과 이유를 알고 싶었다.

동해바다 수평선을 바라보면서 마음의 평정심을 찾기 위해 잠시 사색에 잠겨 본다. 갯바위에 부딪히는 파도 소리는 내 마음을 위로하듯 스트레스를 풀어 주어 기분이 상쾌함을 느끼게 한다. 필자는 동해를 향해 허심탄회하게 말을 던진다.

"동해야! 너는 나의 답답한 사연을 알고 있으니 내 마음에 담고 있는 고민을 풀어 주렴. 지금 이 순간 내 마음은 요동을 치고 있는데, 바다 너도 마음이 요동을 치고 있구나! 바다 너는 어떤 고민이 있어 물을 하얀색으로 만들고 파도 소리를 내며 슬프게 울고 있느냐? 바다야, 너 또한 나의 아픈 마음과 같아 보인다. 우리는 마음이 아픈

동병상련의 동지이다. 그러므로 나는 너의 고민을 담은 사연을 알고 싶구나. 그리고 그 고민을 함께 나누어 보자꾸나!"

갯바위 바다 밑에서 자라고 있는 해초를 관찰해 본다. 해초의 길이는 30~50cm 정도 되어 보인다. 해초는 온종일 파도를 맞으며 시달림을 받는 광경을 목격하면서 "해초야! 너도 스트레스를 많이 받을 것 같구나. 너의 고민이 무엇이냐?"라고 물었다. 해초의 생각은 파도가 나를 때리지 않고 평안하게 자라게 해주었으면 하는데, 현재 그렇지 못하는 나의 신세가 개선점이 없어 문제이고 고민이 된다는 사연을 표현하는 듯하다. 그래서 해초는 고민 해결이 안 되면 고민을 극복하는 자세로 당당하게 맞서고 이겨 내는 방법을 찾아가며 오늘 하루를 살아가는 것으로 보인다.

그렇다. 고민 해결이 안 되면 당당하게 맞서는 방법이 최선의 방책이라고 할 수 있다. 사람들이 보기에는 해초의 삶은 매우 팍팍하고 위기 생활이라고 생각할지 모르지만, 해초는 고민을 즐기면서 살아가는 것 같다. 문제 해결이 안 되어 고민이 많으신 분들은 힘을 내시라. 미약한 해초도 슬기롭게 극복하는데 하물며 만물의 영장이라는 인간이 그 작은 고민 앞에서 방황하는 행동은 어리석음 그 자체이다. 그러므로 오늘 이 갯바위에서 그동안 마음에 쌓여 있던 고민을 파도에 씻어내고 새롭게 출발해 보자.

◆ 긍정 고민을 등대에서 찾다.

등대의 불빛은 어두운 밤 배의 항로를 안내하는 길잡이가 되어 준다. 그러므로 나는 등대에 내면에 쌓인 고민을 해결할 수 있는 길을 묻는다. 고민을 해결하며, 벗어나려고 몸부림을 치는 것보다, 고민을 즐겁게 맞이하고 즐기는 방법이 현명한 생활 방식이라고 생각한다.

부정 고민을 파도에 씻고 긍정 고민을 찾으려 등대가 있는 산을 오른다. 등대 산을 오르는 길은 3곳이 있는데, 필자는 180계단이 있는 길을 선택하고 산행을 시작했다. 이 길은 경사도가 심해서 몸의 기초 훈련이 안 된 사람들은 조금 힘이 들 수 있다. 처음부터 계단을 오를 때는 수련을 쌓는다는 마음으로 한 계단씩 전진하면서 마음을 헤아려 보는 시간을 가져 본다. 무엇을 잘못했고, 무엇을 어떻게 해결하고, 미래에는 어떻게 살아가야 할지 등을 자기에게 질문을 하고, 자문자답을 연속으로 실행하며 등대가 있는 정상 지점까지 여유롭게 오른다. 이윽고 정상에 서서 있으니, 가슴이 뻥 하고 열리는 기분과 함께 생각이 180도로 전환되어 부정에서 긍정 마인드로 마음이 자동 정렬이 되는 것 같았다.

정상에 오르는 순간 필자는 깨달음을 얻었다. 고작 180개의 계단 수행이 마음을 180도로 바꿀 수 있다는 신비함을 말이다. 긍정 고민이란 기분이 업(up)된 상태에서 발생한다는 것을 새롭게 발견하고 인식하게 되었다. 바닷바람이 머리를 시원하게 스쳐 지나갈 때 행운을 얻는다는 기분이 들었다. 왠지 등대 산의 정상에는 긍정 고민을 풀어 주는 열쇠가 있을 것 같았다. 등대 정상에서 원형으로 된 4면을 둘러본다. 동쪽에는 동해의 수평선이 보이고, 서쪽에는 청초호와 설악산 대청봉이 보이고, 남쪽에는 양양 낙산사와 관람용 차가 있는 속초 해수욕장이 보이고, 북쪽에는 금강산 해금강 자락이 아지랑이처럼 미세하게 보인다.

긍정 고민, 즉 희망과 소원을 빌어 보려고 설악산 대청봉을 바라보며 설악산 정기를 받아 본다. 저 높은 산처럼 나도 높은 자리에 올라 성공하고 싶다는 의욕이 생겼다. 북녘 하늘 금강산 자락을 바라보며 통일 염원을 기도해 본다. 동해의 수평선 연안에 떠 있는 넓은 정치망 어장을 바라보며 나도 저 넓은 고기 어장과 같은 초목이 있는 땅을 소유하고 싶다. 그리고 그 초원에서 사랑하는 이들과 함께 행복하게 살고 싶다.

청초호수를 바라보며 필자는 마음을 새롭게 만들어 가는 방법을 찾아보았다. 미래의 시간은 타인에게 빛을 주고, 배려하고, 나눔을 실천해야겠다고 다짐을 해본다. 동명항구를 바라보며 어민들이 생업을 위해 몸으로 부딪치며 열심히 살아가는 고행의 모습을 바라보면서 나도 불만, 불평 없이 열심히 땀을 흘리며 살아가야지 하고 다짐해 본다.

설악산 기운을 받은 속초 등대의 기능은 배의 항해 길에 도움을 준다. 더불어 사람들이 살아가는 길에 삶의 지혜를 주는 것 같아서 마음에 행복감을 느낀다. 또한, 영금정 일원에 놓여 있는 자연물 속에는 긍정 고민을 풀어줄 수 있는 열쇠를 쉽게 찾을 수 있다고 생각한다.

🌳 고민 해결을 위한 아가미 연동 법칙을 발견하다.

나는 지금 긍정의 고민을 하고 있을까? 아니면 부정의 고민을 하고 있을까? 고민은 어떤 종류를 얼마만큼 열정적으로 고민하느냐에 따라서 자기에게 행복 또는 불행이 돌아오게 된다.

지구상에 존재하는 모든 생명체는 수많은 고민을 어떻게 해결하며 살아가는지, 그 방법에 관해서 궁금해졌다. 생명체 중에서 물고기는 물속에서 어떻게 숨을 쉬며 살아갈까? 물속에서 처음 숨을 쉬기까지는 어려움이 있었을 것이다. 그러나 생존을 위해 생존 법칙을 익히고, 숨을 쉬어야 살 수 있다는 절박함에서 오랜 시간 동안 진화를 거듭해 오면서 오늘날에 이르렀다고 필자는 유추해 본다.

필자는 고민을 풀어갈 수 있는 방법으로 무엇이 있을까? 질문에 답을 구하고자 자문자답 형식으로 고민에 고민을 많이 해보았다. 그러던 중에 문제의 출구를 찾는 해법으로 물고기가 색다르게 숨을 쉰다는 것을 발견하게 된다. 이후에 심화 탐구를 통해서 새판의 원리를 이해하고 아가미 법칙을 창안하게 되었다. 그리고 필자는 고민을 해결할 일이 생기면 아가미 연동 법칙의 시스템을 통해서 문제 해법을 위한 방향을 찾는다.

◆ **자연물은 고민을 해결할 때 영감(靈感)을 제공한다.**

① 수평선은 마음을 평온하게 하고 생각하는 범위와 생각의 경계선을 알려준다.

② 수평선에 태양이 솟아오른다. 양질의 에너지 기운은 긍정의 생각과 긍정 고민을 열어 주는 방법을 제공한다.

③ 바다의 하늘에서 갈매기가 춤을 추는 모습에서 고민 해결의 영감은 공간 활용의 개념을 깨닫고, 날개로 날 수 있다는 희망을 품게 한다.

④ 파도가 암벽에 부딪히는 소리는 내 안의 잠재의식을 깨우고, '나는 왜 이 생각을 못했지!' 하는 순간 두뇌가 번쩍이는 작용을 하게 한다.

⑤ 바다에서 파도의 색이 하얀색으로 변하는 백파 현상은, 고민을 풀어가는 파동의 과정과 같다. 그러므로 마음이 일시적으로 요동을 치는 작용과 같다고 할 수 있다. 이때 중심이 흔들리지 않게 하는 것이 고민을 해결하는 관건이 되어 준다.

⑥ 백사장의 모래를 한 줌 잡아 본다. 그리고 백사장을 걸어 본다. 어떤 느낌이 다가오며, 어떤 연감이 떠올랐는가? 고민이란? 모래알처럼 헤아릴 수 없는 존재이다. 그러므로 고민을 고민으로 맞이하며 동행할 뿐이다.

⑦ 태산은 고민이 없는 듯 보이나 큰 고민을 안고 살아간다. 대통령이나 그룹 경영인은 고민이 없는 듯 보이나 크고 작고의 차이일 뿐, 그리고 해결하는 방법이 다를 뿐 고민은 항상 존재한다.

⑧ 계곡은 산의 에너지가 모이는 공간이다. 욕심이 많고 작음의 사이에서 고민이 발생하는 공간이다. 이때 욕심을 부리는 만큼 고민의 강도가 높고 낮음이 결정된다.

⑨ 나무는 미래의 시간을 꿰뚫는 혜안으로 삶을 살아간다. 사랑하기 때문에 고민이 없고, 이웃과 항상 배려하기 때문에 고민을 즐기면서 살아간다.

⑩ 불은 열정을 불태우며 하늘로 올라가기 때문에 고민이 없어 보일 뿐이다. 불은 산소와 매개물이 만나서 불을 피운다. 불의 천적은 물이고, 물을 만나지 않기를 바라는 마음으로 고민을 한다.

◆ 월리스 H, 커리어의 방법

어떤 사람이 만들었는지 이름 따위는 기억할 필요가 없다. 똑같이 할 필요도 없다. 그저 정말 나 스스로 가볍게 생각하고 처리할 구체적인 방법이 있느냐, 실생활에 적용할 수 있느냐가 중요한 것이다.

① 나에게 고민이 생겼다. 그 고민에 대해서 상황을 자세히 분석하고 그것으로 인해 생겨날 최악의 상황을 예측해 보자.
② 일어날 최악의 상황을 내가 감수하겠다고 마음을 먹자.
③ 최악의 상황을 감수하겠다고 마음을 먹었다면 아주 조금이라도 그 상황을 개선해 보려고 노력해 보자.

◆ 어떻게 이 상황을 감수할 것인가?

인간의 부정적인 편향의 심리로 부정적 예를 들어보자면, 지인에게 1억 원을 빌려줬는데 잠적하고 도망가 버렸다. 수중에 있는 큰돈이 순간에 없어져 버려 큰 고민이 생겼고 이로 인해 건강이 악화되었다. 최악의 상황은 열심히 모은 돈 1억 원이 없다. 그로 인해 돈으로 할 수 있는 것들이 없다. 하지만 노동을 할 수 있는 몸이 있고 시간이 있다. 돈으로 할 수 있는 것은 없지만, 내 몸으로 느끼고 할 수 있는 것들은 아직 많다. 돈이 없어졌다고 해서 내가 죽는 것도, 삶이 끝난 것이 아니다. 이 상황을 마음으로 받아들이겠다. 이렇게 해주는 것만으로도 고민의 대부분이 날아간 셈이다. 왜 그럴까? 고민함으로써 우리의 정신적 에너지가 갇히게 된다. 마음으로 받아들임으로써 정신적 에너지의 해방으로 인해 이미 한결 가벼워지는 것이다.

◈ 부지런히 움직이는 것

인간의 뇌는 하나의 감정을 느끼기에도 벅차다. 그 말은 동시에 2가지의 감정을 느끼기 어렵다는 것이다. 자연은 진공 상태를 허락하지 않는다. 우리의 뇌 또한 항상 어떤 감정들로 가득 차 있는데, 만약 이 감정이 괴로운 고민이라면 지속적으로 고통을 받을 것이다. 그럴 경우에는 일어나 무슨 일이든 찾으라. 그리고 계속해서 움직여라. 직장 상사, 친구, 손님 등에게 모욕적인 언어나 행위를 받아 기분이 너무 안 좋아졌다. 우리의 감정은 계속해서 부정적으로 이어질 것이고 분노로 차오를 것이다. 이런 땐 별다른 생각 없이 부지런히 움직여라. 의식을 다른 곳으로 돌리면 마음이 곧 안정을 찾게 된다.

원수를 사랑하기는 힘들다. 그러나 누군가를 증오하는 것은 결국 내 건강을 해치는 일이다. 살면서 싫어하는 사람이 한 명쯤은 있을 것인데, 그를 두고두고 증오하다 보면 내 삶의 식욕, 혈압, 건강, 수면 등이 파괴되어 간다. 어떤 사람이 나를 이용하려 하고, 나에게 모욕감을 줘 증오감이 타오른다면 그 사람과 멀리 떨어져 상대하지 마라. 그냥 내 건강을 위해서 할 뿐이다.

◈ 청년 당신은 무엇을 고민하고 있는가?

학업, 진로, 사랑, 직업, 재물, 대인관계, 사회성, 자존감 등 나는 내 고민을 어떤 방법으로 풀어가야 하나? 이 순간에도 고민이 아닌 고민을 많이 하고 있을 것이다. 고민은 2종류로 분류할 수 있고, 고민을 풀어가는 방법은 휴선 7요소 물질 속에서 다면의 방향으로 찾아보면 자신이 원하는 고민을 해결해 주는 열쇠를 찾게 될 것이다.

고민은 긍정 고민과 부정 고민이 서로 경계를 교차하면서 존재하고 있다. 그러므로 당신은 현재 긍정 고민과 부정 고민 중 어느 쪽에 있는 고민 해법을 찾으려고 하는가.

생활에서 발생하는 고민에 집착하지 말라. 그리고 절박함으로 방법을 찾아 보라. 그러면 고민으로부터 해방되고 자유를 찾게 된다. 마음으로부터 안정을 찾은 후에 자연과학을 이해하고 자연물의 생태와 생리 과정을 학습해야 한다. 그리고 고정관념으로부터 탈출하고 신개념의 지식을 맞이해야 한다. 그러면 곧 당신에게 새로운 세계가 열리고 행운이 방문하게 될 것이다.

🌳 휴선 7요소가 주는 고민 해결 방법

(1) 공부

나는 왜 공부를 하는가? 아니, 왜 해야만 하는가? 한 번쯤 질문을 던지고 목표를 설정해야 할 일이다. 나무는 한 권의 책이다. 그리고 나무는 공부를 잘하는 학생이다. 나무는 평생학습을 통해서 미래 시간을 맞이하고 자신을 치유한다. 나무는 예습과 준비를 잘하며 항상 깨어 있으며 실수를 줄인다. 인간은 죽음에 이르기까지 공부하며 배움을 즐겨야 한다. 한때 대학을 졸업하고 박사학위를 받았다고 해서 인생 공부를 마쳤다고 할 수 없다. 지식은 시간이 지나면

녹이 슬고, 지혜는 사용하지 않으면 기능이 소멸된다. 그러므로 지식은 현재의 시간을 분별하는 능력을 갖추게 하고, 지혜는 샘물이 항상 솟아오르듯 끊임없는 노력을 요구한다.

공부는 평생학습이라는 생각을 가져야 하고, 공부 방법은 두뇌가 좋다, 나쁘다 가리지 말라. 다만 학습의 이해도 차이는 있으나 공부의 절대적인 조건은 되지 않는다. 학습 방법은 절차 기억법을 이용하고 반복 학습을 실행해 보라.

(2) 진로

인간은 탄생과 동시에 자기 역할이 주어졌다. 다만 나 자신이 나를 모르고 있을 뿐이다. 이것을 두고 우리는 운명이라고 치부한다. 운명이란, 자신의 개성 또는 재능과는 거리가 있어 보인다. 그러므로 자기 자신을 운명이라는 저울대에서 평가받으려 하지 말라.

물은 미래의 목표를 설정하고 길을 걸어갈 때 장애물을 슬기롭게 헤쳐 나간다. 청년 진로를 설정할 때 시대 흐름에 맞는 분야를 선택하고, 반짝 인기 있는 직종은 절제하라. 전공을 통해서 직업을 선택하고 한 분야에서 정년이 되기까지 살아가는 사람은 30~40% 정도이다. 그 외의 사람들은 살아가면서 직종을 여러 번 바꾸며 생활한다. 청년은 자신이 좋아하는 일을 선택해야 한다. 그리고 시간에 쫓기지 않고 평안한 마음으로 여러 가지 일들을 체험해 보아야 한다. 인생은 누구에게나 성공할 기회가 5번 정도 주어진다고 한다. 그 기회의 주제를 잘 파악하고 준비하여 기회가 자기에게 왔을 때 잘 잡는 사람이 현명하고 지혜로운 사람이라고 할 것이다.

(3) 사랑

나무는 사랑을 바르게 가르치는 선생님이다. 사람은 사랑을 받으려 한다. 그런데 나무는 사랑을 주면서 받으려 하지 않는다. 왜 이런 행동을 하는가? 인간들은 나무에 사랑을 하염없는 요구하며 받기만 하는 이기주의자이다. 청년 나무에 사랑하는 기법을 배워 보라. 그리고 나무처럼 실행에 옮겨 보라. 사랑은 받기도 하지만 상대를 위해 하염없이 배려하고 베풀어 주는 일이다. 그래서 내가 항상 손해라는 생각을 하게 된다. 사랑을 할 때 손익계산서를 제출하면 곧 파산 선고를 받게 된다.

(4) 직업

인간은 이성을 가진 동물이므로 사회 구성체 활성화를 위해 자기 역할을 부여받는다. 그 역할이 곧 직업이라고 할 수 있다. 인간은 일을 왜 하는가? 나는 누구를 위해 일을 해야 하는가? 직종을 선택할 때 기존에 놓여 있는 표준적이고 획일적인 직종을 벗어나 창의적인 직종을 개척하고 도전해 보라. 그러기 위해서는 청년 20~30대의 시간은 다면적인 직종들을 자유롭게, 많이 경험해 보는 것이 매우 중요하다.

직업을 선택할 때 목표와 목적을 분명하게 설정하고 실행에 있어 사명감이 투철해야 한다. 그리고 열심히 살아가는 것이 중요하다. 현대 사회는 직업을 통해 사람의 가치를 판단하는 모순이 있다. 우리는 직업에 따라서 사람 가치를 판단하는 아주 어리석은 생각을 하고 있다. "직업에 귀천이 있는가?"라는 질문에 당신은 무엇이라고 답변하겠는가? 필자는 직업에는 귀천이 없다고 생각한다. 직업의 귀천에 관한 질문은 '착각의 시각'에서 질문하는 것이므로 대응할 가치도 없다고 생각한다. 그러므로 직업을 선택할 때는 타인의 눈치를 볼 필요도 없고, 자기가 좋아하는 일을 하면 그것이 최고의 직업이라고 할 수 있다. 타인이 그 존재의 인생을 살아주지 않으며, 타인이 그 존재의 행복을 대신해 주지 않는다.

(5) 재물

청년에게 '젊음과 열정' 그 자체가 곧 재산이다. 저 하늘에서 이글거리는 태양을 맞이하며 힘차게 도전하고 또 도전하라. 실패를 두려워하지 말고 실패를 즐기면서 인생 공부를 연속으로 실행하라. 진정 당신이 성공을 원한다면 발품을 많이 팔아야 한다. 그리고 청년에게는 시간의 여유가 백지수표이고 젊음이 곧 자산이다. 그러므로 급하게 서둘러서 무엇을 할 필요가 없다. 조급하게 서두르게 되면, 일을 실행할 때 세밀한 부분을 놓치게 되어 일을 망치게 되는 경향이 있다. 그러므로 청년 20~30대까지는 여유로운 시간 속에 자유로운 일들을 많이 경험해 보라. 그러면 훗날 자신을 바로 세우는 기회가 왔을 때 큰 자산이 되어 줄 것이다. 또한, 물이 흘러가는 방법을 익히면 돈이 돌아가는 길을 알게 된다. 청년 시기는 현금을 축적하기보다는 수업료를 지급하고 경험을 매입하는 시기라고 생각한다.

(6) 대인관계

사회적 동물인 인간은 사회를 형성하며 타인과 다양하면서도 무수한 관계를 맺게 된다. 이러한 관계는 대인관계와 대역할 관계로 양분될 수 있다. 대역할 관계는 사회적 역할에 따른 직무나 의무로 맺어져서 서로의 주관적 측면을 고려함이 없이 비인격적 측면에서 관계가 형성되는 것을 말하고, 대인관계는 인간적인 측면에 깊은 관심을 두고 주관적 측면이 고려된 관계를 말한다.

내 마음은 공기와 같다는 자세로 상대를 맞이하라. 공기는 두 가지 물질이 하나로 혼합되어 작용한다. 공기는 눈에 보이지 않지만 투명하고 맑다. 불은 우리에게 빛과 색으로 다가온다. 사람을 맞이할 때는 밝은 미소를 짓고 태양 빛 온기처럼 따뜻하게 품어 주어야 한다. 그리고 대화할 때는 공기처럼 순수하고 맑게 이야기를 풀어가야 한다.

(7) 사회성

사회성이란, 인간이 그가 속한 사회의 한 구성원으로 성장해 가는 과정, 즉 공동체의 언어, 사고방식 등 공동체 안에서의 생존과 발전에 필요한 생활 습관, 다른 구성원들과 관계를 규제하는 도덕적 규범들을 학습할 수 있는 환경을 만들어 내는 것을 의미한다. 우리는 숲의 생태 활동을 통해서 사회성을 배우고 익혀야 한다. 우리는 나무의 생리를 통해서 공동체 생활을 배우고 익혀야 한다. 우리는 물의 선순환 기법을 통해서 순리의 과정을 익혀야 한다.

(8) 자존감

자존감은 자신을 존중하고 사랑하는 마음이다. 자기 능력과 한계에 대해 어떻게 생각하는지에 대한 전반적인 의견이다. 스스로 가치 있는 존재임을 인식하고, 인생의 역경에 맞서 이겨낼 수 있는 자기

능력을 믿고 자기 노력에 따라 삶에서 성취를 이뤄낼 수 있다는 자기 확신이다.

산은 항상 그 자리에서 성실하게 생활하며 자기 위치를 당당하게 표현한다. 산이 높고, 낮고, 크고, 작고에 상관없이 '나는 산'이라고 당당하게 말하는 듯하다. 또한, 계곡은 생명을 탄생시키는 에너지를 제공하는 공간이고 자부심이 매우 높다. 청년인 자신을 사랑하라. 아주 많이 사랑해 주라. 그것도 아침과 저녁을 가리지 않고 많이 외쳐 주라. 그러면 당신 안에서 맴돌던 고민을 풀 힘이 생기게 된다. 청년은 무엇이든 할 수 있다는 자긍심으로 자존감을 높이라. 그렇다. 당연히 무엇이든지 할 수 있어야 한다.

물의 세계에는
계급장이 존재하지 않는다

물은 산소와 수소가 융합하여 물이라는 물성으로 작용한다. 산소와 수소는 다투지 않는다. 아주 오래된 친구 같으며 헤어지기를 싫어한다. 누가 누구를 좋아하고, 누가 누구를 싫어하고는 관계없이 엿처럼 찰싹 붙어 다닌다. 이 둘 사이에는 계급이 존재하지 않으며 상호 간에 존중하며 평등하게 활동한다.

물은 시간에 구속받지 않으나, 누군가 자신을 부르면 시간과 관계없이 언제든지 자신의 시간을 내어 준다. 물은 공간 활동에 자율권이 있으며, 선택한 자리에 불평이 없으며, 타인을 탓하지 않으며, 주어진 업무에 최선을 다한다.

🌳 시간, 세(世), 공간, 계(界)

시간과 공간을 세계라고 한다. 그리고 인간은 그 세계 속에서 삶을 살아간다. 우리는 시간과 공간에 관한 지식을 얼마나 알고 있으며, 어떤 기법으로 활용하고 있는가?

◈ 세계란?

① 시간과 공간이 변하지 않는 것을 이데아(idea) 현상이라 한다.

② 시간은 변하고 공간이 고정된 현상은 영화를 보는 현상이라 한다. 방은 고정되어 있고 화면만 바뀌는 현상이다.

③ 시간은 그대로 있고 공간이 바뀌는 것, 불가능 현상이라고 한다. 인간은 같은 시간에 두 곳의 장소에 나타날 수 없다.

④ 시간도 바뀌고 공간도 바뀌는 것을 우리는 자연 현상이라고 한다.

계급이 없는 세계 속에는 평등, 평화, 공존의 자연법칙이 존재한다. 계급이 없는 사회에서 스트레스받지 않고 평안하게 살아가고 싶다. 공동체 생활에서 계급 없이 살아가고 싶은 마음은 누구나 같은 마음일 것이다.

자연 세계의 사회와 인간의 공동체 사회는 무엇이 다른가? 자연 사회는 계급이 없고 인간 사회는 계급이 존재한다. 바다의 수평선은 바다와 하늘이 평등하다는 사유를 전개하고, 산속의 지평선은 땅과 하늘이 평등하다는 이유를 설명한다. 바닷속에서 평화는 파도가 없고 너그러움을 받아주기 때문이고, 숲속에서 평화는 이해관계가 없어 손익계산서가 존재하지 않기 때문이다.

◈ 물의 세계에 계급장이 없는 이유?

① 궂은일은 내가 먼저 한다는 솔선수범의 정신

② 시간과 공간을 초월하며 살아가는 자연생활 기법

③ 통합의 조건으로 백지수표를 제출하는 지혜로움

④ 자기 일을 타인에게 미루지 않는 책임감

　배려할 때 계급이 있어야 하는가? 희생할 때 계급이 필요한가? 직장에서 배려할 때 지위 고하를 따지지 말라. 어머니가 희생할 때 어른이라고 대접받고 계급을 따지던가? 계급장이란 허깨비에 불과하다. 물에는 계급장이 존재하지 않기 때문에 낮은 곳에서 일을 하면서도 존재감을 잃지 않는 이유이다.

동해 바닷물 갯내음 철학

이 과정은 물의 철학과 생활 습관을 변화시키는 기회를 가진다.

수덕(水德)의 지혜는
인생길에 나침판이 되어 준다.
- 명상

천하에 물보다 더 부드럽고 약한 것은 없지만
뻣뻣하고 강한 것을 공격하는 데는
이를 이길 것이 없으리라.
그것은 물을 대신할 것이 없기 때문이다.
약함이 강함을 이기고
부드러움이 딱딱한 것을 이기는 것을
천하에 모르는 사람은 없다.
- 《노자도덕경》 제78장

물의 통섭 철학

물은 누구에게나 공평하고 너그럽다. 또한, 물은 자유 속에서 질
서와 절제의 기능을 수행한다. 강물은 흘러서 바다로 향하고 민물

은 바닷물과 만나서 하나의 물질로 희석되면서 조화를 이룬다. 민물과 바닷물이 하나로 희석되는 통섭의 과정을 통해서 각자의 생활철학관을 새롭게 정립시키는 기회를 가져야 할 것이다.

통섭의 철학은 생활에서 자유의 의미를 알게 하고, 마음의 너그러움을 이해하고, 자연물의 이치를 깨닫게 하며 자아 가치를 높여 주는 기능을 준다.

물의 이치(理致) 철학

- 흐르는 물은 맑으나 고인 물은 썩는다. 항상 자신을 연마하면서 생각을 실천하는 생활을…
- 흙탕물에는 고기가 살지만 지나치게 맑은 물에는 고기가 없다. 이웃과 협조하고, 나누고, 더불어 사는 생활을…
- 물은 씻기는 피동체가 아니라 씻겨 주는 능동체이다. 남을 배려하고, 인정하고, 칭찬하는 생활을…
- 물 한 방울 한 방울이 모여 큰 바다를 이룬다. 작은 것부터 한 단계씩 그리고 한 가지씩 실천하는 생활을…

물의 짠맛 철학

인류는 매년 2억 5,000만 톤 이상의 소금을 소비하고 있다. 공기와 물의 고마움을 의식하지 않고 살아가듯이 사람들은 소금의 은혜도 모르고 지낸다. 지금부터 소금의 철학 속에 감사함을 학습해야 할 일이다.

① 빛과 소금: 상생의 법칙을 익히고, 상호 간에 이익을 추구하면서 상대를 위해 배려하고, 나눔을 실천하는 마음을 갖는다.

② 사회의 소금: 사회 구성체를 위해 꼭 필요한 사람이 되고, 자기 임무를 철저하게 수행하는 정신을 갖는다.

③ 소금 같은 사람: 목적과 목표가 설정되면 일관되게 목표를 향하여 앞만 보며 전진한다. 그리고 우리는 돈을 아껴 쓰는 사람을 짠돌이라는 별명을 붙인다. 소금 같은 사람과 짠돌이의 기능은 절제하는 생활 습관일 뿐 결코 흉이 될 수 없다.

🌲 물의 순리 철학

물은 가장 우주의 질서에 맞지 않는 물질이다. 우선 고체 상태의 물, 즉 얼음은 액체 상태일 때보다 비중이 작아 물 위에 뜬다. 어떤 물질도 고체일 때 액체보다 분자 밀도가 낮은 것은 없다. 온도에 따른 분자 구조 차이가 중력을 거스른다. 분자 구조를 화학식으로 설명 가능한 현상이지만, 그로 인해 물이 가지는 우주에서의 역할은 아직 밝혀지지 않았다.

다음은 강한 표면 장력이다. 물은 자기 자신과 외부의 접촉을 극도로 피한다. 그래서 표면을 최대한 줄여 물방울은 항상 구체를 만든다. 중력까지 이겨내는 표면 장력은 모세관 현상까지 만들어 식물과 동물의 체내에서 중력에 상관없이 이동한다. 물은 다른 물질과 섞여 존재하며 스스로 특징을 드러내지 않는 독특함으로 존재한다. 이론상 순수한 물은 자연 상태에 나타나지 않는다. 그래서 물과

공존하는 미네랄이나 다른 원소들이 생명을 만드는 중요한 역할을
한다. 물 70%로 구성된 인간은 자연과 반대되는 의식이 종종 발생
하기도 한다.

◆ 물의 예술 철학

설악산 설경은 한 폭의 아름다운 그림으로 표현한다. 백색의 순수
하고 청결한 결정체가 주는 신비 그 자체이다. 물은 우주를 유영하
며 색다르게 요술을 부리는 마술사와 같다. 물은 마음을 대리하는
기능으로 때로는 성난 파도처럼, 때로는 평화로운 호수처럼 유연한
자세를 보여 준다.

물은 희로애락을 표현하는 소재로 눈[雪水], 눈물[眼水], 목물[木水],
논물[畓水], 빗물[雨水] 등이 있는데 상황 설정에 따라서 감성적으로
예술성을 표출한다.

꽃은 눈물을 향수로 표현하고,
벌은 눈물을 꿀물로 표현하고,
나무는 눈물을 수액으로 표현하고,
새는 눈물을 증기로 표현한다.

설악산 맑은 물
에너지 건강 체험

백두대간 설악산 정기 받은 산맥 줄기가 동해바다 해저 깊숙한 곳까지 뻗어 있다. 해안가에서 설악산 줄기는 완만한 경사를 이루다 급경사를 맞이하게 된다. 이곳에서 생산되는 설악산 정기 받은 해양 심층수는 특색과 기능이 담겨 있는 듯하다. 현재 설악산을 중심으로 심층수를 생산하는 곳은 고성, 속초, 양양 등 지역에서 업체별 각각의 기술을 지니고 생산하고 있다.

◆ 해양 심층수 정의

일반적으로 태양광이 도달하지 않은 수심 200M 이상의 바닷물(유기물 생성 불가)에 존재하며, 유기물이나 병원균 등이 거의 없을 뿐 아니라, 연중 안정된 저온을 유지하고 있으며, 해양식물의 성장에 필수적인 영양 염류가 풍부하고 미네랄 균형성이 양호한 해양 자원을 말한다. 또한, 대양을 순환하는 해양 심층수는 북대서양 그린란드의 차가운 빙하 해역의 표층수 온도가 차가워짐에 따라 밀도가 높아져서 가라앉은 해류(밀도류)가 형성되어 깊은 바다 밑에서 생성된다는 가설도 있다.

◈ **해양 심층수의 4대 특성**

① 저온성: 해양 심층수는 연중 2도 이하의 안정적인 저온을 유지하는 저수온의 해수다.

② 부영양성: 해양 심층수는 해양식물(광합성 조류)의 생장 원인인 무기영양염(질소, 규소, 인산염)이 풍부한 해수이다.

③ 청정성: 해양 심층수는 병원균과 유해 물질이 거의 없는 청정 해수이다.

④ 수질 안정성: 해양 심층수의 수질은 변동이 적고, 물리 또는 화학적 그리고 미생물학적으로 매년 변함없이 안정되어 있다.

◈ **해양 심층수가 주는 자연 건강 생활**

① 해양 심층수를 식음료 활용

② 해양 심층수를 화장품 원료로 활용

③ 해양 심층수를 전신 온욕, 반신욕, 족욕 등으로 활용

자연이 주는 행복한 꽃차(Natural Happy Flower Tea)

백두대간 설악산 원시림 속에 휴선을 즐기면서 꽃차[茶] 한 잔을 마시는 것은 녹색 공간 속에 담겨 있는 기운을 마시는 것과 같은 이치다. 차[茶]는 본래 질병을 치료하기 위한 약재였다. 그러나 그 향긋한 맛에 매료돼 기호식품으로 애용되다가 예(禮)는 물론 도(道)에 이르는 마음 수련 공부의 하나로 생각하기에 이르렀다.

우리나라에서 꽃차를 즐기기 시작한 것은 그리 오래되지 않았다.

몇 년 전만 해도 꽃차라고 하면 대부분 외국에서 수입에 의존해 왔으나 현재 국내에도 야생 꽃차가 많이 활성화되어 우리 정서에 맞는 은은한 향의 꽃차가 대중적으로 확산하고 있다. 예로부터 사대부 집안에서는 진달래꽃으로 화전을 해서 먹거나 꿀에 절여 먹기도 했는데, 특히 천식 치유에 효과가 있다고 한다.

◈ 휴선 꽃차

자연이 주는 행복한 꽃차라고 정의를 내리고 싶다. 자연이 인간에게 주는 선물 중에서도 가장 아름답고 귀중한 선물이라고 생각한다. 왜냐하면 모든 식물은 꽃이 피어야 열매가 맺는 과정이기 때문이다. 사회생활에서 성과물을 요구할 때 과정이 있으면 결과물이 만들어진다는 의미를 담고 있다. 대한민국 산과 들에는 향기롭고 아름다운 꽃들이 많이 자라고 있다. 그중에서도 휴선 꽃차는 백두대간 설악산의 한계령 자락에서 자라고 있는 야생화를 기반으로 꽃차를 창작하고 있으며, 꽃들이 가지고 있는 특성을 차[茶]로 음용할 수 있도록 연구가 진행되고 있다. 그리고 민간 자격 발행기관으로서 휴선 꽃차 마이스터 교육과정을 운영 중이다.

◈ 꽃차의 정의

꽃의 성질에 맞는 제다법을 거쳐서 독성을 중화시키고 꽃 고유의 색, 맛, 향, 모양까지 즐길 수 있도록 법제한 것을 꽃차라 한다. 꽃차는 '제다'를 통해 약성을 더하고 빼는 깃, 높이고 낮추는 과성을 법제의 개념으로 생각하면 된다.

꽃차에는 진달래꽃차, 목련꽃차, 생각나무 꽃차, 메리골드 꽃차, 금계국 꽃차, 매화 꽃차, 금화규 꽃차, 벚꽃차, 아마란스 꽃차, 당아욱 꽃차 등이 대표적인 꽃차이며, 마음을 치유할 수 있는 시각적인 효과가 있다.

꽃차는 꽃잎 자체에 들어 있는 영양 성분 외에도 향기가 우리 몸에 미치는 정신 작용과 이완 작용은 신비롭기까지 하다. 좋은 성분과 향기는 혈관을 확장시켜 현대인들이 안고 있는 스트레스를 풀어주고, 우울증 치유에도 도움을 준다. 야생에서 자란 꽃을 꽃차로 만들어 마시면 가라앉았던 기분이 상쾌해지고 심신의 정화와 삶에서 행복감을 느끼게 해준다.

◆ 꽃차 마시는 방법

꽃차는 뜨거운 물에 우려야 꽃이 피어나는 것을 제대로 볼 수 있다. 물을 끓인 다음 식기 전에 바로 붓고 2~3분 정도 짧은 시간에 우려 마시는 것이 좋다. 또한, 지나치게 오래 우리면 오히려 역한 향이 날 수 있다. 물을 부을 때는 다관의 중심에서 원을 그리면서 따른다. 말린 꽃은 아주 가벼우므로 한 곳으로만 물을 따르면 꽃이 제 모습대로 피어오르지 않으며 꽃잎의 가장자리가 따로 움직이게 된다. 꽃차는 잎 차와는 달리 시각, 후각, 미각 등을 동시에 만족시켜 주는 화차[花茶]이다. 꽃의 형태를 충분히 감상하면서 향기를 마시고 맛을 음미한다면 꽃 자체가 주는 행복감은 2배가 될 것이다.

◆ 꽃차 시음

① 다기는 꽃 모양과 색상을 위에서 유리 다기를 선택한다.

② 차를 시음할 때 병 속에 꽃을 떠서 백지나 접시에 담는다.

③ 접시에 놓인 꽃 모양과 색상을 감상하고 향을 맡는다.

④ 뜨거운 물로 다기를 데움과 소독을 병행한다.

⑤ 다관에 꽃차를 넣고 뜨거운 물을 부어 뚜껑을 닫고 꽃이 피는 모양을 감상하면서 우림의 시간을 가진다.

⑥ 꽃차 물의 온도는 녹차 물의 온도보다 높은 온도에서 잘 우러난다.

⑦ 잠시 후 뚜껑을 열고 심호흡하면서 향을 마음속으로 음미한다.

⑧ 개인 잔에 따르고 시음한다. 시음할 때는 조금씩 입 안에 머금고 두 번 정도 굴리면서 맛과 향을 천천히 음미한다.

⑨ 꽃차는 2~3회 정도 다시 우려서 시음해도 좋다.

(꽃차의 종류는 수십 종류에서 수백 종류로 분류할 수 있다. 이 책에서는 지면 상 꽃차에 관한 이론을 약식으로 소개하게 된 점을 아쉽게 생각한다. 전문적으로 기능을 알고자 하는 사람은 휴선 꽃차 교재를 보거나 교육을 통해서 습득하기 바란다.)

제8장

▼

불[火: fire]
〈성화가 주는 화합과 번영의 교훈〉

이 과정은 타인을 사랑하고 배려하며
나눔을 실천하는 기회를 가진다.

🍃 불은 빛의 온기를 소유하지 않는다.

그러므로 온기는 불을 존중하고,

빛의 기운을 담아 배려와 나눔을 실천한다.

이 단원은, 불은 선정(禪定)과 몰입(沒入)에 비유될 수 있다. 몰입에 들지 않고서는 지혜가 제대로 발현될 수 없기 때문이다. 불은 빛의 에너지로 변하여 자아의 생활 속으로 다가온다. 그 빛의 발산과 조화로움을 통해 자아 속에 숨겨진 문양을 발견하고 자기 계발을 촉진하는 기회로 삼아야 할 것이다.

몰입을 위한 수련의 기능으로 불[火]은 7미덕 중에서 공덕(功德)이 담겨 있고, 12성품 중에서 열정과 상상력을 주는 정신을 담고 있다. 또한, 자기 안에 숨겨진 문양 찾는 과정으로 무위자연의 선울림(線蔚琳), 담체(潭体)의 체험 기법을 활용하고자 한다.

불[火], 인간의 생활을 바꾼 강대한 에너지

저 하늘에서 이글거리는 태양의 에너지를 내 안으로 맞이하자. 불은 물질이 산소와 화합하여 높은 온도로 빛과 열을 내면서 타는 현상을 말한다. 인류의 생활에서 중요한 수단이 되어 왔고, 인간이 다른 동물과는 크게 다른 존재로 이 세상에 군림할 수 있었던 가장 큰 이유는 불의 발견과 이용이었다.

구석기 시대부터 인간이 불을 사용해 왔음은 이미 밝혀져 있는 일이다. 인류는 불이라는 강대한 에너지를 얻게 됨으로써 온난함과 조명(照明)을 취득하였고, 음식물을 조리하고 도구를 만들어 냈으며, 금속에 대한 지식도 가질 수 있게 되었다. 또한, 불의 덕택으로 자연을 지배하기 시작하면서 오늘에 이르기까지의 문명사회를 구축할 수 있었다.

이렇게 널리 문명의 불씨가 되었던 불은 또한 인간에게 여러 가지 상상력 또는 창조력의 상징으로 여겨졌다. 불은 또 무서운 파괴력으로 흔히 사악한 것을 물리치는 청정한 힘 또는 정화의 힘을 가진 것으로 여겨졌다. 인간 기술의 원천인 불은 우리나라 역사에서도 그 나름의 전개 과정을 보여 주었고, 상징으로서의 불 또한 역사의 뚜렷한 자취를 민속이나 관행 속에 남겨 주었다.

◈ 자연의 불

어느 곳에서나 마찬가지로 자연에서 일어나는 불과 사람이 만들고 보존해 가는 불이 있다. 자연에서 발생한 불에는 하늘에서 떨어지는 벼락으로 일어나는 불과 땅에서 솟아오르는 지진 화산 등의 지각 활동으로 일어나는 불도 있다. 그런가 하면 산에서 나무들끼리 부딪쳐서 저절로 불이 일어나는 일도 있다.

◈ 인공의 불

역사 시대에 들어오기 이전부터 우리나라에서는 다른 지역과 비슷하게 충격법이나 마찰법으로 불을 만들어 사용할 줄 알았다. 충격법으로 불을 만들려면 부싯돌(차돌)을 황철광으로 세게 쳐서 불꽃을 만들고, 거기에 마른 쑥 같은 인화하기 쉬운 물질에 불이 붙게 했다.

◈ 상징으로서의 불

불은 그것이 인간에게 주는 여러 편리함 못지않게 강한 상징성을 가지고 인간의 정신생활까지 깊은 영향을 주어 왔다. 활활 타오르는 불꽃은 솟아오르는 생명력을 상징하는 것으로 여겨졌고, 또 그 파괴력은 더럽고 사악한 것을 물리쳐 주는 정화의 표상이라 여겨졌다. 민간에서 고사를 지낼 때 소지(燒紙: 종이를 불살라 공중으로 올리는 일) 하는 일이나, 제사 등에 향불을 피우는 일은 모두 불이 가지고 있다고 믿는 신통력을 빌려 하늘과 땅, 이승과 저승, 산 자와 죽은 자를 서로 통하게 하려는 노력이다.

이러한 불의 상징적 의미가 가장 잘 나타내는 곳은 전통적인 놀이와 세시 풍속이다. 가장 잘 알려진 세시 풍속으로는 정월대보름 전날 밤의 불놀이를 들 수 있다. 흔히 '쥐불놀이'라고 알려진 이 놀이는 정월 열나흗날 밤에 아이들이 논둑과 밭둑에 불을 지르고 노는 것으로 논두렁 태우기 '횃불 놀이'로도 알려져 있다.

◈ 불의 유익한 이용

불을 이용한 것 가운데 우리나라 역사상 특이하게 발달한 사례는, 전통 한옥의 온돌 문화이다. 장작불은 온기를 소유하지 않으며 그 불의 온기는 사람들에게 건강 기능을 준다. 그리고 사람들에게 온기의 가치와 감사함을 깨닫게 한다. 온돌 문화는 우리나라에서 기원전부터 발달하기 시작한 독특한 난방식으로 지금까지 우리나라 사람들이 유일하게 건강을 위한 생활 공간으로 이용하고 있다.

◈ 불의 무익한 이용

세계는 지금 불[火]을 품어내고 있다. 상대를 가리지 않고 미워하며 화를 다스리지 못하고 있다. 화산에서 품어내는 불은 대자연의 불가항력적 현상이다.

그러나 인간이 인간을 미워하며 불을 품어내는 행위는 마귀와 같다. 전쟁, 누구를 위하고 무엇을 얻으려고 밤낮을 가리지 않고 불을 품어내는가? 백해무익(百害無益)하고 부질없는 짓을 저지르고 있다.

- 전쟁: 인마 살생을 위한 폭탄에서 생기는 불은 악마 그 자체이다.
- 평화: 그리스 아테네 신전에서 채화된 세계 화합을 위한 올림픽 성화

◈ 빛은 평등하게 배려를 실천한다.

- 빛의 온기는 누구에게나 공평하게 나눔을 실천한다.
- 빛의 발산과 조화로움을 통해 행복한 감정을 느껴 본다.

우리는 빛[色]의 착각 속에서 살아가고 있다

   필자는 착각의 환경 속에서, 생각을 착각하면서 살아가고 있었다. 자신이 착각의 생활을 하고 있다는 것을 그것도 66세가 되어서야 비로소 깨달았다. 깨달음의 동기는 무지개 원리 속 반사와 굴절 법칙을 학습하면서 착각의 색과 착각의 각도를 이해하게 되었다.

   왜 우리는 착각 속에서 살아가야 하는가?
   왜 우리는 실체를 볼 수 없는 현실에서 살아가고 있는 걸까?
   그렇다! 인간이기 때문에 보는 능력에 한계점이 존재하는 것이다. 인간은 사물의 실체를 볼 수 없는 현상의 한계점이 존재한다. 그러므로 본질의 실체를 볼 수 없는 현상 속에서 실상의 착각과 허상의 착각이 존재하게 된다.

   인간의 시각 작용은 거시적으로 볼 수 없는 한계의 선(線)에서 미시적인 사물의 표상을 바라보고 관찰하며 이용하면서 생활하고 있다. 우리가 일상에서 매일 사용하면서도 물질의 실체를 모르고 살아가는 삶의 방식은 우매함과 아쉬움 그 자체이다.

   생활에서 물질의 실체와 본성을 알았을 때 지극히 감사함을 느끼게 되고, 비로소 지혜로운 삶을 살아간다는 것을 깨닫게 된다.

🌳 착각의 생각으로 살아가는 것

(1) 사람

나는 나라고 생각하면서 자신의 실체를 본 적이 있는가? 본래 나라고 하는 것은 없으므로 나를 볼 수 없고, 다만 이름을 가지는 형상체로 존재할 뿐이다.

(2) 마음

나는 마음의 실체를 본 적이 있는가? 마음은 공기와 같아서 볼 수 없고, 공기는 넓고 깊기 때문에 그 깊이를 헤아릴 수 없다. 다만 공기를 공기라고 마시면서 공기의 실체를 알려고 하지 않았다.

(3) 나무

나는 나무를 나무라고 바라보면서 나무의 실체를 알지 못했다. 나무는 연륜과 지혜를 담고 있으며 사람들에게 지혜를 나누어 주려고 노력한다. 그러나 인간은 그 고마움을 모르고 살아간다. 인간은 나무를 '바보'라고 생각하는 것 같다. 과연 그럴까? 나무는 인간을 바라보면서 매우 어리석은 삶을 살아가고 있다고 말하는 것 같다. 그렇다! 우리는 착각 속에서 살고 있다는 것을 깨달아야 할 일이다.

(4) 산

나는 산을 산이라고 바라보면서 산의 높이와 깊이 그리고 엄중한 무게에 관하여 그 실체를 알려고 하지 않았다. 또한, 산을 오르내리면서 숲의 생태를 헤아리지 못했다. 35년 동안 산속 생활을 하면서 실체를 모른 채 착각으로 산을 바라본 점은 아쉬움을 남기는 부분이다.

(5) 계곡

나는 계곡을 바라보고 계곡에서 살아가면서 계곡이 주는 기능의 실체를 알지 못했다. 계곡은 에너지가 집합하는 공간이며, 동시에 생명을 탄생시키는 공간이다. 그동안 물이 흘러가는 장소로만 생각하고 착각하며 계곡의 기능에 접근했다. 늦은 시간이지만 탄생의 원리를 깨닫게 되어서 감사하게 생각한다.

(6) 물

나는 물을 물이라고 사용하면서 물의 실체를 알려고 하지 않았다. 바닷물을 바라보면서 바닷속의 실체를 알려고 하지 않았다. 우리는 물의 기능과 법칙과 예절을 알지 못하고, 착각하면서 물을 사용하고 있다. 생체 건강으로 식음료와 세신을 할 때 사용하고 있다. 물은 공동체 생활을 할 때 특히 '직장생활'을 할 때 물의 기능과 예절을 응용하면 스트레스를 받지 않는 직장생활을 할 수 있어 행복감을 2배로 느끼게 된다.

(7) 불

나는 날마다 바라보는 저 하늘에서 이글거리는 불덩이를 불이라고 하면서도 불의 실체를 알려고 하지 않았다. 인간 문명의 발전에 기본이 되는 불의 법칙을 우리는 착각하며 살아가는 듯하다. 사회 구조와 사람의 습관에 따라서 이용하는 방법이 다르다. 인간의 생활에 필요한 물질 중에서 빛의 소중함은 1순위라고 할 수 있다. 그 때문에 우리는 빛은 공짜라는 착각에서 벗어났을 때 비로소 행복한 빛은 당신에게 새롭게 방문할 것이다.

　자연 공간에 놓인 생명체는 저마다의 사연을 담고 살아간다. 그러므로 사실은 스스로 많은 말을 한다. 사건과 사실을 시간과 순서로 나열하면 인과관계가 드러난다. 그래서 사실은 그 자체로 설명이다. 자연이든 역사적 사건이든 사실(fact)을 잘 모르기 때문에 의견과 느낌으로 사실을 대신하게 된다.

　자신의 일상생활은 발광체의 삶을 살아가고 있을까? 아니면 반사체의 삶을 살아가고 있을까? 이것도 저것도 아니면 빛과 그림자를 적절하게 이용하면서 중용적인 삶을 살아가고 있을까?

　촛불은 자신을 불태우면서 빛을 발산하여 주변을 밝혀 주는 발광체의 기능을 한다. 보석은 빛이 없으면 보석으로서 가치를 상실하게 되고, 빛의 에너지를 받았을 때 비로소 보석의 가치가 존재하는 반사체의 물질이다.

　인생은 착각 속에서 삶을 살아간다. 또한, 인생은 색의 각도로 삶을 살아간다. 생활할 때 주위를 밝혀 주는 것은 발광체의 삶이며, 외부의 빛이 비쳐야 존재가 드러나는 것은 반사체의 삶이다. 많은 사람은 외부의 빛이 자신을 비춰 주길 원한다. 그것이 명품으로 치장한 외모일 수도 있고, 값비싼 자동차나 호화 주택일 수도 있다. 또한, 명문 대학의 학력, 고소득 직업, 화려한 경력, 뛰어난 능력, 세속적 명예일 수도 있다. 그 빛으로 인해 자신이 남보다 돋보이는 아름다움과 부러울 것 없는 행복을 누리며 영원히 더 나은 삶을 살아가길 바란다.

하지만 이것은 언제든 한순간에 사라질 수 있는 한시적인 빛이고, 반사체의 삶이다. 그래서 "과연 이 빛이 언제까지 나를 비출까?" 생각하며 항상 불안하고 초조하기도 하다.

우리는 매일 해가 뜨면서 캄캄했던 어둠이 물러가는 것을 경험한다. 햇빛(sunlight)이 세상을 환하게 밝혀 온갖 사물과 모든 현상을 볼 수 있다. 빛은 형형색색의 꽃과 나무, 높고 낮은 건물, 각양각색의 자연 현상 등의 삼라만상을 볼 수 있게 해준다. 그런데 세상을 밝혀주는 태양도 아침에 뜨고 저녁에 질 때 긴 그림자를 만든다. 그림자가 없는 때는 정오의 자리에 딱 중앙에 서게 되는 정오정착(正午定着)뿐이다.

인생에서도 빛을 주는 삶은 그림자를 만들지 않지만, 빛을 받는 삶은 그림자를 만든다. 빛을 주는 사람은 꾸어 쓴 빛을 갚는 발광체의 삶을 사는 것이며, 빛을 받는 사람은 언젠가 갚아야 할 빚을 지는 반사체의 삶을 사는 것이다.

진리는 모든 사람이 수용할 수 있는 보편타당한 법칙이나 사실이며, 스스로 빛을 내는 발광체다. 그 빛은 꺼지지 않는 빛이며, 영원히 세상을 밝혀 준다. 그 빛이 있어야 뒤에 어둠이 있어도 불안하지 않고 항상 당당하고 자유로울 수 있다.

한 장의 꽃잎으로는 꽃이 완성되지 않는다. 여러 개의 꽃잎이 모여야 하나의 꽃이 완성된다. 내가 누군가에게 발광체의 촛불이 돼 빛을 밝혀 줄 때 누군가가 또 나의 촛불이 되어 준다. 마음과 마음을 이으면 서로의 빛으로 서로를 밝혀 줄 수 있다.

◈ 빛의 굴절과 발광체의 삶

① 굴절 원리를 이용한 차원적 사고로 자기 계발의 기회 찾기.

② 빛의 몰입 과정은 집중력과 기억력을 향상시켜 준다.

③ 별빛은 분별력을 향상시켜 지식의 의미를 인식하게 한다.

④ 빛은 색으로서 의욕에 관한 가치를 제공한다.

⑤ 현명한 사람은 빛과 그림자를 역발상으로 활용한다.

⑥ 빛은 혁신을, 그림자는 변화를 주는 기능이 담겨 있다.

⑦ 양지(긍정)와 음지(부정)를 조화롭고 지혜롭게 대처하라.

동해바다 수평선의 꽃
무지개 굴절 법칙

이 과정은 무지개의 색을 통해 자기 색깔을 찾고 직무에 응용하는 기회를 가진다.

🍃 탐구 현장: 속초시 속초 해수욕장 해변 및 설악산 울산바위 일원

붉은 빛의 색으로 무지개를 표현하며
반사와 굴절 법칙이 존재한다.
무지개는 상상력을 주고, 굴절은 차원적 사고를 준다.
- 명상

🌳 무지개 굴절 법칙(Rainbow-Refraction Law) 탐구

◆ 무지개(rainbow)의 생성 원리

무지개는 빛이 광원으로부터 어느 정도 떨어진 비, 물보라, 안개와 같은 물방울의 집합체를 비출 때 7가지 색으로 나타나는 현상이다. 즉 공기 중의 물방울에 의해 태양 광선이 반사 또는 굴절되어 원형 형대로 나타나는 7가지의 색깔을 의미한다.

◈ 무지개의 관찰

무지개는 육지 또는 산 위에서 관찰할 수 있다. 또한, 바다의 수평선에서 색다른 방법으로 관찰할 수 있다. 육지에서 발생하는 무지개는 지열을 통한 수증기의 결정체라고 한다면, 바다의 수평선 상공에 떠 있는 무지개는 바닷물 수증기의 결정체라고 필자는 생각한다.

① 육지에서 무지개를 발생하는 물은 빗물 잔량에 포함된 미세한 알갱이의 수분이다.

② 바다에서 무지개가 발생하는 물은 염분을 포함한 미세한 알갱이의 수분이라고 생각한다.

무지개의 발생은 빛의 반사 또는 굴절 현상을 통해서 발생한다. 대기 중에 떠 있는 순수한 물과 염분이 포함된 물은 반사나 굴절 현상이 다르게 작용하여 빛의 색상이 다르게 표현되는 것을 관찰할 수 있었다. 즉 소금의 결정체는 6각형의 구조로써 빛의 반사 각도와 굴절 각도가 다르게 작용한다고 생각한다. 그러므로 바다의 무지개는 물에서 발생하는 일반적인 무지개색보다 빛과 색이 더욱 강렬하게 표현되는 것 같다.

◈ 무지개 만들기 체험 실험

맑은 날 햇빛을 등지고 손으로 사용하는 분무기를 이용해 하늘을 향해 물을 뿌리면 무지개 형태의 색상을 관찰할 수 있다.

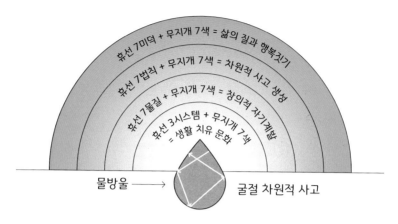

물방울 ⟶ 　　　　　　　굴절 차원적 사고

[무지개 굴절 법칙 도표]

① 불은 빛을 발산하고 선으로 이어져 색으로 변환된다. 필자는 불의 표현을 무지개 7색으로 형상화했다.

② 무지개는 작은 물 분자로 이루어진 형상이며, 도표 하단 중앙에 있는 원형은 물방울의 형상이다.

③ 물방울의 굴절 작용 기능을 통해 차원적 사고를 창작하는 기회를 갖는다.

④ 무지개의 7색상+휴선 7요소 개별 물질과 합성(合成)을 통해서 발견된 기능성들을 창의적 사고로 활용한다.

⑤ 무지개의 7색상+휴선 7요소 개별 법칙과 합성을 통해서 자연 지식을 인식하고 실무에 응용하는 기법을 익힌다.

⑥ 무지개의 7색상+휴선 7요소 개별 미덕과 합성을 통해 얻은 지혜를 인격 향상을 위한 매개체로 활용한다.

⊛ 반사 작용의 기능 탐구

◇ 반사(反射)란?

① 일정한 방향으로 나아가던 파동이 다른 물체의 표면에 부딪혀서 나아가던 방향을 반대로 바꾸는 현상

② 빛이나 소리 같은 파동이 진행하다가 두 매질의 경계면을 만날 때, 그 파동 에너지가 입사하는 매질 방향으로 되돌아갈 수 있는데 이러한 현상을 반사라 한다.

◇ 반사 법칙

① 빛이 반사할 때 입사광선, 반사광선, 법선은 한 평면 위에 있고, 입사광선과 반사각의 크기는 항상 같다. (입사각=반사각)

② 등방성 매질에서 모드가 같은 파(波)에 대한 입사각과 반사각은 같다는 법칙. 파의 모드 전환이 일어나는 경우에는 스넬의 법칙에 의해 반사각이 결정된다. (자료 출처: 네이버 지식백과)

◇ 반사 작용

① 조건 반사와 무조건 반사: 조건 반사는 인간이나 동물이 그 환경에 적응하기 위하여 후천적으로 획득하는 반사 작용이며, 무조건 반사는 인간의 생리 기능으로 어떤 자극을 받으면 두뇌에 의해 판단하지 않고, 반사적으로 기능을 나타내는 작용이다.

② 유아의 생리적 반사 작용 관찰: 발을 오므렸다 펴는 '바빈스키' 반사, 물건을 갖다 대면 꽉 움켜쥐는 '파악 반사', '빨기 반사'라

고도 불리는 '흡철 반사' 등이 있으며, 유아의 반사적인 행동 관찰을 통해 부모는 인성과 재능을 발견하고 잘 키워 주는 기회를 가져야 할 것이다.

③ 하늘이 파란색으로 보인다. 이 현상은 빛의 산란 작용이다. 즉 공기에 포함된 수분이 반사와 굴절 작용으로 일어나는 현상이라고 필자는 생각한다.

🌲 굴절 작용의 기능 탐구

◆ 굴절(屈折)이란?

하나의 매질로부터 다른 매질로 진입하는 파동이 그 경계면에서 나가는 방향을 바꾸는 현상. 빛이나 소리 등 파동을 일반에서 볼 수 있는 현상으로 아지랑이나 별의 반짝임 등의 자연 현상을 비롯한 일상에서는 물그릇 속의 수저가 굽어 보이는 등 수많은 예를 관찰할 수 있다. 또 렌즈나 프리즘은 빛의 굴절을 이용하는 것으로 광학 기계의 중요한 부분을 구성한다. 굴절이 2개의 등방성 매질의 경계면에서 일어날 경우, 그 방향에 관하여 스넬의 법칙(굴절의 법칙이라고도 한다)이 성립된다.

그러나 파동이 등방성 매질로부터 이방성 매질로 나아갈 때는 보통 이 법칙이 성립되지 않으며, 경계면에서 굴절파가 둘로 나뉘어 이른바 복굴절 현상이 나타낸다. 방해석의 결정을 통해서 물체를 볼 때 2중으로 보이는 것은 이 때문이다. 그리고 굴절뿐만 아니라 등방성 물질에서도 어떤 방향으로 압력을 가하거나 물질을 전기장 안에 놓으면 복굴절 현상을 일으킨다.

◆ 굴절 법칙

① 빛이 진행하다가 다른 물질로 입사할 때 입사 광선과 굴절 광선은 법선의 양쪽에 있고, 법선과 동일한 평면 내에 있다.
② 입사각과 굴절각의 sin 값의 비(比)는 일정하며, 이 값은 각 물질에서의 빛의 속도비와 같다. (자료 출처: 네이버 지식백과)

◆ 굴절 작용

① 빛의 굴절로 물속에 있는 물체가 크게 보일 때가 있다. 욕조에서 샤워하다 물속에 손을 넣으면 손이 본래의 손보다 훨씬 커 보이는 것을 볼 수 있다.
② 냇가에서 물고기들이 더 커 보이는 이유는 빛이 굴절돼서 공기 중으로 이동하기 때문에 수면과 더 가깝게 있는 것처럼 보이고, 커 보이는 것이다.

🌳 빛의 반사 작용이 주는 지식과 지혜

인간은 반사 작용을 통해서 무엇을 얼마나 얻었고, 무엇을 어떻게 깨달아야 할까? 반사적 이익(反射的 利益)이라는 말이 있다. 법규가 사회 일반인을 대상으로 하는 규정의 반사적 효과로서 받는 이익이다. 예컨대 좌측통행과 같은 도로 교통 단속 법규의 시행으로 보행

상의 이익을 얻게 되는 경우는 이에 속한다. 또한, 사회생활에서 사람과 관계할 때 반사 작용이 매우 중요한 역할을 한다. 특히 비즈니스를 진행할 때 반사 작용은 세일즈의 핵심적인 요소가 되어 준다. 자연과학 지식의 논리로 해석한다면, 입사각=반사각이 성립하기 때문이다. 즉 상대에게 주는 만큼 1대1의 비율로 되돌려 받는다는 원리이다.

1대1 법칙에 효과를 지식으로 대입하여 문제의 해법을 찾고, 그 해법 기능을 일상생활에서 지혜로 활용하는 관습을 익혀야 할 것이다.

◈ 반사 작용의 흡수 훈련

① 자신 앞에 비친 빛에 대하여 지식의 논리로 배우거나, 실천과 실험을 통하여 알게 된 정보를 인식과 이해하는 훈련을 한다.
② 빛의 반사 작용 이치를 빨리 깨닫고, 그 빛의 기능을 생활 속으로 정확하게 접목시키는 정신적 능력을 훈련해야 한다.
③ 반사 작용을 지식과 지혜의 기법으로 훈련하고 숙지를 잘하고 있으면 업무를 처리할 때 총명한 아이디어 발상 및 일머리를 빨리 알아차리는 기능을 준다.

❀ 빛의 굴절 작용이 주는 지식과 지혜

인류의 문명 생활을 발전시키는 데 굴절 법칙과 작용이 크게 기여했으며, 굴절의 성질과 작용은 인간들이 갈구하는 욕망에 갈증을 풀어 주는 촉매제 역할을 하기도 한다.

굴절 작용은 차원적 사고를 발현시키고 메타 공간과 메타 물질을 유추해 보는 상상력을 주고, 그 물질의 기능을 꿰뚫는 혜안을 얻게 하는 기초가 되어 준다. 또한, 굴절 작용은 마음을 혁신하고 변화의 길을 찾고자 할 때 지름길을 찾을 수 있는 영감을 주기도 한다.

◈ 굴절 작용의 흡수 훈련

① 창의력과 차원적 사고를 발상하는 훈련으로 사물을 관찰하는 지식의 폭을 넓혀 준다.
② 대상과 생각이 다르다는 이치를 깨닫고 도전을 향한 지혜를 갖게 한다.
③ 과거와 현재를 비교하고 미래 희망찬 길을 걷게 하는 신개념의 훈련 기법을 제시한다.

◈ 굴절 기능을 차원적 사고로 발상 전환하기

무지개 형태와 형상을 바라보면서 신비성을 느꼈다. 그래서 무지개 원리에 관하여 탐구를 시작했으며, 탐구하는 과정에서 반사와 굴절 법칙의 원리를 접하게 되었다.

우리는 반사와 굴절 법칙을 통해서 무엇을 배워야 할까?

발상의 전환이라는 말이 있다. 생각이 바뀌면 새로운 환경을 접하게 된다는 의미이다. 이 순간 반사와 굴절 법칙이 자기의 생활 습관을 변화시키는 데 어떻게 도움이 될 것인가에 관하여 발 빠르게 깨달아야 할 일이다.

미래를 향한 자기 계발을 위해서는 창의적인 사고와 창의력을 향상시켜야 한다. 즉 창의적인 생각과 실행은 자기 능력을 발견하고 자기 계발의 기반이 되어 주기 때문이다.

🌳 차원적 사고

2차원에서 3차원으로, 혹은 그 역방향으로 이동하는 것과 관련이 있다. 어떤 한 차원에서 주어진 정보들을 변형시켜 다른 차원으로 옮기거나, 차원 내에서 어떤 물체나 과정이 차지하는 크기를 일정한 비율로 줄이거나 변경하는 등 우리가 알고 있는 것에 따라 공간과 시간 너머 차원의 틀을 개념화하는 것을 말한다.

◆ 차원적 사고 훈련 및 학습 방법

① 가능한 다각적 관점에서 사물을 보는 훈련을 한다.

② 선(線)과 면(面)과 도형 등 기하학 모형으로 놀이하기.

③ 종이접기(새 모형, 비행기 모형) 같은 3차원 미술을 구상하기.

④ 조각이나 공작품 또는 장난감 만들기.

⑤ 진흙과 모래를 이용한 여러 가지 기하학적 형태를 만들고 섞기.

⑥ 입체 스케치 및 기록 수첩 만들기.

⑦ 색의 조합과 모형 블록의 조립 놀이.

⑧ 3차원을 2차원에 투영하기(벽에 그림자 비춰 보기, 이미지 만들기 인화지에 광선을 비춰 보기 등)

◆ 자연 공간을 이용한 현장 학습

① 호수를 통해서 빛의 반사 현상과 반사 작용을 관찰한다.

② 바다의 해저에서 서식하는 해조류를 관찰할 때 굴절 현상을 발견하게 되며, 바닷물이 움직이는 힘에 따라서 굴절 작용은 2차원적 현상으로 탈바꿈하여 보여 주기도 한다.

③ 백사장 또는 넓은 들의 개활지에서 하늘에 떠 있는 구름의 분해와 합성하는 현상을 관찰하면서 2차원 또는 3차원적인 형상화의 원리를 탐구하는 기회를 가져 본다.

무지개색의 기능을
자기 계발의 기회로

　자신의 마음에는 어떤 색깔이 담겨 있을까? 그리고 어떤 문양의 그림으로 표현해야 할까? 또한, 나는 내가 나로 살아갈 수 있는 색깔과 문양을 어떤 방법으로 찾을 수 있을까?

　사람의 삶의 방식은 색깔과 문양을 다양성으로 표현하며, 각자의 방식대로 하루 생활을 즐기면서 엮어간다.

　사람의 생활에서 가장 밀접하게 사용되는 자연 물질이 휴선 7요소일 것이다. 그러므로 휴선 7요소(사람, 마음, 나무, 산, 계곡, 물, 불) 물질을 통해 자기에게 맞춤형 색과 문양을 찾아보는 기회를 가져 보는 것 또한 좋은 방법이 될 것이다.

　무지개는 7가지의 색을 발산한다. 그리고 우리 몸에는 기(氣)를 발산하는 차크라 포인트에 의한 7가지 색이 존재한다. 인간과 동식물 등 생명체는 빛을 발산(發産)하는 에너지의 파장을 가지고 있는데, 이를 차크라라고 한다. 오라를 인지함으로써 현재의 마음을 조절하고 미래를 기쁨과 행복으로 바꿀 수 있다. 오라 색상 속에는 창조력, 능력, 지능, 열정, 사랑 등 미래 예언이 가능하며, 이 색깔들은 사실

에너지의 파동이요, 오라 주변에서 소용돌이치는 일종의 광선이다. 그리고 자가 진단 기구로써 색은 중요한 단서가 될 수 있다.

◆ 오라의 작용

① 빨간색: 빨강은 활기차고 강렬하며 육체적 에너지 색이며, 의지력과 정열이 핵심이다.

　　→ 작용: 의지력, 정열, 생명력, 욕망, 육체적 활동 등

② 주황색: 오렌지색은 창조적이고 예술적이며, 사람들이 의사소통할 때 매우 창조적이다.

　　→ 작용: 창조적, 예술적, 명랑, 감각적, 풍부한 경험, 성취와 성공

③ 파란색: 파랑은 시원하면서도 맑다. 명상과 치유, 영감 활동하는데 우수하다.

　　→ 작용: 교감, 평화, 은총, 통일 감정의 깊이

④ 보라색: 보라는 끝없는 지식을 나타내는 파랑과 활동력과 힘을 상징하는 빨간색의 혼합이다. 보라색이 풍부한 사람은 신비로운 마력이 있고, 내면세계로 깊이 들어가는 능력도 있다.

　　→ 작용: 신비적, 요술, 매력, 마술, 창작력 등

⑤ 백색: 이 색은 카멜레온 같은 성격을 상징하기도 하며, 예술 및 배우들이 맡은 배역을 잘 구사하도록 도움을 준다.

　　→ 작용: 구상 미술 창작, 자연 예술 창작 등

그리고 오라의 기운은 두뇌를 밝게 해주고 심장의 기능을 맑고 힘차게 순환되도록 도움을 준다. 또한, 오라 색상의 기운을 느껴 보거

나 학습해 보고 싶은 사람들은 자연 속에 놓인 꽃밭에서 계절별, 꽃의 종류에 따라서 꽃의 색상과 기능을 몸과 마음으로 체험하게 되면 오라 기능에 관한 의미를 쉽게 깨달을 수 있다. 또한, 오라 기능을 체험할 때는 색상을 담은 다관을 통해서 꽃차 한 잔 마시면서 내면세계와 교감하는 기회가 되었으면 한다.

◆ 창의력 아이디어 향상

① 무지개가 변신하듯 자신을 바꿀 수 있는 색을 찾는다.

② 단풍잎 색을 통해 의상 디자인에 접목한다.

③ 나무 무늬에 색을 통해서 손가방을 디자인한다.

④ 물방울무늬를 이용한 건축 디자인 및 실내 커튼을 만든다.

뜨거운 사랑과 뜨거운 안녕

• 사랑: 어떤 사람이나 존재를 몹시 아끼고 귀중히 여기는 마음.

　사랑은 한자어 사량(思量)에서 나왔다고 한다. '생각하고 헤아린
다'라는 뜻이다. 사랑인즉 상대에 대한 배려이고, 배려의 밑바탕에
는 자기희생의 정신이 자리한다. 누군가 필자에게 사랑에 대해 묻
는다면 사랑은 '주고 또 주는 것'이라고 말하고 싶다.

　'사랑', 참 따스하고 포근한 말이다. 사랑이란 단어만큼 흔히 쓰면
서도 그 본질을 쉽게 알 수 없는 단어도 드문 것 같다.

　사랑이란 정말 무엇일까. 넓고 깊게 쓰이기도 하고, 때로는 차원
을 달리하여 쓰기도 한다. 철학적 의미로 아가페, 에로스 등으로 나
누고는 있지만, 사랑의 정의와 표현도 상황에 따라, 보는 각도에 따
라, 사람에 따라 각각 달리하는, 마치 카멜레온과 같이 도저히 종잡
을 수 없는 단어가 아닌가 싶다.

　"보고파 하는 그 마음을 그리움이라 하면, 잊고자 하는 그 마음을
사랑이라 말하리."라는 노랫말이 있다. 사랑하다 이별을 했지만 도
저히 잊히지 않는, 의식적으로 잊으려 할수록 더 가슴이 미어지는

애틋한 마음을 이렇게 표현했으리라. "사랑이란 두 글자는 씁쓸하고 달콤하고"라는 노랫말도 있다. 상대의 마음과 내 마음이 통할 땐 달콤하지만, 그렇지 못할 땐 씁쓸함이 가미되는 묘한 것이 사랑이기에 이렇게 노래했을 것이다.

"이루어지면 삶이요, 이루어지지 못하면 사랑이다."라는 말이 있다. 사랑이 이루어지면 삶이라는 생활 속으로 녹아들지만, 이루어지지 못하면 미지의 세계 속에 동경으로 영원히 남기는 말이라고 기억하고 싶다. 그렇다. 우리는 뜨거운 사랑을 가슴속에 영원히 품어야 할 일이다.

모성애는 사랑 중에서 당연히 으뜸일 것이다. 그리고 사랑의 증표하면 당연히 어머니표의 사랑일 것이다. 어머니의 사랑은 가벼운 말이 아닌 몸으로 실천하고, 몸으로 희생과 헌신을 마다하지 않은 참사랑이 바로 모성애라고 생각한다.

어머니는 자식을 위해서 모든 것을 내어 준다. 그래서 어머니 은혜는 하늘과 같다고 표현한 것 같다. 그렇다. 청춘 남녀가 뜨거운 사랑을 한다고 해도 어머니의 참사랑과 비교할 수 있으랴!

"만남이 있으면 이별이 있다."라는 말이 있다. 우리 모두 뜨거운 안녕을 맞이해야 할 것이다. '뜨거운 안녕'이라는 노랫말이 있다. "그렇게 가신다면 말없이 보내 드리리!"라는 가사는 참으로 애틋하고 시원 씁쓸한 표현인 듯하다.

필자는 자연생활을 하면서 열정을 표현하는 사랑과 아쉬움을 담은 이별의 정(情), 뜨거운 안녕이라는 현상을 자연스럽게 관찰하게 된다.

① 물은 산소와 수소가 만나서 한 몸이 되어 '뜨거운 사랑'을 한
다. 물은 자리를 탐하지 않고, 다음 자리를 향해 뜨거운 안녕이
라는 말을 남기며 길을 떠난다.
② 나뭇잎은 나뭇가지와 한 몸이 되어 가을철 빨간색 단풍잎으로
뜨거운 사랑을 표현한다. 늦가을이 되면 단풍잎은 이별을 준비
하며 뜨거운 안녕이라는 말을 남기며 땅으로 떨어진다.

인생 100세 불꽃 열정 철학

이 과정은 열정 철학과 건강 목욕 기법을 체험하는 기회를 가진다.

나는 지식이 부족하다. 그러므로 나는 부족한 지식을 채우려 한다.
나는 부족한 점이 많다. 그러므로 나는 부족함을 채우려 한다.
나는 지식과 지혜가 풍족했다면 철학 학습을 하지 않았을 것이다.
그러므로 나는 타인에게 질문하고 또 질문한다. 그리고 물어보는
것에 관해 창피하다고 생각해 본 일이 없다. 그 때문에 철학을 즐겁
게 학습해야 하는 이유다.

태양은 동쪽에서 떠서 온종일 불꽃 열정을 발산하고 서쪽으로 향
한다. 그리고 태양은 석양의 황혼빛과 함께 내일을 기약하는 인사
를 한다. 저 하늘에서 이글거리는 태양은 우리에게 불꽃 열정을 선
물한다. 이에 우리는 맞춤형 열정을 불태워야 할 일이다.
불꽃 열정 철학을 삶의 지표로 살아가고 싶은 생각은 누구나 같은
마음일 것이다. 그러나 우리는 이런저런 이유로 생각에 그칠 뿐 실
행으로 옮기지 못하고 있다. 그렇다면 이제라도 불꽃의 지혜를 익
혀서 불꽃 열정을 생활화하여 삶의 질을 향상시켜야 할 것이다.

불의 탄생은 산소와 대상물이 만나 연소하면서 불을 이루고, 그 불은 열정을 담은 불꽃으로 피어나 하늘 방향으로 승천하는 성질을 가진다. 장작에서 타오르는 불꽃을 바라보고 있노라면 문득 불이 표현하고자 하는 철학의 개념이 생각난다. 불의 철학적인 신념은 열정을 불태우며 최선을 다해 노력하고 몰입하는 자세를 표현으로 보여 준다.

세상을 살아가는 방식을 설명하거나, 세상을 살아가는 사람의 성격을 표현할 때 우리는 흔히 불같은 성격, 물처럼 순리대로 산다고 말한다. 불의 성질은 우주를 구성하는 기본 원리를 고스란히 담고 있다. 불의 연소 현상은 가장 작은 단위의 입자로 가장 짧은 시간에 전환하는 가장 좋은 방법이다.

에너지의 근원이 되는 열을 발생하고, 입자와 파동이 중첩하는 빛도 발생시킨다. 불은 우주의 시작과 끝에 일어나는 현상으로 불의 비밀을 알게 되는 순간 인류는 신에 가까워질 것이다.

불처럼 살아가는 모습이 강한 의지를 가진 성격 같지만, 내면으로는 매우 부드럽고 유연성이 넘쳐난다. 신이 인간에게 불을 선물한 이유는 자연에 순응하기를 바라서이다.

◆ 불[火]의 철학, 진자락화(眞者樂火)

어느 산골짜기에 살고 있는 도자기 장인(匠人)의 이야기이다.

전깃불이 없으니까 해가 뜨면 일어나고 해가 지면 잠을 잘 수밖에 없다. 자연의 리듬에 맞추어 사는 것이 진자의 생활 이념이다. 진자의 자연인은 전기가 들어오지 않은 곳을 선택하였다. 어두움은 사람을 쉬게 만들기 때문이다. 그는 밤이 되면 컴컴한 숲에서 달을 보고, 산 그림자를 바라본다. 별로 돈도 되지 않은 삶이지만, 그는 불이 없는 숲속의 생활에 만족하는 것 같다.

음력 보름이 되면 그는 가마에 장작불을 지핀다. 보름 달빛 아래서 작업을 하면 독특한 감정이 생긴다고 한다. 대략 30시간 동안 밤낮으로 장작불을 때는데, 흙으로 만든 가마 속에는 벌겋게 불을 품으며 장작들이 타고 있었다. 세 군데의 아궁이마다 각기 불의 성질도 달랐다. 산화 불, 환원 불, 중성 불이 그것이다.

산화 불은 완전히 연소되는 불이다. 산화 불 아궁이에서 굽는 도자기는 색깔이 붉거나 노르스름하게 나온다.

환원 불은 불안전 연소되는 불이다. 도자기는 색깔이 푸르스름하다.

중성 불은 25시간이 넘어가면서부터는 불의 색깔이 변한다. 붉은색에서 형광등 불빛 같은 색깔로 변하기 시작한다. 불빛이 변한다는 것은 가마 온도가 1,200도를 넘어가기 시작한다는 징표이다. 이때부터 도공은 온 정신을 집중해서 불을 바라본다.

◈ 인생 100세의 불꽃 열정 후회 없는 삶

마라톤 경기는 육상경기의 꽃이라고 표현한다. 인생 100세 시대의 인생 마라톤 100km를 열정으로 달려가고 싶다. 마라톤은 인간의 한계 실험과 속도의 경쟁에서 자신과 싸우는 치열한 스포츠의 한 종목이다. 우리는 모두 100km를 향해 마라톤 경기를 진행하고 있다. 인생 마라톤 100km 코스에 색다른 점이 있다면 시간 제한이 없고, 1등을 가리지 않고, 앞서가야 하는 조건도 없다. 인생 100세라는 목표 지점을 향해서 각자 개성을 표현하며 자유롭게 뛰고 또 뛰면서 달려갈 뿐이다.

지구상에 한 점을 찍고 태어난 우리는 정해진 목표 지점을 향해 달리고 또 달려간다. 나는 얼마만큼 달려왔으며, 얼마의 속도로 달려가고 있는지, 코스는 이탈하지 않고 잘 달려가고 있는지, 빈손을 열심히 움직이며 빈손을 향해 달려가는 우리네 모습이 애처롭기도 하다. 마라톤 코스 35km 지점은 마의 구간이라고 불린다. 이 구간을 달려갈 때는 무아지경에 이르고 아무 생각도 없고 그저 달려간다고 선수들은 말한다.

우리는 모두 각자의 위치에서 아궁이에서 불꽃이 피어오르듯 열정을 발산하며 열심히 살아간다. 목표를 달성하고 있는 사람, 꿈을 이룬 사람, 아니면 인생의 쓴맛으로 실패를 맛본 사람 등의 여러 문양으로 나누어진다.

내 인생도 벌써 반환점을 돌아서 많이 달려왔다. 결승 지점까지 온 힘을 다해서 불꽃을 피워 보자. 달려가다가 쓰러지는 일이 있어도 내 모든 역량을 발휘하여 열정을 불태우리라! 후회 없는 인생을 위해서 말이다.

황토 온열 사우나 건강 체험

◈ 황토 형성에 대한 견해

지표 근처에서 세립질 점토 입자들과 실트는 이동하는 탄산칼슘과 산화철 용액, 콜로이드질, 철, 화합물 등에 의해 교결되고 석영 입자들은 석회나 철의 피각이나 피복물과 같고 주변 입자들은 서로 교결시킨다.

◈ 황토의 물리적 화학적 성질

황토 입자 크기는 주로 0.002~0.05mm이며 조립질과 중립질의 입자들도 포함한다. 다양한 방법들에 의한 입자 크기 분석에 의하면 이러한 크기의 비율은 무게 비례로 50% 정도이다. 점토 크기의 입자들은 5~10%를 구성한다. 일부 황토 지역에서는 입자 크기의 분포는 공급지로부터 멀어짐에 따라 세립질 입자들로 전이해 간다. 황토 내의 수분 함량은 10~15%로 낮으며, 공극률이 감소함에 따라 증가한다. 황토의 공극률은 50~55%이며, 깊이 약 10m까지는 미약하게 감소한다. 사질 황토의 공극률은 약 66%이고, 밀도는 1.5g/㎤이다.

◆ 황토 원적외선 사우나의 생리 작용

규격화된 에너지의 공간에서 8~14마이크로미터의 원적외선이 생체에 흡수되면 물과 유기화합물의 흡수 스펙트럼과 부합하여 생체 내의 분자가 공명 흡수하여 공진 운동을 일으키고, 그 결과 열에너지가 높아져서 체내의 세포가 활성화되고 대사가 촉진된다. 흡수 스펙트럼, 즉 신체가 요구하는 파장을 충분히 받으면 자기 발열 작용을 일으켜서 심신 모두 충전된 상태를 만들 수 있다.

원적외선이 조사되면 인체를 구성하는 물질, 즉 수분, 단백질, 지방, 효소, 기타 분자의 내부에서 원자 및 원자단의 고유 진동수와 동일한 원적외선이 공명적으로 흡수되어 분자 에너지가 높아진다.

이처럼 원적외선에는 단지 신체를 덥게 할 뿐 아니라 체내의 활동을 활성화시키는 특징이 있다. 즉 심신 모두 충전된 상태를 만들 수 있다. 필자가 창작하고 현장에서 실용화시킨 솔잎 뜸기욕장의 공간은 차별성이 있다. 순도 100%의 황토를 사용하고, 솔잎 테르펜의 에너지를 활용하는 기법이다. 황토에서 방사하는 원적외선 사우나의 경우 저온이라도 피하에 침투 효능이 높다. 황토 원적외선 사우나의 온도는 40~45도 전후이며, 심장 부담도 가볍고 또한 매우 우수한 발한 작용을 발휘한다. 원적외선의 심달 작용은 피하조직의 심부까지 도달한다. 따라서 심부로부터 데워진다. 그 결과 노폐물이나 성인병 요인의 하나인 과잉 염분 등이 땀샘으로부터 땀과 더불어 피부로부터 배설되므로 여러 가지 효과가 있다.

원적외선 사우나의 경우 피부에 대한 자극이 부드럽고 피하의 심부까지 데워지므로 발한량이 많아진다. 원적외선 사우나 20분의 목욕으로 발한량이 약 200ml 정도 된다. 땀의 양은 사우나의 시스템과 사람의 체질에 따라서 다를 수가 있다. 이 땀에는 체내에 축적된 유해 금속류가 포함되기 쉬우므로 피지의 배출과 함께 건강에 좋은 땀을 배출한다고 할 수 있다.

원적외선이 인체에 미치는 중요한 작용을 다시 간추리면, 첫째, 피부를 통하여 그의 내부 3~5cm까지 침투하므로 신체 표면의 근육층으로부터 혈관, 림프관 혹은 신경을 비롯하여 모든 세포에 작용하고 열 효과에 미친다.

둘째, 생체 반응으로써 신체 내부로부터 데워서 모세혈관을 비롯한 동맥과 정맥을 확장하고, 그에 의하여 전신의 혈액순환이 활성화되고 이에 상반되는 신진대사의 강화가 일어난다.

셋째, 생체 내의 종합 작용 및 보완 작용을 하므로 땀샘과 피지선으로부터 노폐물, 중금속, 독성 물질의 배제에 크게 기여한다.

🌳 휴선 건강 문화 시스템의 종류

(1) 황토 원적외선 건강 수면실 체험

순도 100% 황토를 이용해서 공간의 방을 만들고, 바닥의 장판 형식은 황토 흙 장판으로 만들어야 한다. 이때 수면실 공간 온도는 22~24도의 항온을 유지하도록 한다.

(2) 황토 원적외선 뜸기욕 체험

순도 100%의 황토를 이용해서 공간의 방을 만들고, 솔잎을 바닥에 깔고 그 위에 면포를 올려놓고 뜸기욕을 실행한다. 이때 뜸기욕장 온도는 40~50도로 유지하되 사람에 따라서 온도의 높낮이를 조절해 주는 방법이 사우나에 효과적이다.

(3) 세라믹 원적외선 수욕, 족욕 체험

수욕과 족욕을 할 수 있는 용기는 도자기로 만들어진 것을 사용한다. 이때 매개의 물체를 사용하는데 습식의 형태는 약초 물을 사용하는 방법이 있고, 건식의 형태는 세라믹 볼[球]을 사용하는 방법이 있다. 건식과 습식을 선택할 때는 사용자의 욕구에 따라서 결정하면 된다.

(4) 솔향기 테르펜 흡기욕장 체험

갈잎이나 볏짚을 이용해서 움막의 형태로 공간을 만든다. 그리고 바닥 장판의 형태는 황토로 만들어야 한다. 체험의 수용 인원은 1회 동시에 2~3명이 사용할 수 있는 공간을 확보해야 한다. 공간이 조성되면 매개 물질을 사용하는데, 솔잎과 잣나무 잎을 주재료로 사용한다.

(필자는 휴선 건강 문화를 30년의 시간 속에 진화를 거듭하고 있다. 지면 관계로 건강 문화에 관하여 상세하게 설명을 못한 점 양해를 구하며, 필자의 저서 《기다림 라이프》, 《선울림 치유》, 《자연이 주는 행복》 등에 상세하게 기술되어 있으니 참고하시기 바랍니다.)

🌳 참고문헌

· 《생명은 어떻게 작동하는가》 박문호 저, 김영사, 2022.

· 《삶을 풍요롭게 하는 인문학》 선호상 저, 미래북, 2015.

· 《나무철학》 강판권 저, 글항아리, 2019.

· 《어른답게 말합니다》 강원국 저, 웅진지식하우스, 2022.

· 《이런 사람 만나지 마세요》 유영만 저, 나무생각, 2020.

· 《긍정 심리학》 마틴 셀리그만 저, 물푸레, 2020.

· 《불안의 철학》 기시미 이치로 저, 대원씨아이, 2022.

· 《신화에 빠진 화가들》 토마스 불핀치 저, 북스타, 2022.

· 《무지개 원리》 차동엽 저, 위즈앤비즈, 2022.

설악산
무위자연
휴선 인문학

1판 1쇄 인쇄　　2023년　7월 1일
1판 1쇄 발행　　2023년　7월 7일

지은이 | 조명상
펴낸이 | 박정태
편집이사 | 이명수　　　　　　　출판기획 | 정하경
편집부 | 김동서, 전상은, 김지희
마케팅 | 박명준　　　　　　　온라인마케팅 | 박용대
경영지원 | 최윤숙, 박두리

펴낸곳　　　　BOOK★STAR
출판등록　　　2006. 9. 8. 제 313-2006-000198 호
주소　　　　　파주시 파주출판문화도시 광인사길 161 광문각 B/D 4F
전화　　　　　031)955-8787
팩스　　　　　031)955-3730
E-mail　　　　kwangmk7@hanmail.net
홈페이지　　　www.kwangmoonkag.co.kr

ISBN　　　　　979-11-88768-71-4 03040
가격　　　　　20,000원